稽古夏朝

解读《试论夏文化》

李宏飞 著

中国社会科学出版社

图书在版编目（CIP）数据

稽古夏朝：解读《试论夏文化》/ 李宏飞著. —北京：中国社会科学出版社，2022.4

ISBN 978 - 7 - 5203 - 9894 - 7

Ⅰ.①稽… Ⅱ.①李… Ⅲ.①夏文化（考古）—研究 Ⅳ.①K871.34

中国版本图书馆 CIP 数据核字（2022）第 041237 号

出 版 人	赵剑英
责任编辑	郭 鹏
责任校对	刘 俊
责任印制	李寡寡

出　　版	中国社会科学出版社
社　　址	北京鼓楼西大街甲 158 号
邮　　编	100720
网　　址	http://www.csspw.cn
发 行 部	010 - 84083685
门 市 部	010 - 84029450
经　　销	新华书店及其他书店
印刷装订	北京君升印刷有限公司
版　　次	2022 年 4 月第 1 版
印　　次	2022 年 4 月第 1 次印刷
开　　本	787×1092　1/16
印　　张	19
插　　页	5
字　　数	251 千字
定　　价	108.00 元

凡购买中国社会科学出版社图书，如有质量问题请与本社营销中心联系调换
电话：010 - 84083683
版权所有　侵权必究

图版壹

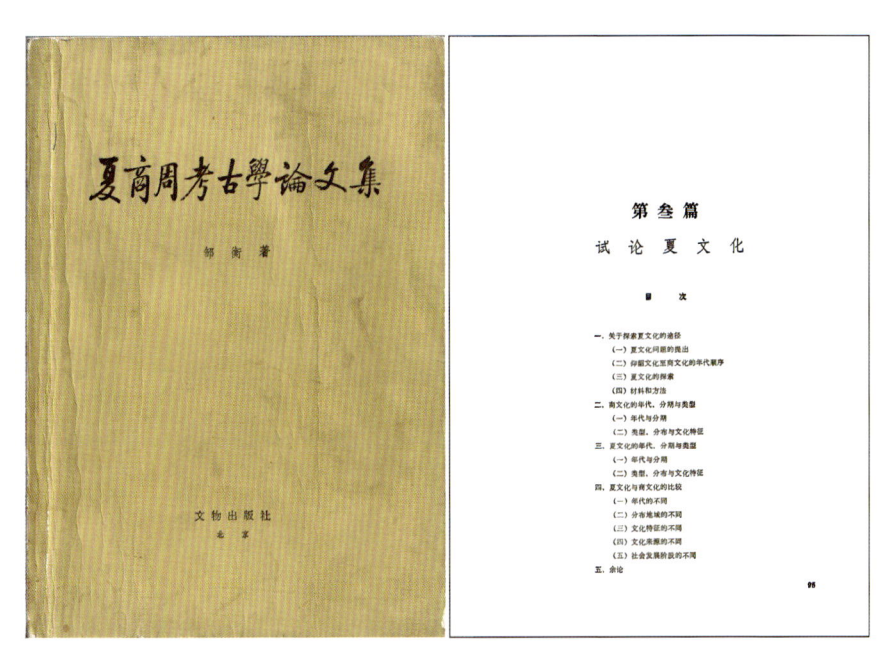

《夏商周考古学论文集》封面及书影

《商周考古》封面及书影

图版贰

郑州出土"亳丘"陶文

二里头遗址

图版叁

中国社会科学院考古研究所二里头工作队驻地

邹衡先生在二里头工作队

图版肆

龙山文化鸡彝

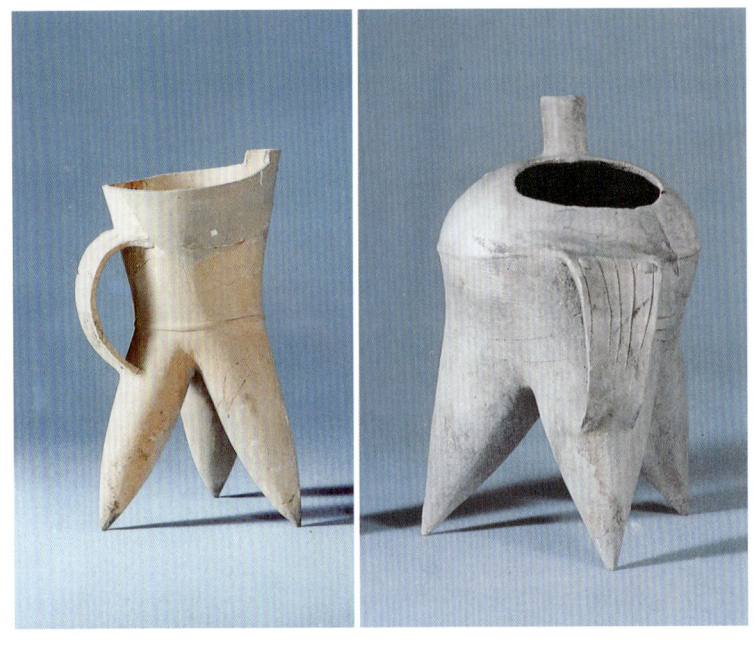

夏文化鸡彝

图版伍

(南—北)

中国龙——二里头遗址出土绿松石龙形器

图版陆

"禹门口"附近地理景观

目 录

导言：邹衡先生与《试论夏文化》 …………………………（1）
回顾：夏文化探索的漫长历程 ………………………………（5）
文化：考古学文化及其相关概念 ……………………………（58）
时空：探索夏文化的途径 ……………………………………（74）
亳丘：郑州商城即汤都亳说 …………………………………（89）
商系：商文化的分期和类型 …………………………………（115）
夏迹：夏文化的考古发现和历史地望 ………………………（175）
比较：夏文化与商文化的区分 ………………………………（206）
余波：围绕夏文化和郑亳说的学术论战 ……………………（234）
桐宫：尸乡沟商城的历史定位 ………………………………（245）
首尾：夏文化的上限与下限 …………………………………（272）
后跋：从商周考古到夏商周考古 ……………………………（300）

导言：邹衡先生与《试论夏文化》

"稽古"就是"稽考古事"。《尚书·尧典》一开篇就说"曰若稽古"，这是中国古代史官追述古事的开头用语。① 在运用现代考古学方法探索夏王朝的学术活动开展之前，我们只能根据传世文献的少量记载，粗略勾勒夏王朝的轮廓。跟文献史学相比，使用洛阳铲和手铲的考古学还是很年轻的学科，虽仅有百年光景，却也后来居上，成为重建中国上古史的利器。

我国著名考古学家苏秉琦先生曾说："近代考古学的目标就是修国史。"② 1926年，李济先生在山西夏县西阴村遗址展开了考古发掘，"夏县"这一地名是此次发掘的重要驱动力之一。③ 在新中国成立之前，考古学的发展受到了各方面条件的限制。1959年夏，徐旭生先生赴豫西踏访"夏墟"④，正式揭开了考古学界主动探索"夏文化"的大幕。

考古学是研究历史的重要学科，但具体的研究对象并不是文本，终日打交道的是黄土、陶片和无法言语的枯骨。考古学家既是耕耘者，也是纵横家，满怀豪情地想要"以物论史，透物见人"⑤。

---

① 刘起釪：《尚书校释译论》，中华书局2005年版，第6页。
② 苏秉琦：《中国文明起源新探》，《苏秉琦文集（三）》，文物出版社2009年版，第276页。
③ 陈星灿：《中国新石器时代考古的早期研究》，《中国考古学研究的世纪回顾·新石器时代考古卷》，科学出版社2008年版，第7页。
④ 徐旭生：《1959年夏豫西调查"夏墟"的初步报告》，《考古》1959年第11期。
⑤ 赵宾福：《学术张忠培：考古人生八十年》，《中国文物报》2014年10月21日第3版。

在考古学的学科话语体系下，我们能够比古人更为幸运地触碰夏王朝，了解夏王朝。

邹衡先生（1927—2005）是我国著名考古学家，被誉为"夏商周考古第一人"（图1-1），代表作有学术专著《夏商周考古学论文集》①和考古报告《天马—曲村（1980—1989）》②等。

图1-1　邹衡先生在《夏商周考古学论文集》出版之际

（邹衡，1998）

邹衡先生是新中国第一位考古学副博士研究生，③"是带着一定的学术目标来攻读殷周考古研究生的"④，立志运用考古学解决

---

① 邹衡：《夏商周考古学论文集》，文物出版社1980年版；邹衡：《夏商周考古学论文集（第二版）》，科学出版社1998年版。
② 北京大学考古学系商周组、山西省考古研究所编著，邹衡主编：《天马—曲村（1980—1989）》，科学出版社2000年版。
③ "副博士"为苏联学制，相当于硕士研究生。
④ 邹衡：《我和夏商周考古学》，《学林春秋》二编，朝华出版社1999年版。

"殷商前期""先周文化"和"夏文化问题"这三大难题。自1956年起,邹衡先生任教于北京大学,主要从事夏商周考古学研究。

20世纪50年代末,邹衡先生通过在洛阳地区的考古发掘,已开始关注夏文化考古研究。1960年夏,邹衡先生完成了《试论夏文化》初稿,后经1964年冬再稿、1973年春三稿、1977年秋四稿,最终发表于1980年出版的学术专著《夏商周考古学论文集》①(图1-2;图版壹)。

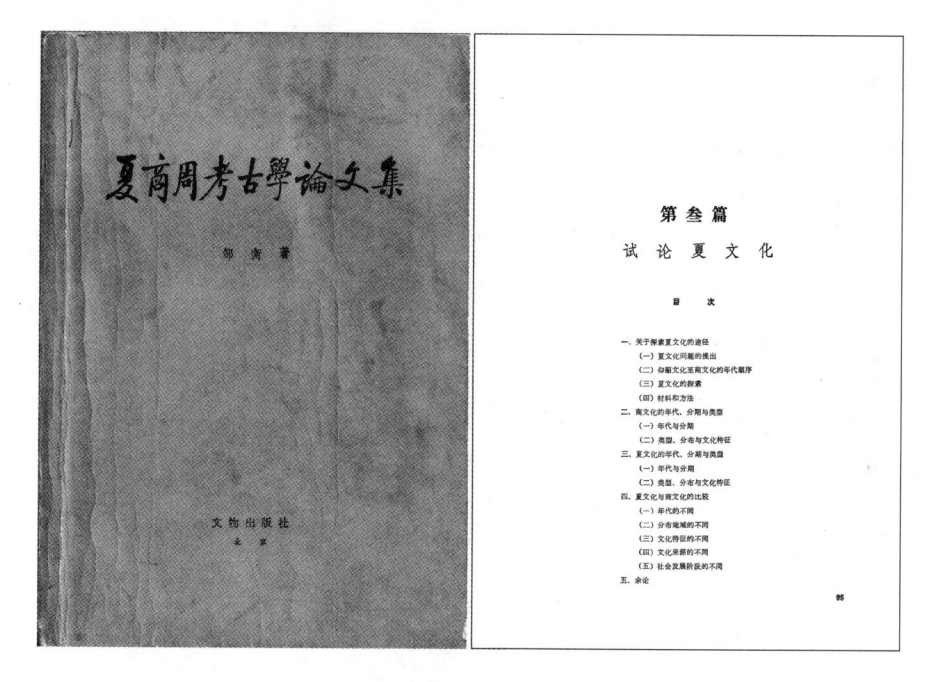

图1-2 《夏商周考古学论文集》封面及书影
(邹衡,1980)

《夏商周考古学论文集》收录七篇长文,是围绕夏商周考古学科框架体系有机一体的研究成果。虽说书名叫"论文集",实际上

---

① 科学出版社曾于1998年出版《夏商周考古学论文集(第二版)》,但此书对考古学界的重要影响主要来自文物出版社1980年版。因此,本书凡涉及引用《夏商周考古学论文集》,皆引自1980年版,特此说明。

是一部系统论述的学术专著。第叁篇《试论夏文化》是全书的核心，首次对考古学上的"夏文化"进行全面系统论证，奠定了二里头文化是夏文化的学术观点。这篇论文深刻影响了中国考古学，构建了当今夏商周考古学科框架体系，是研究中国上古史的经典论著之一。

然而，考古学家在释读"无字地书"的同时，也在书写着公众难以读懂的"有字天书"，不论考古报告或是论著，都让非专业人士感到"佶屈聱牙"。不少师友都慨叹，考古报告和论著的读者几乎是能数得过来的。考古学科的社会意义，不能止步于小小的考古圈内，经典论著需要被解读，让更多的人了解考古学，了解夏王朝。

一切人和事，都包含在他们所处的历史长河中。一篇经典的考古学论著也是如此。漫长的研究积淀促成了《试论夏文化》的问世，这篇长文又有力推动了夏文化考古研究的长足发展。对于《试论夏文化》的解读，更是一部关于夏文化探索的考古学史专著。希望通过对这篇经典论著的解读，能够把夏文化考古研究的学术历程介绍给每一位热爱中国历史文化的人。

回顾：夏文化探索的漫长历程

中国考古学从诞生之初就与"夏文化探索"结下了不解之缘。仰韶文化、龙山文化均曾被认为是夏文化。对于《试论夏文化》的解读，首先要对1980年之前的夏文化探索历程进行回顾。

仰韶文化（彩陶文化）的发现

1921年，河南渑池县仰韶村发现了丰富的古代文化遗存。① 出土的陶器主要是泥质红陶和夹砂红陶，器类有尖底瓶、罐、盆、钵等，在泥质红陶的盆、钵之上常以黑彩绘制纹饰。由于此类遗存最早发现于仰韶村，故被命名为"仰韶文化"，又由于出土陶器以彩陶为最大特色，因而也被称为"彩陶文化"。

对于仰韶文化更为深入的了解，则是依靠新中国成立之后在陕西西安半坡②、临潼姜寨③、华县元君庙④和河南陕县庙底沟⑤的

---

① ［瑞典］安特生：《中华远古之文化》，袁复礼译，《地质汇报》第五号第一册，1932年版。
② 中国科学院考古研究所、陕西省西安半坡博物馆：《西安半坡：原始氏族公社聚落遗址》，科学出版社1963年版。
③ 西安半坡博物馆、陕西省考古研究所、临潼县博物馆：《姜寨：新石器时代遗址发掘报告》，文物出版社1988年版。
④ 北京大学历史系考古教研室：《元君庙仰韶墓地》，文物出版社1983年版。
⑤ 中国科学院考古研究所：《庙底沟与三里桥》，科学出版社1959年版。

考古发掘和相关研究工作。

西安市东郊浐河东岸的半坡遗址是一处重要的仰韶文化聚落遗址。因其再现了"我们祖先在原始氏族社会时代的生活情景"①，陈毅元帅拍板建设新中国第一座史前聚落遗址博物馆，1958年建成并对外开放。② 半坡遗址出土的彩陶流行鱼纹、人面纹等纹饰，最著名的"人面鱼纹盆"（图2-1）被定为国家一级文物，是中国国家博物馆的镇馆之宝之一。

图2-1　西安半坡遗址出土的仰韶文化人面鱼纹盆
（中国科学院考古研究所，1963）

临潼姜寨遗址是关中地区发现的另一处仰韶文化聚落遗址（图2-2）。聚落外围是一重圆形围沟，其内的中心部位是一处广场，广场和围沟之间分布了五组房址群，每组中部均有一座大房

---

① 石兴邦：《我们祖先在原始氏族社会时代的生活情景：西安半坡遗址发掘的主要收获》，《人民日报》1956年11月9日第1版。
② 石兴邦口述，关中牛编著：《叩访远古的村庄：石兴邦口述考古》，陕西师范大学出版总社有限公司2013年版，第149—151页。

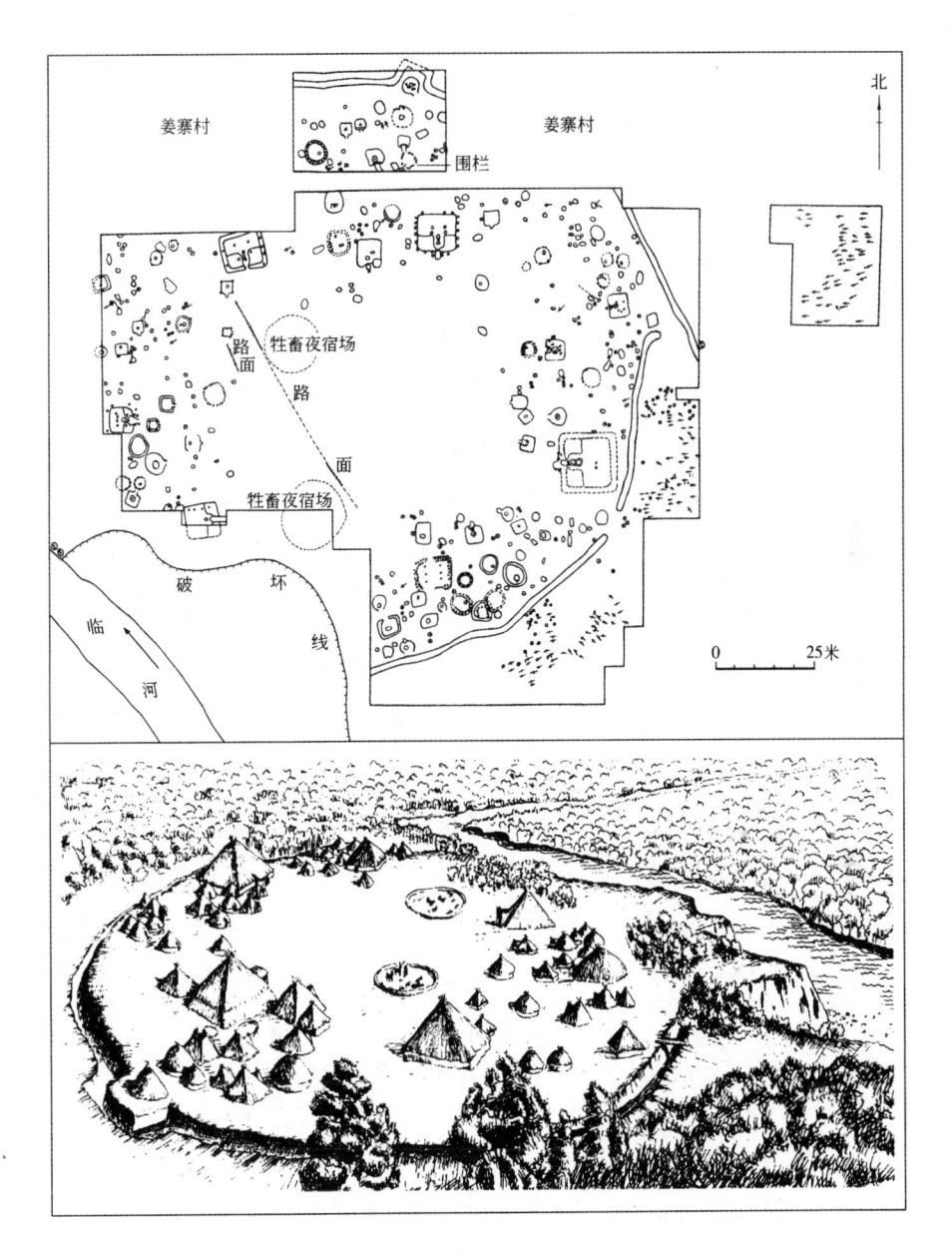

图 2-2　姜寨遗址发掘平面图及聚落复原图
（西安半坡博物馆等，1988；中国社会科学院考古研究所，2010）

址，周边围绕着中、小房址，"每所房子可住一个对偶家庭；若干小房子和一所中型房子可能住一个家族；几个家族聚集在一起并共同拥有一所大房子，组成为一个氏族公社；而整个村落则可能属于一个胞族公社"①。这是首次完整揭露的一处仰韶文化村落遗址，为研究仰韶文化的社会组织结构，提供了非常重要的考古材料。

华县元君庙发现一处仰韶文化墓地。经全面揭露，共发现57座仰韶文化墓葬，多属多人二次合葬，墓坑排列有序。根据对这处墓地发掘材料的研究，张忠培先生得出结论："当时社会组织的结构是：若干家族组成一氏族，两个氏族组成一部落。社会性质则属于母权制。"②元君庙墓地的考古发掘与研究，为论证仰韶文化处于母系氏族社会阶段提供了重要依据。

河南西部的陕县（今三门峡市陕州区）庙底沟遗址发现了另一类特征的仰韶文化遗存。此类遗存的小口尖底瓶通常是重唇口，而不是西安半坡遗址常见的杯形口。彩陶也别具特色，流行由圆点、钩叶、弧边三角形构成的花卉形图案，被誉为"华山玫瑰"③、"华夏之花"④（图2-3）。

仰韶文化彩陶在中华大地广泛流行，掀起了距今6000年前的艺术浪潮，各地的文化面貌趋于近同（图2-4），为中华文明的形成奠定了坚实的文化基础。⑤

---

① 严文明：《史前聚落考古的重要成果——〈姜寨〉评述》，《文物》1990年第12期。
② 北京大学历史系考古教研室：《元君庙仰韶墓地》，文物出版社1983年版，第84页。
③ 苏秉琦：《晋文化问题——在"晋文化研究会"上的发言（要点）》，《华人·龙的传人·中国人——考古寻根记》，辽宁大学出版社1994年版。
④ 河南省文物考古研究院：《华夏之花：庙底沟彩陶选粹》，上海古籍出版社2013年版。
⑤ 王仁湘：《中国史前的艺术浪潮——庙底沟彩陶艺术的解读》，《文物》2010年第3期；王仁湘：《史前中国的艺术浪潮：庙底沟文化彩陶艺术研究》，文物出版社2011年版。

图 2-3 陕县庙底沟遗址出土彩陶盆

（中国科学院考古研究所，1959）

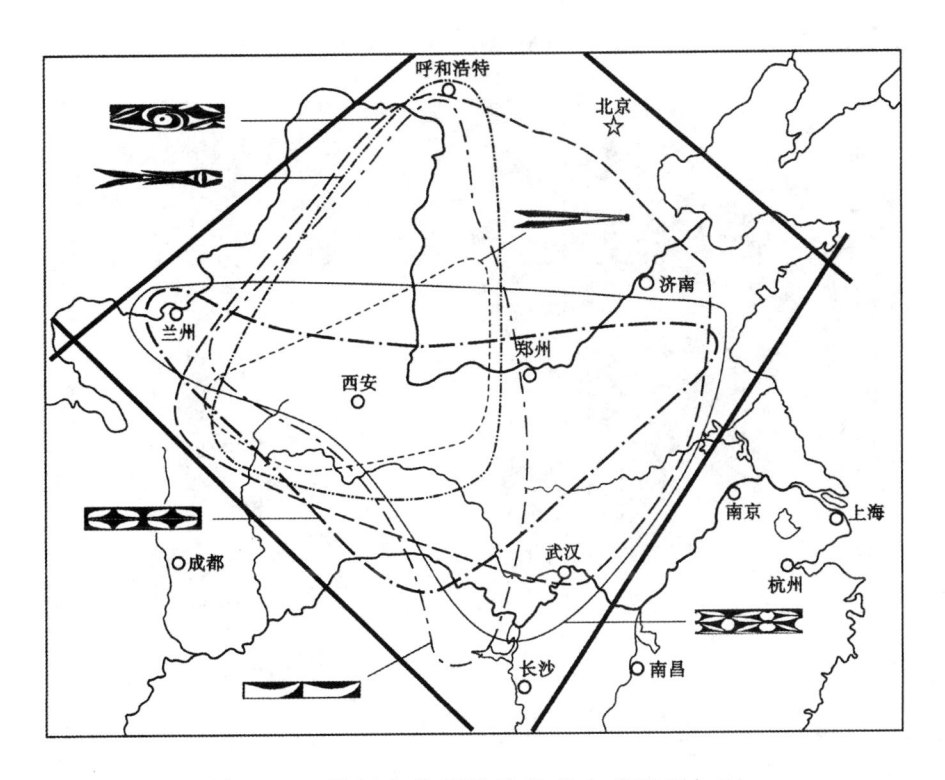

图 2-4 仰韶文化彩陶纹饰分布范围叠加图

（王仁湘，2010）

龙山文化（黑陶文化）的发现

1928年，"中央研究院"历史语言研究所开启了河南安阳殷墟遗址的考古发掘。迄至1937年抗战爆发，殷墟遗址共进行了15次考古发掘，其中前三次发掘均在小屯村，时间为1928年10月至1929年12月。①

1930年，因中原战事和河南本地的阻力，殷墟遗址的考古工作暂停一年，发掘团队转战山东历城县（今济南市章丘区）龙山镇的城子崖遗址。这处遗址发现了一类以磨光黑陶为主要特征的文化遗存。鬼脸足鼎、蛋壳黑陶高柄杯等是该文化最具代表的典型器物（图2-5）。由于此类遗存发现于章丘县龙山镇，因此被

图2-5 龙山文化鬼脸足鼎和蛋壳高柄杯
（河南博物院，2013；中华人民共和国科技部等，2009）

---

① 中国社会科学院考古研究所：《殷墟的发现与研究》，科学出版社1994年版，第8—9页。

命名为"龙山文化",又由于陶器群以黑陶为最大特色,也被称为"黑陶文化"。1934年,考古报告《城子崖:山东历城县龙山镇之黑陶文化遗址》出版,① 这是中国学者编写的第一部考古报告。

城子崖遗址考古发掘的重大收获是夯土城址的发现。所谓"夯土",通常是以多根木棍捆绑为"集束",用以将土料层层夯打,这是中国古代建造城墙、房屋的主要方法(图2-6)。我们通常所见包砖城墙的内部就是层层夯筑的夯土,宫殿建筑汉白玉

图2-6 夯土墙、版筑及夯窝

(中国国家博物馆田野考古研究中心,2014;

杨鸿勋,2001;中国社会科学院考古研究所,2014)

---

① 傅斯年、李济、董作宾、梁思永、吴金鼎、郭宝钧、刘屿霞:《城子崖:山东历城县龙山镇之黑陶文化遗址》,"中央研究院"历史语言研究所印行,1934年版。

台基之下也是夯土基址。发现夯土城墙的意义重大，为重返殷墟遗址辨识商代夯土奠定了认知基础。在此之前，殷墟遗址发掘中所遇夯土之上的夯窝，一度被认为是水流漩涡遗痕，学者甚至据此提出了殷墟遗址的"漂没说"①。在对夯土取得正确认识后，"漂没说"也就无从说起。

然而，20世纪30年代在城子崖遗址发现的夯土城墙，事实上并不是龙山时代的。后经发掘验证，城子崖遗址早年发现的夯土城墙属于岳石文化（年代大体相当于中原的夏代和商代早期），但在岳石文化城墙之下，还发现了年代更早的龙山文化城墙。② 直至1960年山东平度东岳石村发掘之时，岳石文化遗存仍然被归入龙山文化之中。③ 此后，通过潍坊姚官庄④、胶县（今胶州市）三里河⑤等重要遗址的考古发掘，发现了丰富的龙山文化遗存，龙山文化的面貌得到了清晰呈现，岳石文化也从龙山文化中被辨析了出来。⑥

龙山文化还发现了高规格墓葬。山东临朐县西朱封村曾发现3座龙山文化的大型墓葬，其中M202有棺、有椁，随葬玉簪（图2-7）、玉刀、玉铲、绿松石串饰、蛋壳黑陶高柄杯等高规格器物，是龙山文化迄今发现规格最高的墓葬。⑦ 这些墓葬出土陶器的

---

① 郭旭东：《"殷墟漂没说"与中国考古学的科学化进程》，《考古与文物》2003年第3期。
② 山东省文物考古研究院、北京大学考古文博学院：《济南市章丘区城子崖遗址2013—2015年发掘简报》，《考古》2019年第4期。
③ 中国科学院考古研究所山东发掘队：《山东平度东岳石村新石器时代遗址与战国墓》，《考古》1962年第10期。
④ 山东省博物馆：《山东潍坊姚官庄遗址发掘简报》，《考古》1963年第7期；山东省文物考古研究所：《山东姚官庄遗址发掘报告》，《文物资料丛刊》第5集，文物出版社1981年版。
⑤ 中国社会科学院考古研究所：《胶县三里河》，文物出版社1988年版。
⑥ 严文明：《龙山文化和龙山时代》，《文物》1981年第6期。
⑦ 中国社会科学院考古研究所、山东省文物考古研究院、山东临朐山旺古生物化石博物馆：《临朐西朱封：山东龙山文化墓葬的发现与研究》，文物出版社2018年版。

制陶工艺研究表明，西朱封陶器生产"极有可能处于高度的专业化生产阶段"①。

图 2-7 山东临朐西朱封 M202 随葬玉簪

（中国社会科学院考古研究所，2018）

---

① 中国社会科学院考古研究所、山东省文物考古研究院、山东临朐山旺古生物化石博物馆：《临朐西朱封：山东龙山文化墓葬的发现与研究》，文物出版社 2018 年版，第 368 页。

后冈三叠层的发现

1931年,殷墟发掘得以恢复。第四次发掘不再局限于小屯,在周边的四盘磨、后冈等地也展开了考古发掘。① 梁思永先生是我国著名考古学家,他所负责的考古发掘区是小屯东南洹河流经的一处河湾高地,因其位于高楼庄北,故称"后冈"。在这里,不仅发现了"小屯文化层"(商代文化层),还发现了时代更早的"龙山文化层"和"仰韶文化层"(图2-8)。居于最上的小屯文化层为浅灰土,其下的龙山文化层为绿土,最下的仰韶文化层为深灰土,再向下则是未经人类扰动的生土。

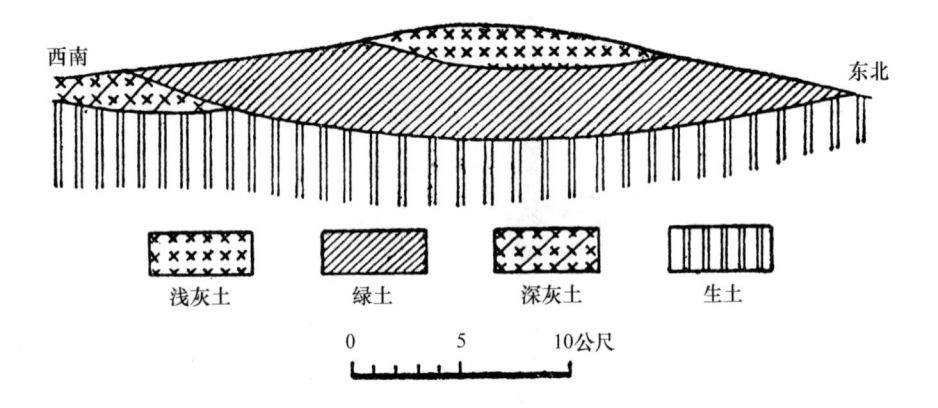

图2-8 后冈遗存的理想断面图
(梁思永,1933)

考古地层学的基本原理借鉴自地质学,在相互叠压的地层关系中,靠上地层的年代晚于靠下地层。地层的形成原因通常很复杂,人类活动遗留的遗迹和遗物是文化堆积的重要构成,洪水侵

---
① 中国社会科学院考古研究所:《殷墟的发现与研究》,科学出版社1994年版,第9页。

袭、平整土地等原因也会导致新地层形成，并叠压在旧有的地层之上，从而层累地造成不同时期的文化堆积（图 2-9）。古文化遗址就是在这样日积月累的堆积过程中形成的。

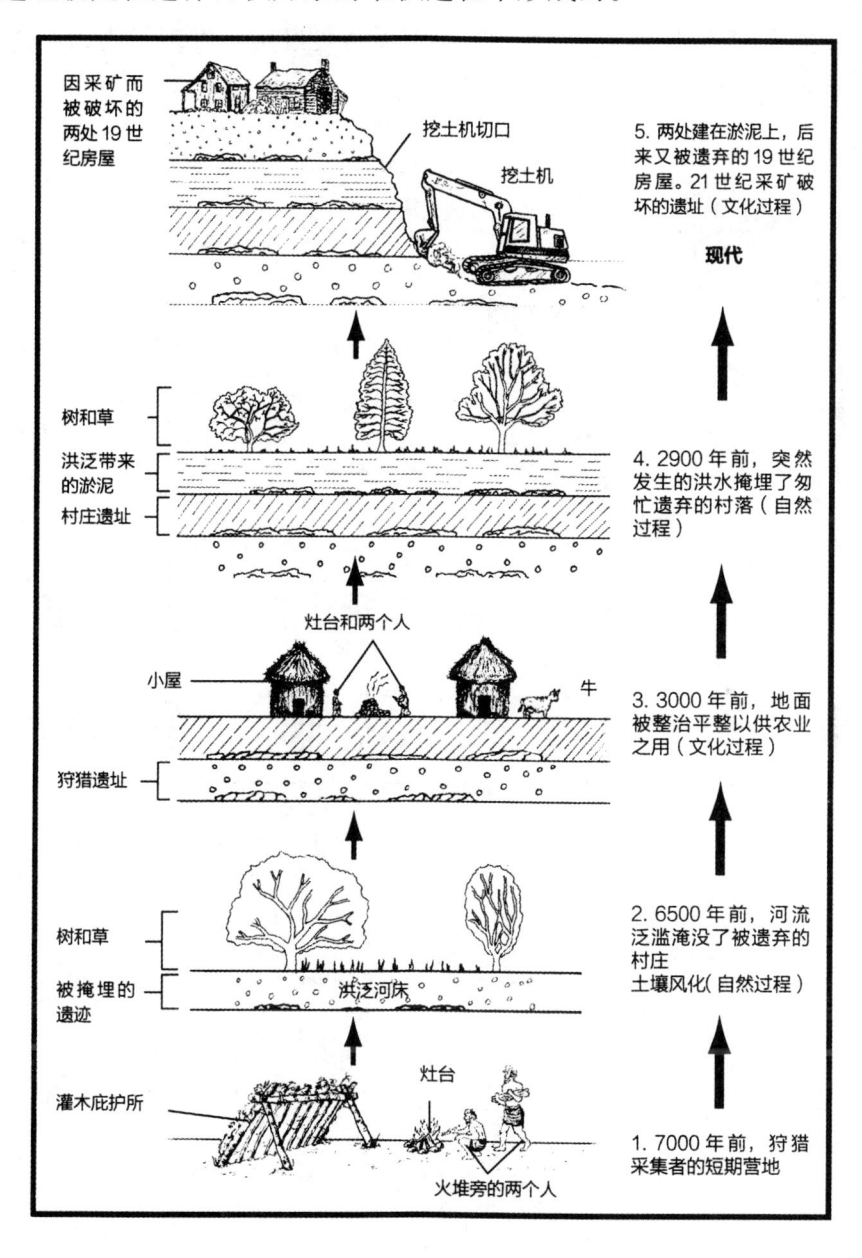

图 2-9 遗址形成过程

（布赖恩·费根，2020）

后冈发现的文化遗存被分为了三大层（图 2-10）：上层出土陶器常见灰陶，与小屯发现的遗存属于同一文化，被称为"小屯文化"；中层出土陶器常见黑陶，与城子崖遗址发现的黑陶文化近同，属于"龙山文化"；下层出土陶器常见红陶，发现彩陶，与渑池县仰韶村发现的彩陶文化近同，属于"仰韶文化"[①]。

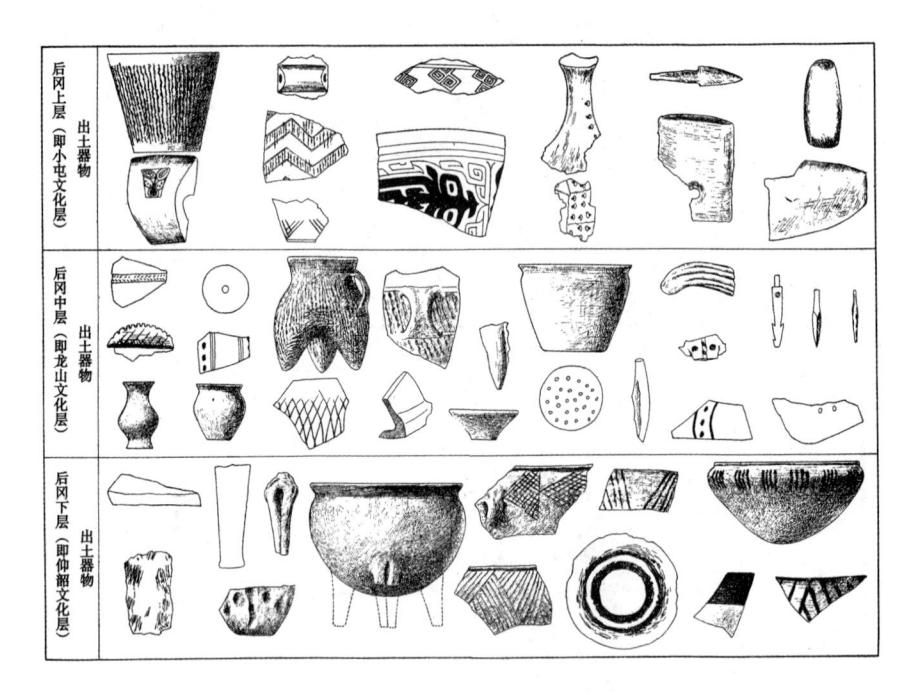

图 2-10 后冈三叠层出土遗物

（梁思永，1935）

这组地层关系便是考古地层学上著名的"后冈三叠层"，是中国考古学在发掘方法和地层学研究上的重大突破。后冈发现的古文化地层关系证明，仰韶文化早于龙山文化，龙山文化又早于小屯文化（商文化）。

---

① 梁思永：《后冈发掘小记》，《安阳发掘报告》第 4 期，"中央研究院"历史语言研究所 1933 年；梁思永：《小屯、龙山与仰韶》，《庆祝蔡元培先生六十五岁论文集》，"中央研究院"1935 年版。

殷墟：探讨古史的可靠基点

1899 年，甲骨文被发现。龟甲和牛肩胛骨之上所刻内容是商代用于占卜的刻辞（图 2–11），因此也被称为"卜辞"，对于探讨商代历史提供了非常丰富的出土文献资料。与传世文献相比，甲骨文是研究商代历史的第一手材料，显然具有更高的学术价值。

图 2–11　殷墟出土甲骨
（中国社会科学院考古研究所，2010）

甲骨一经发现，很快成了清末民初竞相搜罗的珍稀文物。古董商为了牟取暴利，对甲骨的出土地点或秘而不宣，或谎称出自河南汤阴等地。后经罗振玉派人查访，才得知确切的出土地点是

"洹滨之小屯"①，也就是河南安阳洹河南岸的小屯村。洹滨的小屯村恰好是《史记·项羽本纪》记载的"洹水南殷墟上"所在位置。

1919年，王国维先生将殷墟卜辞与《史记·殷本纪》所载的商王世系相对证，②商王朝由此得到了出土文献的实证。王国维先生创造性地运用"二重证据法"，将传世文献与出土文献的记载相结合，不但证实了商代历史的真实可靠，更为历史研究做出了卓越的理论贡献。

通过1928—1937年的15次殷墟发掘，在安阳小屯发现了53座宫室建筑基址（图2-12），在洹河北岸的侯家庄北地发现了8座气势恢宏的商王陵③（图2-13、14）。这些重大考古发现证实

图2-12 殷墟小屯东北地的宫殿宗庙区

（安阳市文物管理局，2004）

---

① 罗振玉：《序》，《殷虚古器物图录》，1916年。
② 王国维：《殷卜辞所见先公先王考》《殷卜辞所见先公先王续考》，《观堂集林》，中华书局1959年版。
③ 李济：《安阳：殷商古都发现、发掘、复原记》，中国社会科学出版社1990年版；胡厚宣：《殷墟发掘》，学习生活出版社1955年版。

图 2-13　殷墟西北冈的王陵区

（安阳市文物管理局，2004）

图 2-14　殷墟西北冈商王陵 HPKM1217 发掘场景

（石璋如，2019）

了小屯、侯家庄附近的洹河两岸是传世文献中的"殷墟"之所在。

殷墟遗址的考古发现,为探索年代更早的文化遗存,提供了可靠的学术基点。

仰韶文化与夏文化

1929年秋的殷墟第三次发掘中,在横十三丙北支坑中"不意的发现了一块带彩的陶片;发现地点又在未经翻动的地层,杂入大堆带字甲骨中"①(图2-15)。李济先生研究认为:"试以此陶片与仰韶及其类似之遗址所出之陶器比,下列诸点,均极一致:胎质、作法、色衣、彩纹、彩色。……这块陶器是殷商时代一件古董,好像现代人玩的唐宋磁器似的。……这次殷墟的工作可以确切地证明仰韶的文化不得晚过历史上的殷商,并且要早若干世纪。"②

历史学家徐中舒先生提出了这样的问题:"仰韶文化究竟前于小屯若干年?这两遗址的关系如何?"③ 他将仰韶文化与夏王朝联系在一起,"夏后皋之墓在崤之南陵即仰韶附近"④ 是其关键性证据之一。

中国学者的早期考古活动也可以看到寻找夏文化的努力。山西夏县西阴村遗址就是李济、袁复礼等先生"在寻访夏代帝王陵

---

① 李济:《小屯与仰韶》,《安阳发掘报告》第2期,"中央研究院"历史语言研究所印行,1930年版。
② 李济:《小屯与仰韶》,《安阳发掘报告》第2期,"中央研究院"历史语言研究所印行,1930年版。
③ 徐中舒:《再论小屯与仰韶》,《安阳发掘报告》第3期,"中央研究院"历史语言研究所印行,1931年版。
④ 徐中舒:《再论小屯与仰韶》,《安阳发掘报告》第3期,"中央研究院"历史语言研究所印行,1931年版。

图 2-15　殷墟第三次发掘出土的仰韶文化彩陶片
（石璋如，2019；李济，2007）

墓的途中发现的。……它的位置正处在传说中夏王朝——中国历史的开创时期——的王都地区的中心"①，"西阴村史前遗址在山西省西南角的夏县境内（即黄河入海前最末一个大河曲处），为传

---

① 李济：《西阴村史前遗址的发掘》，《李济文集》卷二，上海人民出版社2006年版。

说中的夏代（公元前2205年）文化中心地区，据传说，大禹庙和他的后人的陵墓以及当代名臣们的坟墓都在此地"①。

将仰韶文化与夏文化联系在一起，很大程度上是因为在传世文献记载的夏王朝核心地域内均发现了仰韶文化遗存。1933年，傅斯年先生发表了影响深远的学术论文《夷夏东西说》，指出："夏之区域，包括今山西省南半，即汾水流域，今河南省之西部中部，即伊洛嵩高一带，东不过平汉线，西有陕西一部分，即渭水下游。"② 在传世文献所载的夏王朝核心地域——豫西和晋南地区屡屡发现仰韶文化遗址，更加强化了仰韶文化是夏文化的认识。

龙山文化与夏文化

自城子崖遗址发现龙山文化遗存以来，学界多倾向于其是小屯文化的前身，属于东方文化系统。但范文澜先生提出了另外一种看法："韩非子十过篇说禹作祭器，'墨染其外，而朱画其内'。城子崖遗址中正有一种表面漆黑，里面红色，叫做亮黑红的陶器。……夏朝在东方有不少与国和同姓国，同姓昆吾就是其中最强的一国。东部地区有比较发展的龙山文化，与传说似相符合。"③ 根据传世文献的记载，处于今山东寿光的斟灌氏就是夏后氏的同姓国，在夏代历史中扮演了不可或缺的重要角色。

吴恩裕先生也认为："夏文化是新石器时代末期黑陶文化。"④ 原因有三：第一，龙山文化时期和小屯文化时期是"直

---

① 梁思永：《山西西阴村史前遗址的新石器时代的陶器》，《梁思永考古论文集》，科学出版社1959年版。
② 傅斯年：《夷夏东西说》，《庆祝蔡元培先生六十五岁论文集》，"中央研究院"历史语言研究所印行，1935年版。
③ 范文澜：《中国通史简编》修订本第一册，人民出版社1953年版，第30页。
④ 吴恩裕：《中国国家起源的问题》，上海人民出版社1956年版，第14页。

接衔接着的两个先后的时代"①；第二，"黑陶发达所在地的河南和山东正是夏人活动的主要地区之一"②；第三，"在考古学家认为是一部分殷墟文化'老家'的城子崖的发掘中，居然竟发现了'表面漆黑，里面红色，叫做亮黑红的陶器。'在安阳洹水北岸侯家庄西面的高井台子遗址发掘出来的遗存中，也有'黑，内红'、'黑，内红而中心灰'的陶器。这一传说中的夏器与遗存的恰恰符合，强有力地证明了夏文化与新石器时代末期的黑陶文化的密切关系"③。

将龙山文化与夏文化联系起来的更深层次原因，则是源自新中国成立之后的历史研究新进展。随着向苏联学习的热潮，中国考古学也受到了苏联考古学的影响，西安半坡遗址的发掘便是借鉴了苏联对特黎波里遗址的大面积揭露和保存展示。④ 对半坡遗址原始氏族部落的研究，也受到了来自苏联考古学的影响："从物质文化遗存的特点来观察，半坡原始氏族部落是处在发达的新石器时代阶段，即恩格斯所论述的野蛮时代的中级阶段。从社会发展的阶段来说，相当于母系氏族社会的繁荣时期。"⑤ 根据传世文献的记载，夏王朝的各位夏后均为男性，世系为父子相传或兄终弟及，这显然不属于母系社会，所以"就仰韶文化的社会性质来说，和传说中夏代的社会情境也不符合"⑥。既然仰韶文化被解读为母系氏族社会，便不能再与夏王朝进行关联了。

1956—1957 年，为了配合黄河三门峡水库的修建工程，黄河

---

① 吴恩裕：《中国国家起源的问题》，上海人民出版社 1956 年版，第 11 页。
② 吴恩裕：《中国国家起源的问题》，上海人民出版社 1956 年版，第 12 页。
③ 吴恩裕：《中国国家起源的问题》，上海人民出版社 1956 年版，第 13—14 页。
④ [苏] T. C. 帕谢克著，石陶译，李希泌校：《特黎波里居址的田野考查方法》，《考古通讯》1956 年第 3 期。
⑤ 中国科学院考古研究所、陕西省西安半坡博物馆：《西安半坡》，科学出版社 1963 年版，第 226 页。
⑥ 中国科学院考古研究所：《新中国的考古收获》，文物出版社 1961 年版，第 43 页。

水库考古工作队在陕县庙底沟遗址进行考古发掘。该遗址的第二期遗存处于由仰韶文化向龙山文化的过渡阶段,"当时的经济基础已在变化,私有制逐渐萌芽,而由母系氏族向父系氏族过渡大约是以这个时期为转折点的……由仰韶文化到龙山文化的过渡,由于生产力的进一步提高,推动了社会组织的变化,因而所反映的物质文化也就起了根本性的变化"①。

由于仰韶文化被解读为母系氏族社会,而龙山文化被解读为父系氏族社会,学界基本放弃了将仰韶文化视为夏文化的观点,一些学者转而将龙山文化与夏文化进行关联。

二里头文化的最初发现

1953年,为了配合白沙水库的基础建设,河南省人民政府文化事业管理局文物工作队对登封县(今登封市)玉村遗址进行了考古发掘。该遗址的"下层文化中所出之物,从型式与作风上看,都比较陌生,不惟与安阳小屯的出土物不同,即与郑州二里岗的遗物相比,亦大有区别。……玉村与二里岗遗址,似乎属于两个文化系统"②。这是在考古工作中首次发现二里头文化遗存,但在当时未予命名。

1956年,郑州西郊的洛达庙村发现了相同面貌文化遗存,③由于材料较为丰富,此类遗存被称为"洛达庙类型"。郑州旭旮王遗址发现一组重要的地层关系,由早到晚依次为龙山文化层(第

---

① 中国科学院考古研究所:《庙底沟与三里桥》,科学出版社1959年版,第113页。
② 韩维周、丁伯泉、张永杰、孙宝德:《河南登封县玉村古文化遗址概况》,《文物参考资料》1954年第6期。
③ 河南省文化局文物工作队第一队:《郑州洛达庙商代遗址试掘简报》,《文物》1957年第10期。

4层)、洛达庙期文化层（第3层）、二里冈期文化层（第2层）和人民公园期文化层（第1层）①（图2-16）。由此证明，洛达庙期晚于龙山期，但早于二里冈期。

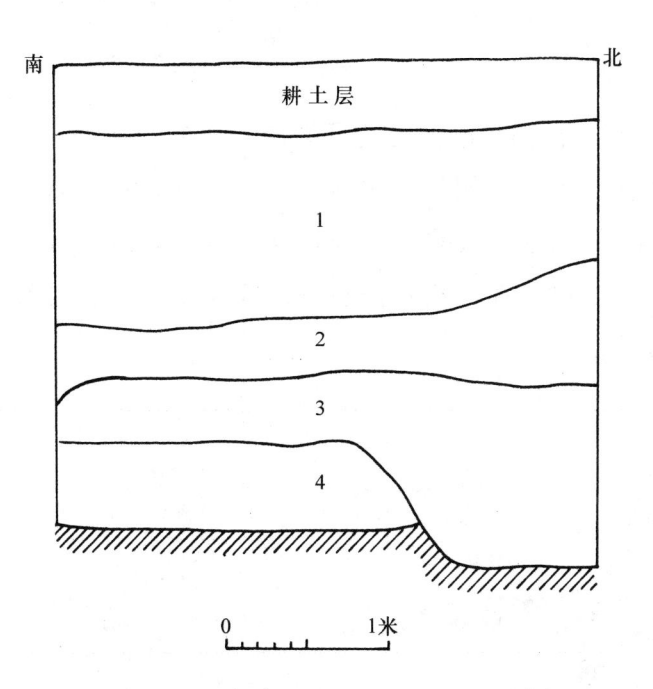

图 2-16　郑州旭旮王遗址 C20T34 西壁剖面图
(河南省文物考古研究所，2001)

邹衡先生在20世纪50年代曾参加郑州二里冈的考古发掘与整理，在1955年完成的副博士论文中，对郑州、小屯发现的殷商文化遗存进行考古学分期，并论证了郑州、小屯两地殷商文化的共性和关系②（图2-17）。研究表明，郑州晚期（人民公园期）属于殷墟文化，与小屯中期的年代相当，郑州早、中期（二里冈期）则早于整个小屯文化期。

---

① 河南省文化局文物工作队：《1957年郑州西郊发掘记要》，《考古通讯》1958年第9期。
② 邹衡：《试论郑州新发现的殷墟文化遗址》，《考古学报》1956年第3期。

```
郑州早期 → 郑州中期 → 小屯早期  ╱ 郑州晚期 ╲
                                         小屯晚期
                                   ╲ 小屯中期 ╱
```

图 2-17 郑州与小屯商文化分期对应关系
（邹衡，1956）

1955年，在郑州市区发现了规模宏大的商代城址，平面呈不规则的纵向长方形，周长约7100米，城内面积约320万平方米①（图2-18）。郑县旧城的南、东、西三面城墙沿用了商代以来的夯土城墙，北墙是在汉代新修建的，仅保留了商代城址的南半部分继续使用。

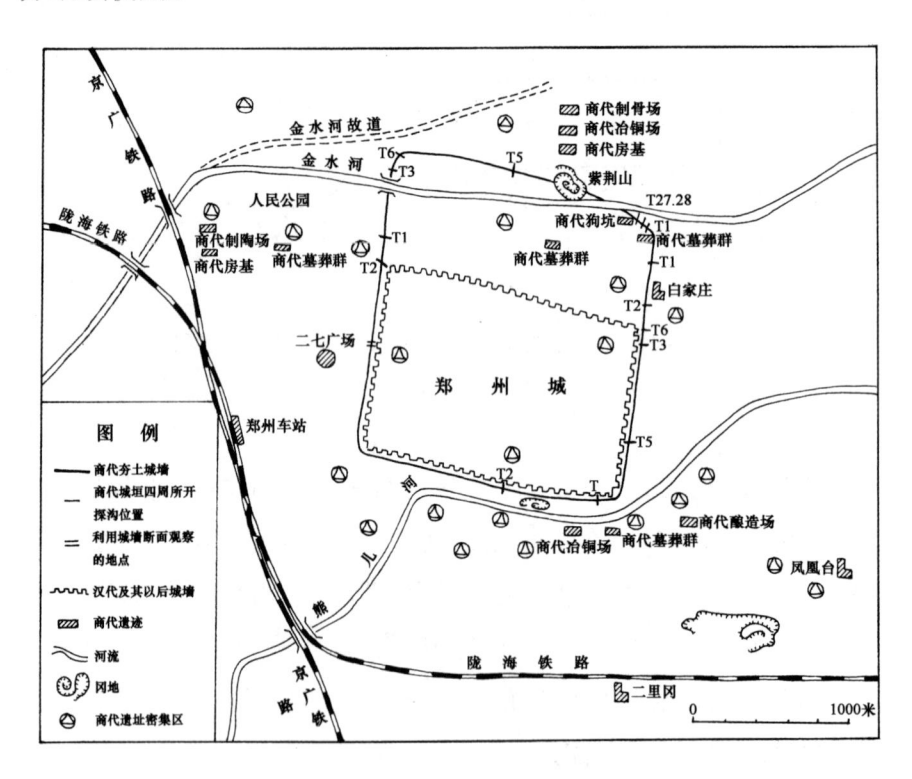

图 2-18 郑州商代城址位置示意图
（安金槐，1961）

---

① 安金槐：《试论郑州商代城址——隞都》，《文物》1961年第4、5期。

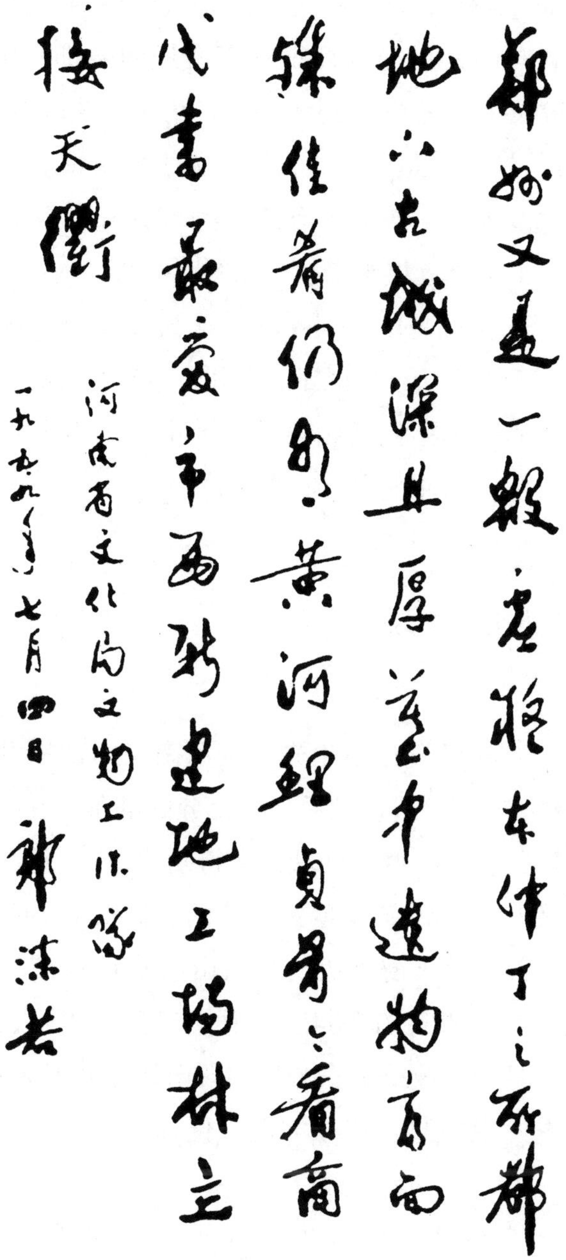

图 2-19 郭沫若先生《颂郑州》

（河南省博物馆，1978）

关于郑州商代遗址的性质，安志敏①、邹衡②等先生均曾援引传世文献，倾向于其可能与商王仲丁所迁的隞都有关。1959年，中国科学院院长郭沫若先生到访郑州，为河南省文化局文物工作队赋诗一首："郑州又是一殷墟，疑本仲丁之所都。地下古城深且厚，墓中遗物富而殊。佳肴仍有黄河鲤，贞骨今看商代书。最爱市西新建地，工场林立接天衢。"③（图2-19）

1961年，安金槐先生发表论文，认为郑州商代城址就是传世文献记载的商王仲丁所迁之隞都。④由于郑州商城的主体文化堆积是二里冈期，那么其年代便相当于商代中期，而早于二里冈期的洛达庙期应当是商王仲丁之前的文化遗存。

二里头遗址的发现

1959年，古史学家徐旭生先生赴河南中西部展开调查，此行主要目标是踏访"夏墟"。徐氏作了充分的准备，在对传世文献进行系统梳理后，认为有两个区域值得特别注意："第一是河南中部的洛阳平原及其附近，尤其是颍水谷的上游登封、禹县地带；第二是山西西南部汾水下游（大约自霍山以南）一带。"⑤当年的调查工作仅在河南中西部的登封、禹县、巩县、偃师、陕县等地进行，随后由于赶上麦收季节，未能到晋南地区开展调查。

此次调查发现登封告成八方间、偃师二里头等重要遗址。在

---

① 安志敏：《一九五二年秋季郑州二里冈发掘记》，《考古学报》第八册，1954年版。
② 邹衡：《试论郑州新发现的殷商文化遗址》，《考古学报》1956年第3期。
③ 河南省博物馆：《缅怀敬爱的郭老》，《河南文博通讯》1978年第2期。
④ 安金槐：《试论郑州商代城址——隞都》，《文物》1961年第4、5期。
⑤ 徐旭生：《1959年夏豫西调查"夏墟"的初步报告》，《考古》1959年第11期。

登封县（今登封市）调查的"告成八方间遗址"就是后来大名鼎鼎的王城岗遗址（图2-20）。但此行的最大收获是在偃师县（今洛阳市偃师区）洛河南岸的二里头村南发现一处范围广大的古代遗址（图2-21），"这一遗址的遗物与郑州洛达庙、洛阳东干沟的遗物性质相类似，大约属于商代早期"①。

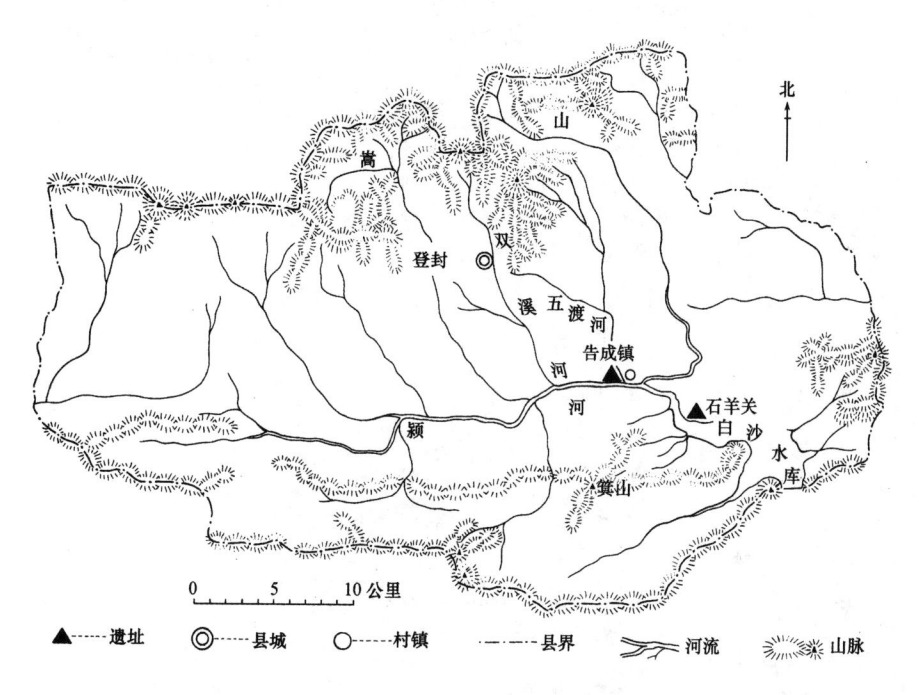

图2-20 登封境内比较重要的遗址

（徐旭生，1959）

二里头村归属的偃师县自汉代以来有"殷汤所都"的说法。东汉班固在《汉书·地理志》指出："偃师，尸乡，殷汤所都。"（图2-22）偃师杏园村曾发现一批重要的唐代墓葬，其中李延祯墓志记载："访旧瘗于邙，祔新茔于西亳……葬于偃师县西十三里

---

① 徐旭生：《1959年夏豫西调查"夏墟"的初步报告》，《考古》1959年第11期。

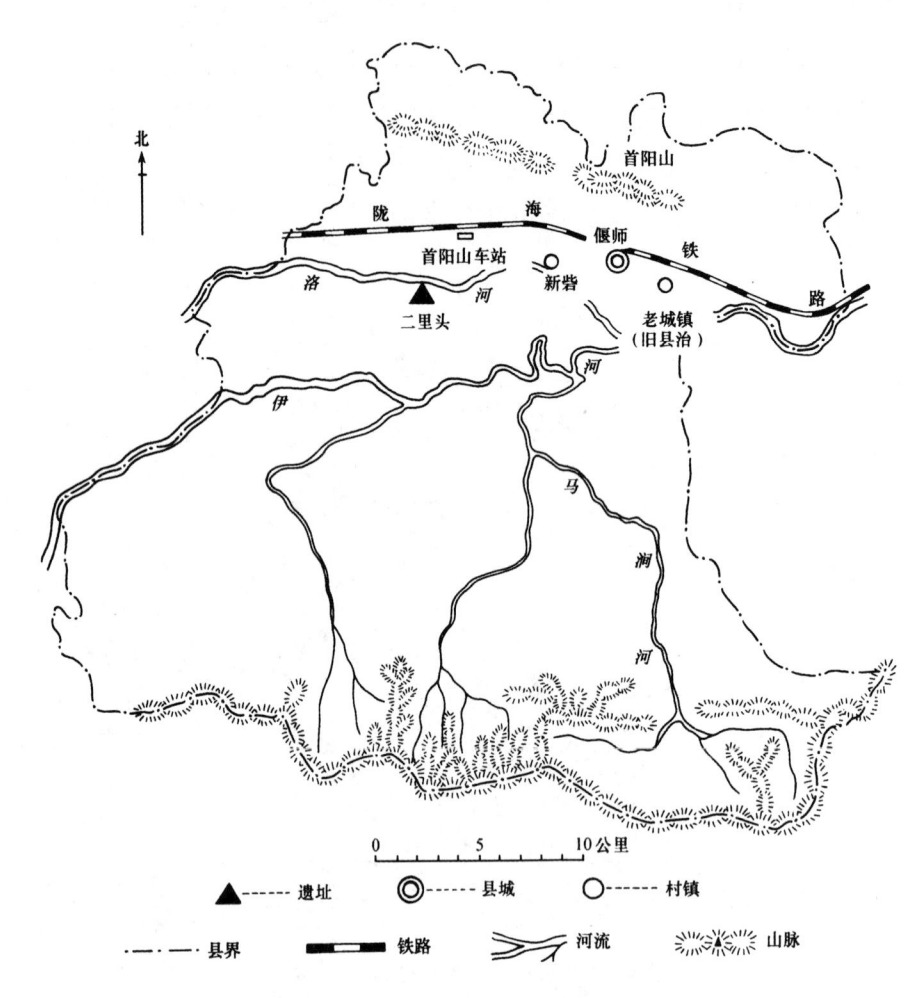

图 2-21　偃师境内比较重要的遗址

（徐旭生，1959）

武陵原大茔"①（图 2-23），郑夫人墓志也记载："夫人终于贞观八年八月八日，十二月廿一日葬于偃师县亳邑乡。"②

---

① 中国社会科学院考古研究所：《偃师杏园唐墓》，科学出版社 2001 年版，第 268—270 页。
② 中国社会科学院考古研究所：《偃师杏园唐墓》，科学出版社 2001 年版，第 307—311 页。

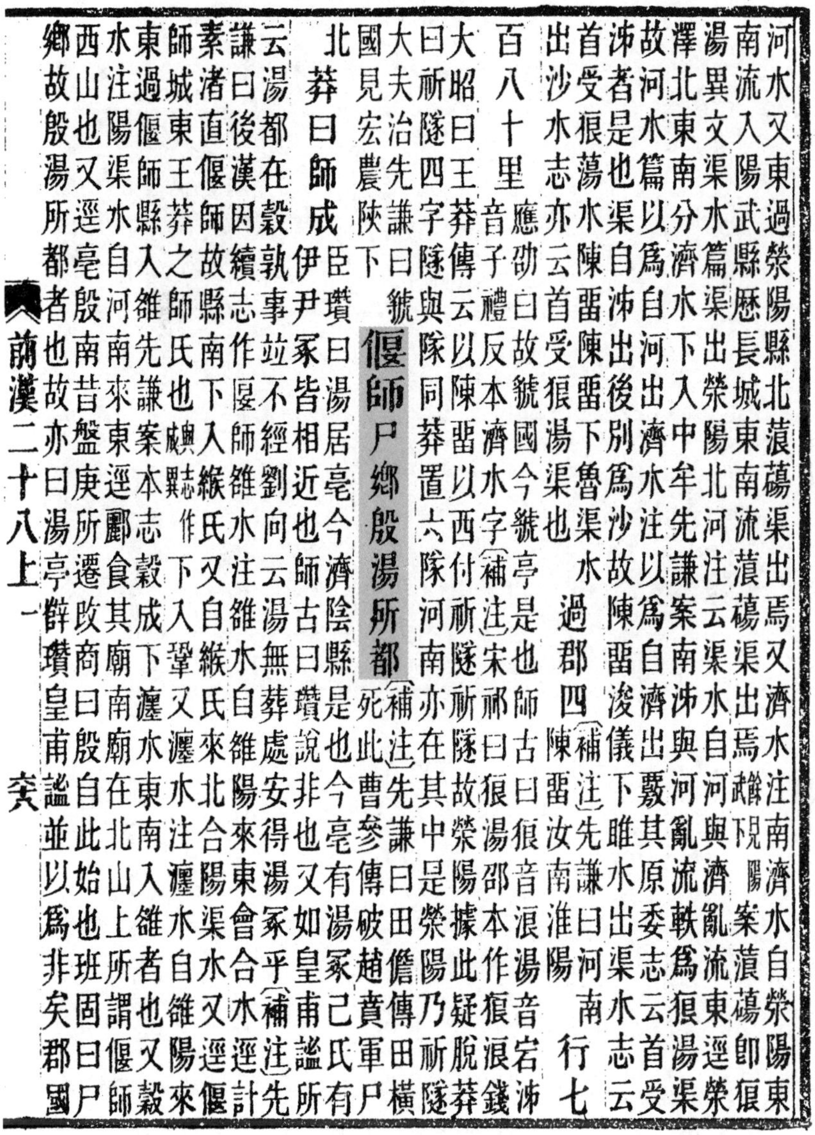

图 2-22 《汉书·地理志》书影

(班固、王先谦，1983)

图 2-23　唐李延祯墓志拓片
(中国社会科学院考古研究所，2001)

1959 年 5 月 16 日，徐旭生先生一行到达偃师县，"由县文物干部高同志引导，寻找古亳遗址"①。在到达二里头遗址后，徐先生得出了这样的认识："此次我们看见此遗址颇广大，但未追求四至。如果乡人所说不虚，那在当时实为一大都会，为商汤都城的可能性很不小。"② 这处"大都会"在彼时并未被认为是"夏墟"，而是"商汤都城"。

---

① 徐旭生：《1959 年夏豫西调查"夏墟"的初步报告》，《考古》1959 年第 11 期。
② 徐旭生：《1959 年夏豫西调查"夏墟"的初步报告》，《考古》1959 年第 11 期。

中国科学院考古研究所随即启动了二里头遗址的考古工作，主要目的就是为了发掘"商汤西亳"。在二里头遗址1959年秋季首次试掘的简报结语中，发掘者这样写道："根据文献记载，传说偃师是商汤西亳，而此遗址内以晚期（即洛达庙类型）文化层分布最广，这是值得注意的，或许这一时期相当于商汤建都的阶段。"①

"二里头早商宫殿遗址"的发掘

1960年春，为了便于在二里头遗址长期展开考古工作，殷玮璋先生"依地形、地貌及预计短期内不可能变动的大路、水渠等设施，将遗址按'井'字形划分为大小接近的九个区。编号自南至北、由东向西编排。用罗马数字表示"②（图2-24）。

通过在各区的踏查和试掘发现，"位处遗址中心的Ⅴ区，它的地表陶片很少，很难采集到。……因为灰层很厚、陶片很多的地方，一般都不会有重要的遗迹，而宫殿、宗庙一类重要遗迹所在的地点，都不会有太多的陶片"③。钻探表明，二里头遗址中部的Ⅴ区存在一处面积约10000平方米的夯土台基，④ 随即成为二里头遗址考古发掘的重点。截至1975年，共进行了11次考古发掘，揭露面积达13400平方米。⑤

---

① 中国科学院考古研究所洛阳发掘队：《1959年河南偃师二里头试掘简报》，《考古》1961年第2期。
② 张立东、任飞编著：《手铲释天书：与夏文化探索者的对话》（殷玮璋先生访谈），大象出版社2001年版，第202页。
③ 张立东、任飞编著：《手铲释天书：与夏文化探索者的对话》（殷玮璋先生访谈），大象出版社2001年版，第202页。
④ 中国科学院考古研究所洛阳发掘队：《河南偃师二里头遗址发掘简报》，《考古》1965年第5期。
⑤ 中国社会科学院考古研究所：《偃师二里头：1959年—1978年考古发掘报告》，中国大百科全书出版社1999年版，第138页。

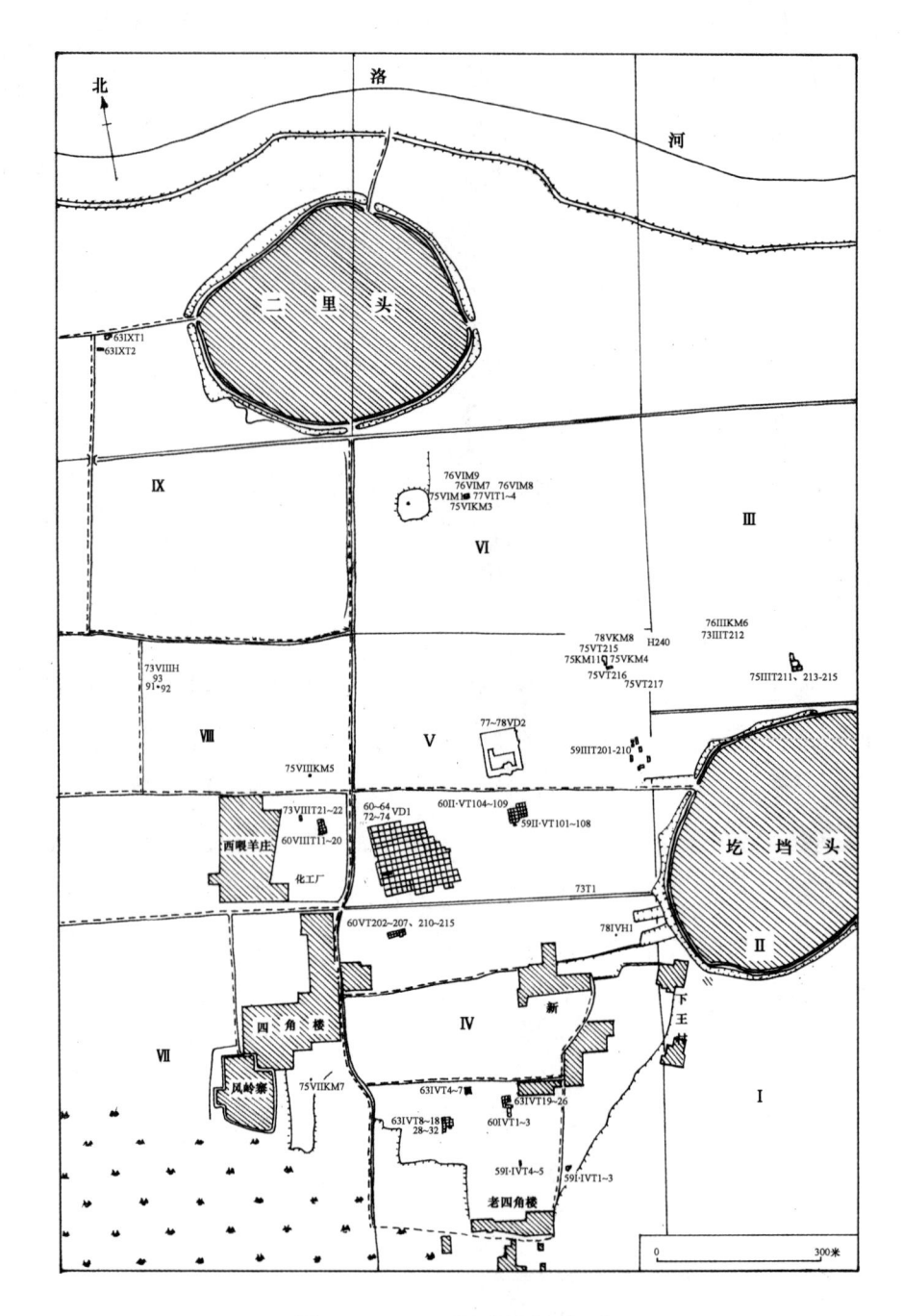

图 2-24　二里头遗址分区

（中国社会科学院考古研究所，1999）

这处夯土建筑基址就是后来所说的"第一号宫殿建筑基址"①（图 2-25）。建筑基址平面基本呈方形，但在东北部有一较大的缺块。整个建筑营造于大型夯土台基之上，四周有廊庑环绕，正南部是门塾，门塾之内是一处广阔的庭院，庭院北部是一座面阔 8 间、进深 3 间的主殿。

图 2-25 二里头遗址一号基址复原图
（杨鸿勋，1987）

1974 年，二里头遗址一号基址的考古简报发表。简报标题中直接采用了"二里头早商宫殿遗址"的称呼。② 这处宫室建筑修建于二里头三期，废弃于二里头四期。碳十四测年数据为判断一号基址的性质提供了关键的科学数据："二里头遗址三期的绝对年

---

① 中国社会科学院考古研究所：《偃师二里头：1959 年—1978 年考古发掘报告》，中国大百科全书出版社 1999 年版，第 138—151 页。
② 中国科学院考古研究所二里头工作队：《河南偃师二里头早商宫殿遗址发掘简报》，《考古》1974 年第 4 期。

代……树轮校正年代范围是公元前 1300—1590 年，相当于商代早期。"① 发掘者在简报结语中具体阐述了一号基址对于二里头遗址性质认识的重要意义："通过对二里头遗址的发掘，尤其是最近的三次发掘，进一步确定了遗址中部的夯土台基是一座商代早期的宫殿建筑，为汤都西亳说提供了有力的实物证据，从而二里头遗址的性质问题也就清楚了。"②

由于二里头三期被认为相当于商代早期，夏文化只能在相对年代更早的文化遗存中去寻找了。

对于龙山文化、二里头文化与夏文化之间关系的新认识

对于二里头文化是否属于商代早期文化，安志敏先生在相关论著中曾持保留态度："关于所谓'洛达庙层'，在二里冈下层的下面，在文化性质上又比较相近，则其年代较早当无疑问。但是否属于商代也还没有更明确的证据。目前只能暂收入商代早期文化中。至于传说中的'夏'文化，迄今尚未发现，在考古学上一直是一个谜。我们认为应该向龙山晚期文化及商代早期文化之间去探索。所谓的以'洛达庙层'为代表的遗存，便是值得今后注意的一个对象。"③

关于龙山文化与殷代文化的关系，安志敏先生指出："在河南境内发现了许多地层证据，证明继龙山文化之后，商代文化代之

---

① 中国科学院考古研究所二里头工作队：《河南偃师二里头早商宫殿遗址发掘简报》，《考古》1974 年第 4 期。
② 中国科学院考古研究所二里头工作队：《河南偃师二里头早商宫殿遗址发掘简报》，《考古》1974 年第 4 期。
③ 安志敏：《试论黄河流域新石器时代文化》，《考古》1959 年第 10 期。

兴起，两者的关系是非常密切的。因此，过去多主张龙山文化是殷代文化的先驱。……从目前的知识来看，我们不能否认殷代文化与龙山文化之间有密切联系。"① 由于龙山文化与殷代文化之间的密切关系，安先生并未把龙山文化考虑为夏文化。

那么，龙山文化与殷代文化之间究竟存在什么样的密切关联呢？石兴邦先生刊发的论文《黄河流域原始社会考古研究上的若干问题》说得更为直接："龙山文化与有文字记录的历史时期更为接近，物质文化中的某些特征，与殷代文化具有显著的'血亲'关系，因之龙山文化末期所形成的文化领域，和部族分布，多多少少会反映在传说的记载里。所以在探讨龙山文化的时候，要和我国古史的传说结合起来，这样，我们就容易理解，东方沿海、中原和西北居民在原始社会末期文化上所表现的特征及其发展的自然趋势，同时也容易理解'夷'、'夏'等历史传说所以形成的根源。"② 很明显，这仍然是受到了傅斯年先生经典论文《夷夏东西说》的学术影响。

因此，石兴邦先生同样不考虑将龙山文化与夏文化联系起来，而是认为夏文化应该在龙山文化与殷代文化之间去寻找。"我们要探索夏代文化，就要从龙山和殷代文化的遗存中进行研究和分析。……夏部族可能是发展中的龙山文化的组成部族之一。……我们应该特别提出郑州洛达庙、洛阳东干沟等地所发现的介于龙山和殷代之间的文化遗存，是值得注意的。根据这个线索，再结合传说，在豫西、晋南进行深入的探查发掘和研究，就可以解决我国历史上这个重大的问题。"③

---

① 安志敏：《试论黄河流域新石器时代文化》，《考古》1959 年第 10 期。
② 石兴邦：《黄河流域原始社会考古研究上的若干问题》，《考古》1959 年第 10 期。
③ 石兴邦：《黄河流域原始社会考古研究上的若干问题》，《考古》1959 年第 10 期。

二里头遗址的发掘者很快注意到了考古学界关于夏代的新认识，并做出了回应："有些考古工作者认为河南龙山文化之后、郑州二里岗商文化之前的这一阶段，时间上大致相当于历史上的夏代，因而推测这一类型的文化遗址可能属于夏文化。"① 由于已认定二里头遗址晚期相当于商汤建都时期，因此提出"更早的文化遗存可能是商汤建都以前的，这仅是一种推测"②。夏鼐先生随后也指出："二里头类型的文化遗存是属于夏文化，还是属于商代先公先王的商文化，目前学术界还没有取得一致的认识。"③

许顺湛《夏代文化研究》

最早发表专文论证"夏代文化"的是河南省文化局文物工作队的许顺湛先生。④

许顺湛先生关注的主要是年代。不论是仰韶文化，或是龙山文化，年代都在距今4000年前，早于夏代所处的时代。结合考古研究成果，许氏认为："夏代文化只有在'龙山'与商代之间去找了。"⑤

通过对各地龙山文化至小屯文化遗存地层关系的梳理，许顺湛先生得出了一张对应关系图表（图2-26）。表中的"二里头第五层"实际上就是现在所说的二里头一期，因其仍然保留了一定的龙山文化遗风，故在此被称作"龙山晚期"，被认为属于历史上的"夏代早期"；表中的"二里头第四层"就是现在所说的二里

---

① 中国科学院考古研究所洛阳发掘队：《1959年河南偃师二里头试掘简报》，《考古》1961年第2期。
② 中国科学院考古研究所洛阳发掘队：《1959年河南偃师二里头试掘简报》，《考古》1961年第2期。
③ 夏鼐：《新中国的考古学》，《考古》1962年第9期。
④ 许顺湛：《夏代文化探索》，《史学月刊》1964年第7期。
⑤ 许顺湛：《夏代文化探索》，《史学月刊》1964年第7期。

头二期,此文将其称为"二里头期",认为属于历史上的"夏代";表中的"二里头第三层"相当于现在所说的二里头三、四期(二里头四期在彼时尚未被析出),此文将其称为"洛达庙期",认为属于历史上的"商代早期"。二里冈期和小屯期则分别对应为"商代中期"和"商代晚期"。

历史时代	文化期	各遗址文化层排队
夏代前	龙山期	旭岙王第四层,灰咀第二层。
夏代早期	龙山晚期	二里头第五层。
夏代	二里头期	二里头第四层,上街文化层。
商代早期	洛达庙期	洛达庙文化层,旭岙王第三层,二里头第三层,灰咀第一层,东干沟、七里铺等文化层。
商代中期	二里岗期	二里岗上下两层,旭岙王第二层。
商代晚期	小屯期	郑州人民公园及安阳小屯等遗址文化层。

图 2-26　《夏代文化探索》文化期与历史时代对照表

(许顺湛,1964)

以往的论著在谈及"夏代文化"时,虽提出了二里头文化可能与夏文化有关,却并未展开具体分析。许顺湛先生对于"夏代文化"的探索,以专文的形式展开论述,对龙山期至小屯期之间的各期,均进行了细致的对比分析。随着二里头一期从龙山晚期分离出来,许顺湛先生实际上明确了二里头一、二期(以二里头第四、五层为代表)是夏文化的学术观点。

许顺湛先生的研究还涉及了夏代的历史地理问题。他认可二里头遗址是汤都"西亳",还指出巩县(今巩义市)稍柴遗址与夏都"斟鄩"关系密切,禹都"阳城"的具体地点在登封县(今登封市)告成镇附近,夏后少康所迁的"原"可能与济源县(今济源市)庙街遗址有关。

客观地说,许顺湛先生的研究对此后河南考古的夏文化探索起到了重要的先导作用。

再访夏县

20世纪50年代末至60年代初,山西省考古研究所①和中国科学院考古研究所②先后对山西夏县的"禹王城"进行了考古调查(图2-27)。调查发现,"禹王城即古安邑,亦即春秋—战国的魏国都城,秦汉及晋的河东郡治"③,但并未发现可能相当于夏代甚至更早的文化遗存。

1959年春,中国科学院考古研究所撤销黄河水库考古队山西分队,组建山西工作队,"重心主要是探索夏文化"④。在涑水河考古调查中发现了东下冯遗址(图2-28)。这处遗址"南距夏县城关约15公里,西北约5公里处有蜿蜒绵亘直达闻喜县境内的鸣条冈,西南约14公里是战国至汉的安邑故城——禹王城"⑤。

经过1974—1979年的考古发掘,东下冯遗址发现了丰富的

---

① 陶正刚、叶学明:《古魏城与禹王城调查简报》,《文物》1962年第4、5期。
② 中国科学院考古研究所山西工作队:《山西夏县禹王城调查》,《考古》1963年第9期。
③ 中国科学院考古研究所山西工作队:《山西夏县禹王城调查》,《考古》1963年第9期。
④ 张立东、任飞编著:《手铲释天书:与夏文化探索者的对话》(张彦煌先生访谈),大象出版社2001年版,第68页。
⑤ 中国社会科学院考古研究所、中国历史博物馆、山西省考古研究所:《夏县东下冯》,文物出版社1988年版,第2页。

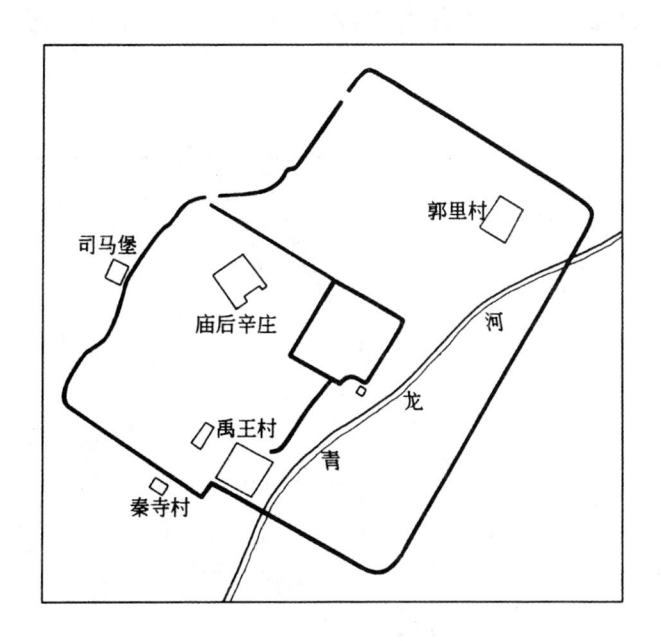

图 2-27　夏县禹王城

（中国社会科学院考古研究所，2004）

二里头文化和二里冈文化遗存。东下冯遗址的二里头文化被称为"东下冯类型"，具有一定的本地特征，但与河南地区二里头文化的面貌大同小异，因此"东下冯类型与二里头类型应是同一文化的两个不同类型"①。此地与河南地区的二里冈文化遗存面貌近似。东下冯遗址的"东下冯类型"聚落存在双环壕，二里冈文化聚落则发现城址，城内还发现了成排分布的圆形仓储建筑。

由于此时的主流观点认为二里头三、四期相当于商代早期，"东下冯类型"的年代上限被估计至夏末商初。关于东下冯遗址的年代和性质，发掘者这样说："东下冯遗址正处在传说中的'夏墟'范围之内，东下冯类型的大致年代又相当于我们估计的夏末

---

① 中国社会科学院考古研究所、中国历史博物馆、山西省考古研究所：《夏县东下冯》，文物出版社1988年版，第214页。

商初。"① 那么，为了在晋南寻找"夏墟"，便需要发掘相对年代更早的遗址了。

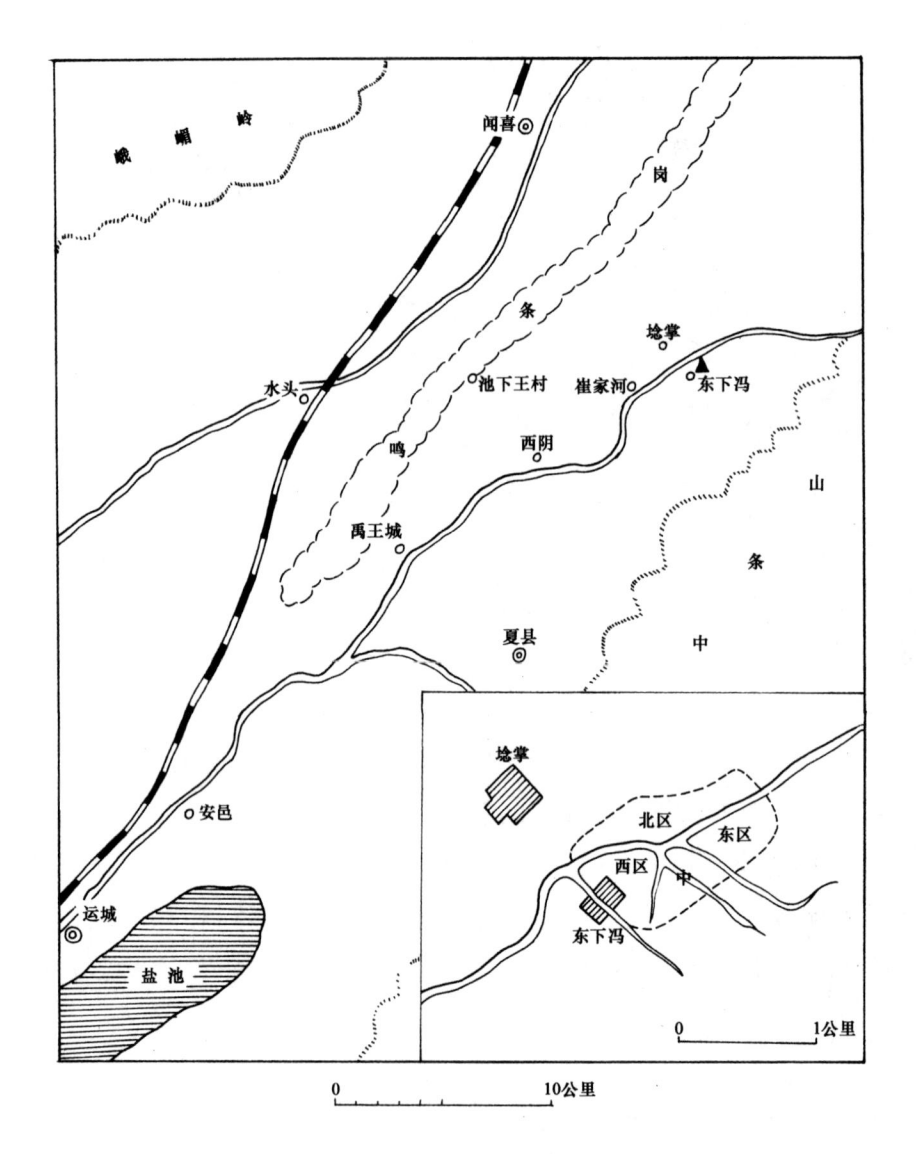

图 2-28　东下冯遗址位置图
（中国社会科学院考古研究所等，1988）

---

① 中国社会科学院考古研究所、中国历史博物馆、山西省考古研究所：《夏县东下冯》，文物出版社1988年版，第215页。

陶寺寻夏

1978年,根据中国社会科学院考古研究所山西队在晋南调查的汇报,夏鼐先生决定对襄汾陶寺遗址展开考古发掘。① 发掘者指出:"发掘陶寺遗址的初衷是探索夏文化。在20世纪80年代初,并曾一度推测陶寺遗址和陶寺文化可能是夏人遗存(包括早于夏代的先夏遗存),主张将其列为探索夏文化的重要研究对象之一。"②

陶寺遗址规模广大,面积超过400万平方米。③ 遗址东南部发现墓地,1978—1985年间共发掘墓葬超过1300座,墓葬存在明显的等级差异,高等级墓葬出土龙纹陶盘(图2-29)、特磬、鼍鼓等高规格器物。④ 进入新世纪,陶寺遗址发现了规模宏大的城址⑤和同时期的高等级墓葬ⅡM22,⑥ 更加彰显出陶寺遗址在古史探索中的重要地位。

另一个令人兴奋的考古发现,来自陶寺晚期灰坑中出土的一件残破陶扁壶⑦(图2-30)。虽已破碎,但经清理、拼对后发现,

---

① 中国社会科学院考古研究所、山西省临汾市文物局:《襄汾陶寺:1978—1985年考古发掘报告》,文物出版社2015年版,第3页。
② 中国社会科学院考古研究所、山西省临汾市文物局:《襄汾陶寺:1978—1985年考古发掘报告》,文物出版社2015年版,第1120页。
③ 中国社会科学院考古研究所、山西省临汾市文物局:《襄汾陶寺:1978—1985年考古发掘报告》,文物出版社2015年版,第11页。
④ 中国社会科学院考古研究所、山西省临汾市文物局:《襄汾陶寺:1978—1985年考古发掘报告》,文物出版社2015年版,第391—1132页。
⑤ 梁星彭、严志斌:《山西襄汾陶寺文化城址》,《2001年中国重要考古发现》,文物出版社2002年版。
⑥ 中国社会科学院考古研究所山西队、山西省考古研究所、临汾市文物局:《陶寺城址发现陶寺文化中期墓葬》,《考古》2003年第9期。
⑦ 李建民:《陶寺遗址出土的朱书"文字"扁壶》,《中国社会科学院古代文明研究中心通讯》2011年第1期。

图 2-29　陶寺出土龙纹陶盘
（中国社会科学院考古研究所，2015）

陶扁壶器表有两个朱书文字，其中一个是"文"字，与甲骨文的字体非常近似，对另一个字的释读则存在不同看法：一种观点认为是"尧"字，[①] 也就是古代圣君尧、舜、禹的"尧"；另一种观点则认为是"邑"字，两字连读"文邑"[②]，由于大禹的名字叫"文命"，因此"文邑"就是"夏邑"。但无论如何，陶寺遗址的重要性是毋庸置疑的。

[①] 何驽（何努）：《陶寺遗址扁壶朱书"文字"新探》，《中国文物报》2003年11月28日。
[②] 冯时：《"文邑"考》，《考古学报》2008年第3期。

图 2-30　陶寺遗址出土朱书陶扁壶
（中国社会科学院考古研究所，2015）

从八方到王城岗

"八方遗址"最早发现于 1951 年，[1] 因位于登封告成镇八方村东而得名（图 2-31）。徐旭生先生于 1959 年曾到此调查，将其称为"告成八方间遗址"[2]，取告成镇与八方村之间古遗址之意。

1975 年起，河南省博物馆在登封告成镇展开了考古调查、勘探和发掘工作。[3] 1977 年，河南省博物馆和中国历史博物馆联合

---

[1] 胡全叚:《河南新石器时代遗址报道（之二）》,《新史学通讯》1951 年第 4 期。
[2] 徐旭生:《1959 年夏豫西调查"夏墟"的初步报告》,《考古》1959 年第 11 期。
[3] 北京大学考古文博学院、河南省文物考古研究所:《登封王城岗考古发现与研究（2002—2005）》, 大象出版社 2007 年版, 第 6 页。

图 2-31　八方遗址省保单位石碑

（作者拍摄，2021）

在告成镇展开重点调查和发掘。① 主持发掘的安金槐先生是登封本地人。最初的考古勘探和发掘工作选在了八方村东的平坦地带，② 后根据当地乡民提供的线索将目光转移到了八方村东北约半公里的五渡河西岸的高岗上。③ 这里被称为"王城岗"或"望城岗"。④ 无巧不成书，在这处岗地上真的发现了龙山文化晚期小型

---

① 河南省博物馆登封工作站：《一九七七年上半年告成遗址的调查发掘》，《河南文博通讯》1977 年第 2 期；河南省博物馆登封工作站：《一九七七年下半年登封告成遗址的调查发掘》，《河南文博通讯》1978 年第 1 期。

② 张立东、任飞编著：《手铲释天书：与夏文化探索者的对话》（安金槐先生访谈），大象出版社 2001 年版，第 9 页。

③ 张立东、任飞编著：《手铲释天书：与夏文化探索者的对话》（安金槐先生访谈），大象出版社 2001 年版，第 9 页。

④ 董琦：《王城岗城堡遗址再分析》，《中国历史文物》2002 年第 3 期。

城址，而在遗址以东的五渡河东岸也发现了东周至汉代的阳城遗址（图2-32、33）。"春秋、战国阳城的确定，为我们在登封告成一带找寻夏代的所谓'禹都阳城'或'禹居阳城'，也提供了重要旁证。同时，我们在告成镇西的'王城岗'上，已经发掘出了一座'河南龙山文化'中期稍晚的小城堡。无疑这座小城堡的发现，为我们在告成镇一带探索夏文化提供了重要线索。"[①]

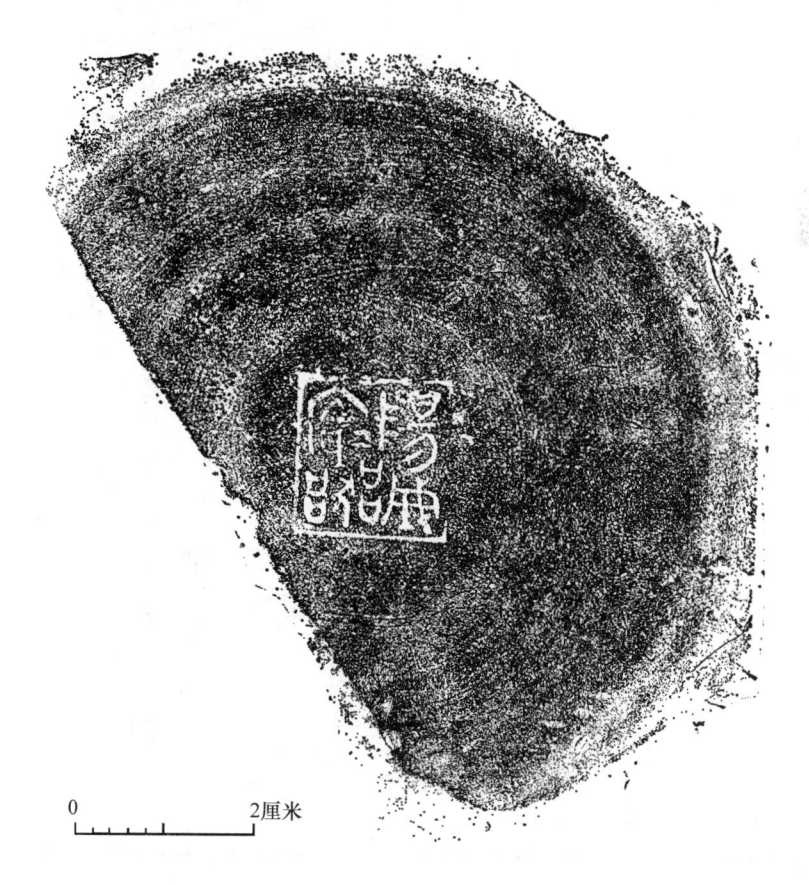

图2-32　东周阳城出土战国早期"阳城仓器"陶文

(河南省文物研究所等，1992)

---

① 河南省博物馆登封工作站：《一九七七年下半年登封告成遗址的调查发掘》，《河南文博通讯》1978年第1期。

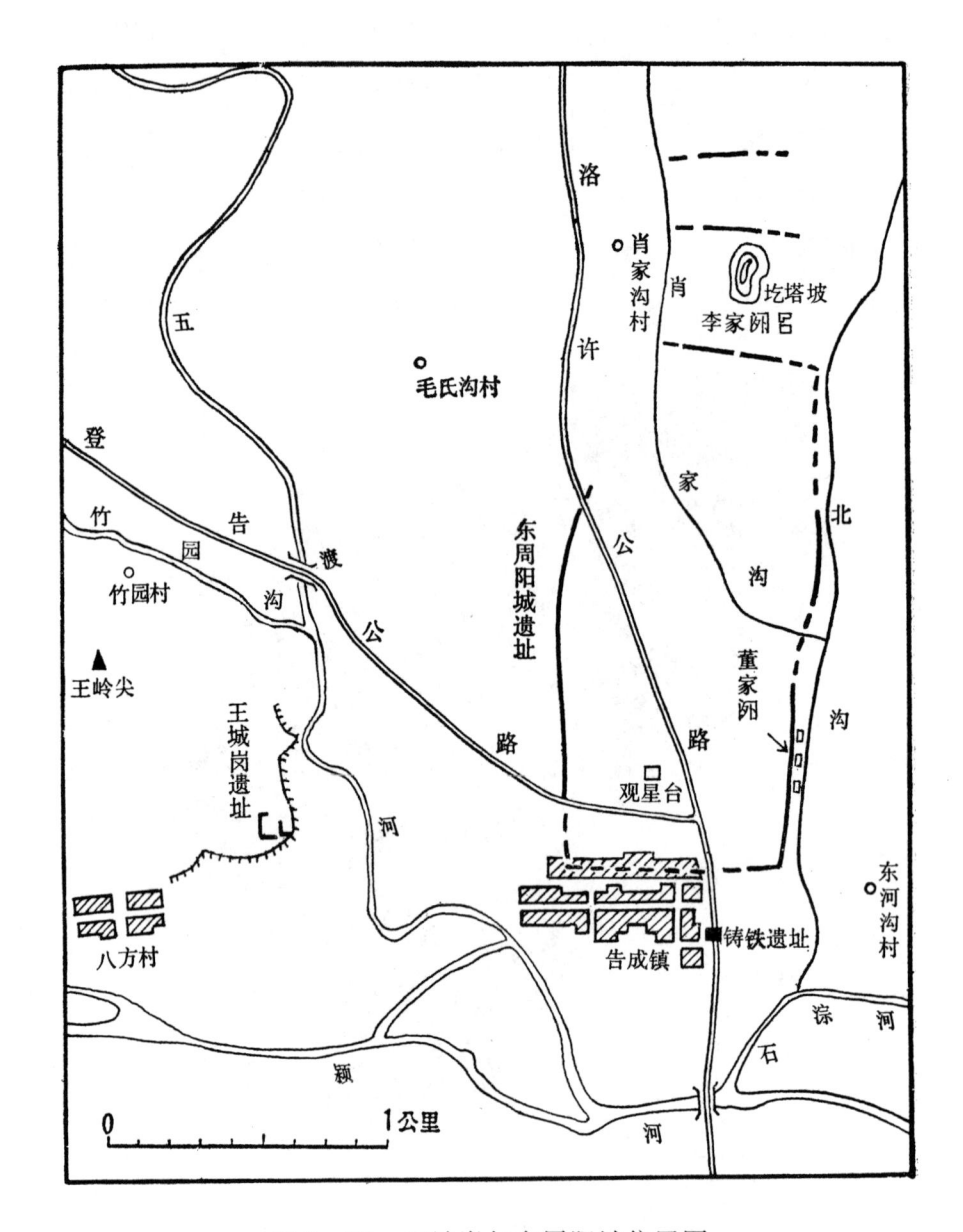

图 2-33　王城岗与东周阳城位置图

（河南省文物研究所等，1992）

根据传世文献记载，鲧是大禹的父亲，是最早营建城郭的人。帝尧任命鲧治理洪水，他运用修筑堤坝的方式，未获成功而被帝舜处死。此后帝舜又任命鲧之子禹继续治水，他采用疏导的方式，最终获取了治水的成功。王城岗既然发现了"王城"，那就很有可能是传说中的"禹都阳城"了。"禹居和夏都的阳城，就在告成附近，这里有五渡河，南临颍水，隔颍水与箕山相望。王城岗城址地望与传世文献记载是如此密合。王谟辑《世本·作篇》说：'鲧作城廓'。王城岗二期的年代距传说中鲧之时不远，所以王城岗城址可能是夏王朝初期城垣的遗迹。"① 1992年出版的考古报告收录了王城岗遗址与东周阳城的考古收获，该报告的名称被定为《登封王城岗与阳城》②，更加强调了王城岗与"禹都阳城"之间的密切关联。

登封会议

对于整个中国而言，1977年处于重要的转折阶段。对于夏文化探索而言也是如此，当年召开的"河南登封告成遗址发掘现场会"成了学术史上的重大转折。

根据考古学界的惯例，重要的考古新发现通常会邀请各路专家莅临现场进行考察论证（图2-34），如果取得大家的认可，便可成为学界的普遍共识。为此，国家文物局在河南登封召开了"河南登封告成遗址发掘现场会"③，也就是著名的"登封会议"。孙庆伟先生对此次会议评价道："这是一次神奇的会议——它原本由河南省博物馆文物工作队动议，最后却由国家文物局组织召开；

---

① 河南省文物研究所、中国历史博物馆考古部：《登封王城岗遗址的发掘》，《文物》1983年第3期。
② 河南省文物研究所、中国历史博物馆考古部：《登封王城岗与阳城》，文物出版社1992年版。
③ 余波（杨育彬）：《国家文物局在登封召开告成遗址发掘现场会》，《河南文博通讯》1978年第1期。

图2-34 夏鼐先生在遗址发掘现场
(河南省文物研究所等,1992)

它原计划是二十人左右的小范围会议,但却引来了国内三十二家单位的一百一十位专家学者出席;它自始至终没有出版会议论文集,但会议上各家观点却被反复征引。"① 尽管并未出版会议文

---

① 孙庆伟:《考古学的春天——1977年"河南登封告成遗址发掘现场会"的学术史解读》,《追迹三代》,上海古籍出版社2015年版,第105页。

集,但《河南文博通讯》于次年陆续刊发了邹衡①、赵芝荃②等先生的发言摘要、夏鼐先生的会议闭幕式总结发言③和会议纪要。④

登封会议的主题是告成遗址与夏文化探索。不曾预料的是,邹衡先生的学术发言尽管围绕夏文化探索这个主题,却与告成遗址发掘者的初衷大不相同。夏鼐先生在11月21日的日记中写道:"下午继续开会,由傅月华同志主持,发言者有黄石林、佟柱臣、张彦煌、邹衡等四位同志。邹衡同志于晚间继续发言,至8时半始毕。邹同志以为王城岗并非属于夏文化,许多人对此有意见,散会后议论纷纷。"⑤邹衡先生原本只是当天下午的发言人之一,却在原本不安排议程的晚间继续发言。根据邹衡先生自己的回忆,两次发言的时间共计约六小时,⑥ 这在学术会议上是非同寻常的事。

邹衡先生在登封会议上的六小时发言,论述的观点其实只有一个:二里头文化是夏文化。更为具体地说,有且只有二里头文化是夏文化,龙山文化不是夏文化,二里头文化也不是商文化。按照这一观点延伸下去,登封告成遗址发现的龙山文化小城堡不属于夏文化,偃师二里头遗址一号基址也不属于商代。这与当时的主流观点完全不同,当然会让诸多参会学者始料不及、议论纷纷。但据邹衡先生回忆,在登封会议之前,他已将关于"夏文化"

---

① 邹衡:《关于探索夏文化的途径》,《河南文博通讯》1978年第1期;邹衡:《关于探索夏文化的途径——1977年11月在"河南登封告城遗址发掘现场会"上的发言摘要》,《夏商周考古学论文集(续集)》,科学出版社1998年版。
② 赵芝荃:《二里头考古队探索夏文化的回顾与展望——在〈登封告城遗址发掘现场会〉上的发言》,《河南文博通讯》1978年第3期。
③ 夏鼐:《谈谈探讨夏文化的几个问题——在〈登封告成遗址发掘现场会〉闭幕式上的讲话》,《河南文博通讯》1978年第1期。
④ 余波(杨育彬):《国家文物局在登封召开告成遗址发掘现场会》,《河南文博通讯》1978年第1期。
⑤ 夏鼐:《夏鼐日记》卷8,华东师范大学出版社2011年版,第149页。
⑥ 张立东、任飞编著:《手铲释天书:与夏文化探索者的对话》(邹衡先生访谈),大象出版社2001年版,第53页。

的不同认识向夏鼐先生进行了汇报。①

"郑亳说"横空出世

凡是学术问题,都要做到自圆其说。在登封会议之前,考古学界关于夏商周考古学的年代框架可以大体概括为:龙山文化(夏代早期)→二里头文化(夏代晚期至商代早期)→二里冈文化(仲丁迁隞的商代中期)→殷墟文化(盘庚迁殷之后的商代晚期)。

既然邹衡先生提出二里头文化是夏文化的观点,便需要对其他时段考古学文化的历史年代进行重新定位。摆在首位的问题就是:如果二里头文化是夏文化,二里头遗址就应该是夏都,而不是商都西亳。那么,商汤的亳都又在哪里呢?

早在1973年,邹衡先生就已经找到了答案。② 1978年第2期的《文物》月刊发表了邹衡先生的学术论文《郑州商城即汤都亳说》③。这篇很短的文章实际上是待刊长文《论汤都郑亳及其前后的迁徙》的摘要,后者收录在两年后出版的《夏商周考古学论文集》之中。

《郑州商城即汤都亳说》的主要论据有四条:一是《左传·襄公十一年》有"同盟于亳城北"的记载,杜预注曰:"亳城,郑地。"二是郑州商城北部和东北部发现战国陶文"亳""亳丘"地名。三是《孟子·滕文公下》所载"汤居亳,与葛为邻"的"葛"地和《诗经·商颂·长发》所载"韦顾既伐,昆吾夏桀"

---

① 张立东、任飞编著:《手铲释天书:与夏文化探索者的对话》(邹衡先生访谈),大象出版社2001年版,第52页。
② 李维明:《考古学家邹衡》,科学出版社2010年版,第113页。
③ 邹衡:《郑州商城即汤都亳说》,《文物》1978年第2期。

的"韦""顾""昆吾"等地均在郑州商城附近,地望相合。四是郑州商城的繁荣期较长,遗址规模只有安阳殷墟能够与之相比。这一学说被简称为"郑亳说"。

如果郑州商城是商汤亳都,便不是仲丁所迁之隞都。郑州商城的主体堆积是二里冈文化,其年代也不再是商代中期,而是商代早期。继登封会议之后,邹衡先生又提出了一个不同于主流意见的学术观点。

大家至此意识到,邹衡先生连续提出的学术新观点,实际上是一套有机构成的学术体系,而且是一套与主流观点完全不同的学术体系,另一套夏商周考古学年代框架已经呼之欲出了。

《商周考古》出版

在20世纪50年代后期,邹衡先生已是商周考古教学工作的主力。1958年,中国科学院考古研究所编《考古学基础:中国科学院考古研究所工作人员业务学习教材》出版,邹衡先生撰写了其中的商代考古部分。[1]

邹衡先生于1956年开始在北京大学考古专业讲授商周考古,当年就编写了油印本的商周考古讲义。自此之后,北京大学考古专业的商周考古讲义历经了1959年油印本、1960年铅印本和1972年铅印本。[2] 截至1972年铅印本《商周考古》试用讲义,仍未对夏代进行明确探讨,《序言》之后就是"第一章 商",二里头文化在彼时被称为"二里头类型商文化"[3]。

---

[1] 中国科学院考古研究所:《考古学基础:中国科学院考古研究所工作人员业务学习教材》,科学出版社1958年版,第64—85页。
[2] 北京大学历史系考古教研室商周组:《商周考古》,文物出版社1979年版。
[3] 北京大学历史系考古教研室:《商周考古(中国考古学之三)》,1972年。

1975年，纪南城举办了文物考古培训班，教学工作主要由北京大学历史系考古专业的教师和工农兵学员担任，① 并编写了考古短训班试用讲义《商周考古》。② 该讲义将二里头文化改称为"二里头类型文化"，明确将其从商代文化中分离出来："从二里头遗址文化层及其遗物来看，它的下层是由河南龙山文化直接发展来的；它的上层是二里岗文化的直接先驱。因此，它的相对年代晚于河南龙山文化，早于郑州二里岗商文化。绝对年代约相当夏代。"③

1976—1977年，邹衡先生在以往商周考古讲义的基础上，执笔编写了最后一稿《商周考古》教材，最终于1979年初正式出版（图2-35；图版壹）。此版教材对夏商周考古学年代框架已完成了正式调整，总论之后为"第一章 二里头文化"，并指出"在河南偃师二里头等地发现的一种介于龙山文化和早商文化之间的古代文化。……在此类文化遗址尚未最后确定其文化性质的情况下，暂时命名'二里头文化'似较为合适"④，"因为河南龙山文化仍然属于新石器时代的范畴，郑州的早商文化是目前发现的最早一种早商文化，那末二里头文化的绝对年代可能早于商代，而属于夏代的年代范畴了"⑤。

随着《商周考古》教材的出版发行，邹衡先生的学术观点得到了广泛的传播。

---

① 闻武：《文物考古战线的新生事物——记纪南城亦工亦农文物考古训练班》，《文物》1976年第1期。
② 北京大学历史系考古专业72级工农兵学员编：《商周考古（考古短训班试用讲义）》，湖北省纪南城文物考古训练班印，1975年5月。
③ 北京大学历史系考古专业72级工农兵学员编：《商周考古（考古短训班试用讲义）》，湖北省纪南城文物考古训练班印1975年版，第5页。
④ 北京大学历史系考古教研室商周组：《商周考古》，文物出版社1979年版，第14页。
⑤ 北京大学历史系考古教研室商周组：《商周考古》，文物出版社1979年版，第15页。

回顾：夏文化探索的漫长历程

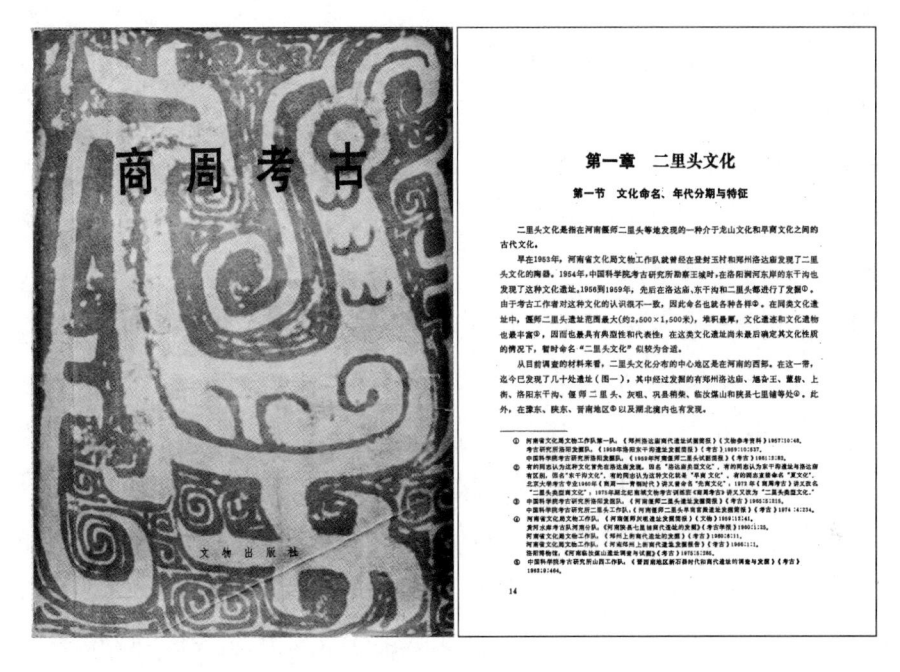

图 2-35 《商周考古》封面及正文书影
（北京大学历史系考古教研室商周组，1979）

《夏商周考古学论文集》出版

1980年10月，邹衡先生的学术专著《夏商周考古学论文集》由文物出版社出版。书名由著名书法家启功先生题写。该书内容分为三个部分，由七篇学术论文组成，涉及夏商周三代考古学的重大学术问题，构建了全新的夏商周考古学年代框架。

该书的第一部分是"郑州与安阳商文化遗址的年代分期"，收录了作者分别于1956年和1964年公开发表的长篇论文《试论郑州新发现的殷商文化遗址》和《试论殷墟文化分期》。两文系统论证了郑州、安阳商文化遗存的分期年代关系，构建了二里冈文化和殷墟文化的考古学分期，是商文化研究的经典论著。

第二部分是"夏商文化研究",所收四篇长文皆未曾发表,"总的目的是明确的,就是为了在考古学上论定夏文化"①。《试论夏文化》运用考古材料对夏文化展开学术考察。《论汤都郑亳及其前后的迁徙》和《夏文化分布区域内有关夏人传说的地望考》运用考古材料对夏商两代的历史地理问题展开学术考察。《关于夏商时期北方地区诸邻境文化的初步探讨》将夏商文化放入了更为广阔的时空背景中进行考察。

第三部分是"周文化研究",收录了未刊长文《论先周文化》。这篇论文是根据"《试论夏文化》1973年春三稿本部分章节扩充修改而成"②。根据《夏鼐日记》,1977年8月21日"北大邹衡同志携来他的《论先周文化》稿,介绍内容,谈了一个上午",次年4月1日"在所审阅邹衡的《试论先周文化》,约56000字",并于次日"写昨天阅毕的邹衡一文的意见"③。先周文化与夏文化看似无关,实际上紧密关联,夏鼐先生在登封会议的闭幕式发言中便曾指出:"如果商、周民族在夏王朝时代与夏民族不是一个民族,那只能称为'先商文化'、'先周文化'。"④

通观全书,《试论夏文化》是《夏商周考古学论文集》的论述核心。没有《试论郑州新发现的殷商文化遗址》和《试论殷墟文化分期》对商文化考古学分期的研究基础,就无法书写《试论夏文化》中"商文化的年代、分期与类型"部分。之所以撰写《论汤都郑亳及其前后的迁徙》,原因是"有关成汤所居地望的讨论已经成为解决二里头文化的年代、性质以及其社会发展阶段诸

---

① 邹衡:《写在前面》,《夏商周考古学论文集》,文物出版社1980年版。
② 邹衡:《论先周文化》,《夏商周考古学论文集》,文物出版社1980年版,第356页。
③ 夏鼐:《夏鼐日记》卷8,华东师范大学出版社2011年版,第113、117页。
④ 夏鼐:《谈谈探讨夏文化的几个问题——在〈登封告成遗址发掘现场会〉闭幕式上的讲话(1977年11月22日)》,《河南文博通讯》1978年第1期。

问题的关键"①。之所以撰写《夏文化分布区域内有关夏人传说的地望考》，原因是"夏是一个历史的范畴，围绕着夏文化，自然牵涉一系列历史上的问题。本文将结合考古材料，对于若干与夏人活动有关的地望进行探考，并试图从历史地理的角度进一步验证考古学上的夏文化问题和夏王朝统治的范围"②。之所以撰写《关于夏商时期北方地区诸邻境文化的初步探讨》，是因为"由于社会发展的不平衡，在夏、商帝国的外围还同时存在其他许多氏族、部落、部落联盟、部族和方国等。尽管它们同夏、商王朝有着各种关系，但其所属考古学文化并不是夏文化或者商文化"③，想要论证二里头文化是夏文化、二里冈文化是早商文化，必然要对同时期的诸邻境文化展开考察，而北方地区又是夏商文化最重要的邻境。《论先周文化》看似与夏文化关系不大，实际上是邹衡先生从夏商周考古学框架体系的宏观视角进行全面系统学术考察的产物。

我们阅读《夏商周考古学论文集》，了解夏商周考古，都无法回避《试论夏文化》。想要稽考语焉不详的夏王朝，更是必须要读懂《试论夏文化》这篇经典论著。

---

① 邹衡：《论汤都郑亳及其前后的迁徙》，《夏商周考古学论文集》，文物出版社1980年版，第184页。
② 邹衡：《夏文化分布区域内有关夏人传说的地望考》，《夏商周考古学论文集》，文物出版社1980年版，第220页。
③ 邹衡：《关于夏商时期北方地区诸邻境文化的初步探讨》，《夏商周考古学论文集》，文物出版社1980年版，第254页。

文化：考古学文化及其相关概念

对于"夏文化"的解读，首先要从什么是"文化"说起。在前面的回顾中，我们已经谈过了好几种"文化"，比如仰韶文化、龙山文化、二里头文化、二里冈文化。接下来，将对"文化"的诸多相关概念进行介绍。

考古学文化的概念

考古学语境下的"文化"，实际上是"考古学文化"。这一概念是"文化—历史考古学"的产物。[①]澳裔英籍考古学家柴尔德在《欧洲文明的曙光》一书中，运用考古学文化的概念，建立了欧洲史前时代至青铜时代晚期的文化谱系。[②]他在随后出版的《史前时期的多瑙河》一书中，将"考古学文化"的概念定义为："总是反复共生的某些遗存类型——陶器、工具、装饰品、葬俗、房屋样式"[③]，并绘制出多瑙河流域诸考古学文化的谱系图。中国境内发现的第一支考古学文化是仰韶文化。[④]随后命名的考古学文

[①] ［加］布鲁斯·G. 特里格：《考古学思想史（第2版）》，陈淳译，中国人民大学出版社2010年版。
[②] ［英］戈登·柴尔德：《欧洲文明的曙光》，陈淳、陈洪波译，上海三联书店2012年版。
[③] ［加］布鲁斯·G. 特里格：《柴尔德：考古学的革命》，何传坤、陈淳译，中国人民大学出版社2020年版，第54—56页。
[④] ［瑞典］安特生：《中华远古之文化》，袁复礼译，《地质汇报》第五号第一册，1923年版。

化还有龙山文化、小屯文化等。

新中国成立后，苏联考古学对"考古学文化"概念的界定被引入中国。根据《苏联大百科全书》的定义，"考古学文化是考古学上用来表示在考古学遗迹中，尤其是在原始社会遗迹中观察到的共同体的术语。……'考古学文化'这一术语主要用来表明属于同一时代的、有地方特征的以及集中于一定限度地域内的考古学遗迹的共同体。"①

第一版《中国大百科全书·考古卷》对"考古学文化"的概念界定，基本延续了来自苏联考古学的定义："'考古学文化'是代表同一时代的、集中于一定地域内的、有一定地方性特征的遗迹和遗物的共同体"②。

考古学文化的定名

1959年，夏鼐先生发表论文《关于考古学上文化的定名问题》。针对考古学文化如何命名的问题，夏鼐先生指出："考古学上对于原始社会的'文化'，大多数是以第一次发现的典型的遗迹的小地名为名。"③ 新中国成立之前命名的仰韶文化、龙山文化和小屯文化等，都是以这样的方式加以命名的。新中国成立之后，随着全国各地基础建设的大规模开展，各地新发现的考古学文化也主要采用这样的命名方式。

在考古工作的实践中，首次发现某种考古学文化的遗址，

---

① 华平译：《考古学文化（苏联大百科全书选译）》，《考古通讯》1956年第3期。
② 夏鼐、王仲殊：《考古学》，《中国大百科全书·考古学》，中国大百科全书出版社1986年版，第15页。
③ 夏鼐：《关于考古学上文化的定名问题》，《考古》1959年第4期。

并不总是该文化最具代表性的典型遗址。因此，在对考古学文化命名时，未必总是遵循首次发现原则，更多地还是考虑以典型遗址的小地名加以命名。比如说，二里头文化最早并非发现于河南偃师二里头遗址，而是登封玉村遗址。① 由于郑州洛达庙遗址发现的此类遗存较为丰富，② 曾一度被命名为"洛达庙类型"③。由于偃师二里头遗址的典型性和重要性，夏鼐先生于1962年将此类遗存命名为"二里头类型"④，并最终命名为"二里头文化"⑤。但郑州地区的考古工作者仍然习惯使用"洛达庙类型"这一命名。⑥

历史时期周边地区发现的考古学文化也通常以典型遗址的小地名进行命名。如，江西清江县（今樟树市）吴城遗址发现一支面貌较为独特的青铜文化，李伯谦先生运用考古学文化因素分析法对该文化的内涵进行研究，指出其与商文化之间的差异大于共性，因此将其命名为吴城文化。⑦

历史时期"文化"的概念

关于"文化"，还存在另一类命名方式。夏鼐先生指出："历

---

① 韩维周、丁伯泉、张永杰、孙宝德：《河南登封县玉村古文化遗址概况》，《文物参考资料》1954年第6期。
② 河南省文化局文物工作队第一队：《郑州洛达庙商代遗址试掘简报》，《文物参考资料》1957年第10期。
③ 中国科学院考古研究所：《新中国的考古收获》，文物出版社1961年版，第43—44页。
④ 夏鼐：《新中国的考古学》，《考古》1962年第9期。
⑤ 夏鼐：《碳14测定年代和中国史前考古学》，《考古》1977年第4期。
⑥ 河南省文物考古研究所：《郑州商城：1953—1985年考古发掘报告》，文物出版社2001年版，第86页。
⑦ 李伯谦：《试论吴城文化》，《文物集刊：江南地区印纹陶问题学术讨论会论文集》，文物出版社1981年版。

史时期中的'殷周文化'、'秦汉文化'或'隋唐文化',这里所用的'文化'一辞,严格言之,是指一般用语中的'文化',便是指汉族在特定的时期中各方面的总成就,包括物质文化以外的一切文字记录上所提及的各方面的总成就。这与考古学上含有特定意义的'文化',严格来说,是要加以区别的。"①

具体而言,在夏商周考古研究中,"西周文化"就属于这种命名方式,其概念并不能等同于某种考古学文化。随着邹衡先生所著论文《试论殷墟文化分期》的发表,以往以小地名命名的"小屯文化"逐渐被"殷墟文化"所取代。但"殷墟"是传世文献所言的商代晚期都城废墟,是对以小屯为中心的大型商代遗址的性质认定,"殷墟文化"的概念主要包含了商代晚期文化的意义。

在考古学的语境下,二里头文化和二里冈文化皆是以小地名命名的。不论是将二里头文化认为是"早商文化"、二里冈文化认为是"中商文化",还是将二里头文化认定为"夏文化"、二里冈文化认定为"早商文化",这些对夏商时期考古学文化的命名,皆属于考古学文化话语系统之外的另一类具有文献史学色彩的命名方式。

夏文化:夏王朝时期夏民族的文化

关于"夏文化"概念,考古学界通常使用的是夏鼐先生在1977年登封会议闭幕式讲话中的概念界定。

夏鼐先生首先对夏文化探索提出了两条指导性意见:"①我们探讨的夏王朝是历史上存在过的。不像有些疑古派认为可能没有夏王朝。②这个夏文化有它一定的特点。"② 在这样的前提基础

---

① 夏鼐:《关于考古学上文化的定名问题》,《考古》1959 年第 4 期。
② 夏鼐:《谈谈探讨夏文化的几个问题——在〈登封告成遗址发掘现场会〉闭幕式上的讲话》,《河南文博通讯》1978 年第 1 期。

上,"夏文化"的概念被定义为:"夏王朝时期夏民族的文化"①,成为夏文化探索的指导性概念。

夏鼐先生对"夏文化"的概念进行了严格的界定:"纵使能证明仰韶文化是夏王朝祖先的文化,那只能算是'先夏文化',不能算是'夏文化'。夏王朝时代的其他民族的文化,也不能称为'夏文化'。……如果商、周民族在夏王朝时期与夏民族不是一个民族,那只能称为'先商文化'、'先周文化',而不能称为夏文化。"②

考古学文化的族属意义

夏鼐先生对"夏文化"的界定,包含了"夏王朝时期"和"夏民族"的双重概念。夏王朝时期就是夏代,属于历史时代概念。关于夏民族的概念,则是受到了来自苏联考古学的影响。

苏联考古学家认为,"考古学文化"的概念具有族属意义。"在苏联考古学家中普遍地流行着这样的一种见解,即认为考古学文化是在不同的族的共同体的形成过程中产生的,在不同地域内独特地存在着不同族的共同体,促使了物质文化上的地方特征的出现"③。苏联考古学对于考古学文化与族的共同体之间关系的研究成果也被译介到中国:"新石器时代的考古学文化不仅代表居民的文化共同体,而且除了少数例外,看来也代表族的共同体。"④

---

① 夏鼐:《谈谈探讨夏文化的几个问题——在〈登封告成遗址发掘现场会〉闭幕式上的讲话》,《河南文博通讯》1978年第1期。
② 夏鼐:《谈谈探讨夏文化的几个问题——在〈登封告成遗址发掘现场会〉闭幕式上的讲话》,《河南文博通讯》1978年第1期。
③ 华平译:《考古学文化(苏联大百科全书选译)》,《考古通讯》1956年第3期。
④ [苏] А. Я. 勃留索夫著,晓漠译,柯夫校:《考古学文化与族的共同体》,《考古》1961年第8期。

因此，20世纪80年代出版的第一版《中国大百科全书·考古卷》针对"考古学文化和民族的形成"问题指出："与民族学的资料相结合，可以认为，新石器时代的各种'考古学文化'类型是体现当时各个部落和部落联盟的存在，与民族的形成有关。"①

考古学文化与历史时期"文化"的命名取舍

邹衡先生对于"文化"的命名，具有较强的文献史学倾向。

在《商周考古》中，邹衡先生之所以采用了"二里头文化"的概念，原因是"在此类文化遗址尚未最后确定其文化性质的情况下，暂时命名'二里头文化'似较为合适"②。经过《试论夏文化》的论证，邹衡先生改以"夏文化"代称二里头文化。

对于"先商文化"的命名也是如此。李伯谦先生曾将先商文化漳河型和辉卫型合并，以河北磁县下七垣遗址为典型遗址，将其命名为"下七垣文化"③。邹衡先生对这一命名表示反对："在定论之前，为了便于称呼，某类遗址总要给个名称，最简便的办法，就是沿用史前时期的命名法，一般也用最先发现的地名来命名，例如小屯文化、二里岗文化、二里头文化，等等。但是一经确证为某时代、某朝代或某族属之后，即可取消地名的命名，直接代之以时代、朝代或族属的命名，如晚商文化、早商文化、夏文化，等等。"④

---

① 夏鼐、王仲殊：《考古学》，《中国大百科全书·考古学》，中国大百科全书出版社1986年版，第15页。
② 北京大学历史系考古教研室商周组：《商周考古》，文物出版社1979年版，第14页。
③ 李伯谦：《先商文化探索》，《庆祝苏秉琦考古五十五周年论文集》，文物出版社1989年版。
④ 邹衡：《"下七垣文化"命名的商榷》，《中国历史博物馆馆刊》2000年第1期。

对于已认定性质的遗址，邹衡先生也使用具有文献史学色彩的命名方式（图3-1）。如《夏商周考古学论文集》书后图版28（第叁篇《试论夏文化》图版九）被命名为"河南郑州早商时期亳城文化遗存"，郑州商城东墙北段被直呼为"亳城东墙北段"。又如，图版32（第叁篇《试论夏文化》图版十三）也将郑州商城直呼为"河南郑州亳城"。

图3-1　第叁篇《试论夏文化》图版九、十三

（邹衡，1980）

考古学文化的类型

随着新中国考古工作的广泛展开，多地发现了仰韶文化和龙山文化遗存。

1951年4月至6月，著名考古学家苏秉琦带领石兴邦、王伯洪、白万玉、钟少林和魏聚元，赴陕西关中地区展开考古调查。

此行的主要目的是，"对于关中（指陕西境内的渭河两岸地带）史前文化的分期、分布和发展的问题，与早周和西周文化的分期和发展的问题获得进一步的了解"①，但实际的考古调查和发掘工作主要集中在沣西地区。此次发掘的主要收获，曾在1956年发表的《西安附近古文化遗存的类型和分布》一文中进行简要介绍。②近年整理出版的《另一个三叠层：1951年西安考古调查报告》全面报道了此次考古调查与发掘的收获。③

这次考古工作的重要收获之一，是在长安县（今西安市长安区）沣河西岸的客省庄村发现了一组重要的打破关系。考古地层学的"打破关系"，就是年代相对较晚的遗迹单位挖破年代相对较早的遗迹单位。例如，一座周代墓葬如果选址在一处仰韶文化和龙山文化遗址之上，便有可能在开挖墓坑的过程中挖破一座龙山文化时期的灰坑；而早在龙山文化时期，先民在开挖窖藏坑时，又可能挖破年代更早的仰韶文化灰坑，从而造成一组周代墓葬打破龙山文化时期窖藏，后者又打破仰韶文化时期灰坑的打破关系。

客省庄发现的这组打破关系运用考古地层学的术语，写作"M2→H8→H7"（图3-2）。"M"是墓葬的拼音首字母缩写，"H"是灰坑的拼音首字母缩写，"→"用来表示"叠压打破关系"。M2就是第二号墓，H8和H7就是第八号和第七号灰坑。这组打破关系的意义是，第二号墓打破第八号灰坑，第八号灰坑又打破第七号灰坑。

根据考古地层学的基本原理，被打破的遗迹单位年代相对较早，打破他者的遗迹单位年代相对较晚。这表明，第二号墓的年

---

① 考古研究所陕西省调查发掘团通讯组：《1951年春季陕西考古调查工作简报》，《科学通报》1951年第2卷第9期。
② 苏秉琦、吴汝祚：《西安附近古文化遗存的类型和分布》，《考古通讯》1956年第2期。
③ 苏秉琦：《另一个三叠层：1951年西安考古调查报告》，上海古籍出版社2018年版。

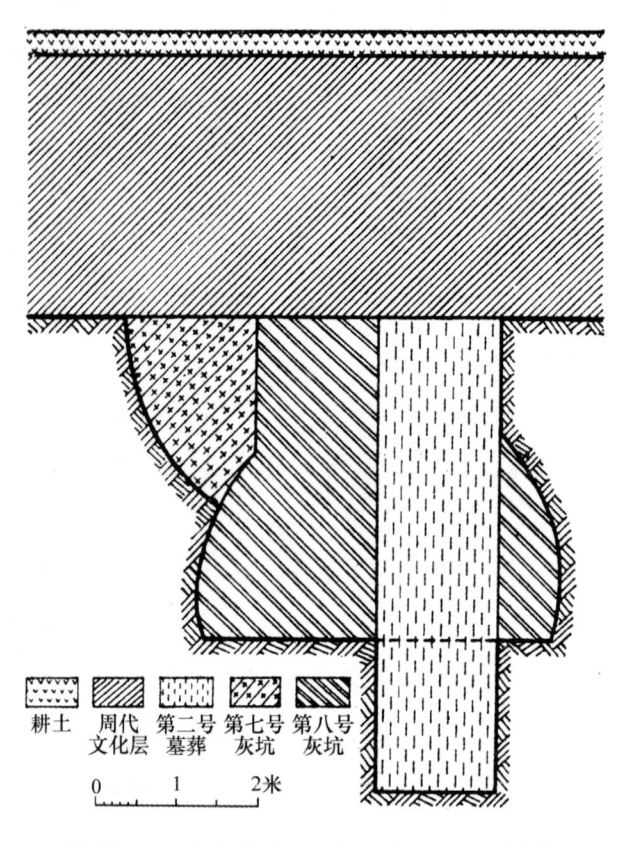

图 3-2 沣西客省庄的"另一个三叠层"

（苏秉琦等，1956）

代最晚，第八号灰坑的年代早于第二号墓，第七号灰坑的年代又早于第八号灰坑。根据出土器物的时代特征可知，H7 属于仰韶文化，H8 属于龙山文化，M2 是周代墓葬。这组地层关系与 1931 年发现的"后冈三叠层"具有同样重要的学术价值，梁思永先生对此赞曰："这是一套陕西的'三叠层'。"[①]

这组打破关系印证了陕西关中地区也曾经历了仰韶文化和龙山文化阶段，但关中地区的仰韶文化和龙山文化与豫北地区同时

---

① 赵辉：《序二》，《另一个三叠层：1951 年西安考古调查报告》，上海古籍出版社 2018 年版。

代遗存的文化面貌存在很明显的差异。关于仰韶文化遗存,"彩陶遗存在关中一带的分布是相当广泛的。……很显然的,它们与豫西的彩陶有很多相似之点,不过它们和晋南的彩陶似乎具有更多的关联,而与豫北的彩陶则分别很大"①。此地龙山文化遗存的面貌更加陌生,"粗绳篮纹陶灰坑代表着这一带史前文化的第二个阶段。……这类遗存在关中一带是相当普遍的,但就器物种类而论,有不少是我们过去没有见过的"②。

随着各地考古发掘材料的日益丰富,考古学文化内部的"类型"概念随之出现。河南陕县庙底沟遗址的发掘资料表明,以西安半坡等遗址为代表的一类仰韶文化遗存,与以陕县庙底沟等遗址为代表的另一类仰韶文化遗存,尽管均可归为仰韶文化,却存在明显的面貌差异,因此分别被命名为仰韶文化的"半坡类型"和"庙底沟类型"。③ 由于各地发现的龙山文化遗存也各自存在鲜明的地方特点,因而按照地域分为"典型龙山文化""河南龙山文化"和"陕西龙山文化"等。④

"考古学文化"与其内部划分的"类型"之间,可以用"大同小异"来概括。各"类型"之间的关系,或是因地域差异而形成的不同面貌,或是因时间早晚形成的面貌差异。"考古学文化"内部各"类型"之间的差异是次要的,共性是主要的。

文化类型比较法

徐旭生先生在《1959年夏豫西调查"夏墟"的初步报告》

---

① 考古研究所陕西省调查发掘团通讯组:《1951年春季陕西考古调查工作简报》,《科学通报》1951年第2卷第9期。
② 考古研究所陕西省调查发掘团通讯组:《1951年春季陕西考古调查工作简报》,《科学通报》1951年第2卷第9期。
③ 安志敏:《试论黄河流域新石器时代文化》,《考古》1959年第10期。
④ 安志敏:《试论黄河流域新石器时代文化》,《考古》1959年第10期。

中，针对如何探讨"夏文化"，提出了这样的研究方法论："当日的中国远非统一，那夏氏族或部落活动的范围就相当地有限制，我们就可以从它活动范围以内去研究夏文化有什么样的相同的或相类的特征，再到离它活动中心较远的地方看看这些地方的文化同前一种有什么样的差异。用文化间的异同来作比较，就渐渐地可以找出来夏氏族或部落的文化的特点。"①

邹衡先生对这种研究方法颇为推崇，认为其对夏文化考古研究具有重要的指导意义，将其称为"文化类型的研究"②或"文化类型比较法"。③ 具体而言，"要在考古学文化中分型分类，又必先从年代分期入手，只有在年代上大体接近的诸文化中进行分型分类才有意义"④。这是《试论夏文化》最为核心的研究方法论。

考古学文化分期

对于考古学家来说，不论是面对一件器物、一座墓葬还是一处遗址，他们关心的首要问题就是年代问题。如果器物、墓葬及遗址能够出土证明自身年代的证据（最重要、最理想的是文字证据），那是最理想的情况。安阳殷墟之所以能够确定是商代晚期的都城遗址，最主要的原因是发现了甲骨文这样的出土文字证据。面对年代更早的文化遗存，由于缺乏出土文字证据的支持，对于年代问题的讨论，主要还是依靠考古学文化的分期研究。

---

① 徐旭生：《1951年夏豫西调查"夏墟"的初步报告》，《考古》1959年第11期。
② 邹衡：《试论夏文化》，《夏商周考古学论文集》，文物出版社1980年版，第105页。
③ 张立东、任飞编著：《手铲释天书：与夏文化探索者的对话》（邹衡先生访谈），大象出版社2001年版，第53页。
④ 邹衡：《试论夏文化》，《夏商周考古学论文集》，文物出版社1980年版，第105页。

分期研究最早可追溯至北欧地区的古物研究。丹麦学者汤姆森将斯堪的纳维亚半岛出土的古物分别归于石器时代、青铜时代和铁器时代，这就是著名的"三期说"①。1903年，瑞典学者蒙特留斯出版了《东方和欧洲的古代文化诸时期》，该书的第一卷《方法论》②在20世纪30年代被翻译为中文，③对于中国考古的类型学研究产生了重要而又深远的影响。

1948年，考古发掘报告《斗鸡台沟东区墓葬》④出版。在这部中国考古学的经典之作中，苏秉琦先生运用考古类型学研究方法，将斗鸡台沟东区发掘的墓葬分为瓦鬲墓时期（又分为瓦鬲墓初期、瓦鬲墓中期和瓦鬲墓晚期，其中瓦鬲墓中期还可细分为两期）、屈肢葬墓时期（又分为屈肢葬墓初期、屈肢葬墓中期和屈肢葬墓晚期）和洞室墓时期（分为五期），成功建立关中西部地区先周时期至汉代墓葬的考古学分期年代序列。

1952年，北京大学成立考古专业，苏秉琦先生担任考古教研室主任。⑤邹衡先生是北京大学考古专业培养的第一位副博士研究生，指导老师是郭宝钧先生和苏秉琦先生。⑥在苏秉琦先生的具体指导下，邹衡先生于1955年完成了副博士论文《试论郑州新发现的殷商文化遗址》，并于次年刊发于《考古学报》。⑦这是邹衡先

---

① [加]布鲁斯·G.特里格：《考古学思想史（第2版）》，陈淳译，中国人民大学出版社2010年版。
② [瑞典] Montelius, O. *Die Älteren Kulturperioden im Orient und in Europa. Part I. Die Methode.* Stockholm，1903.
③ [瑞典]孟德鲁斯：《考古学方法论》，郑师许、胡肇椿译，世界书局1936年版；[瑞典]蒙德留斯：《先史考古学方法论》，滕固译，商务印书馆1937年版。
④ 苏秉琦：《斗鸡台沟东区墓葬》，北平研究院史学研究所1948年版。
⑤ 宿白：《后记》，《纪念北京大学考古专业三十周年论文集1952—1982》，文物出版社1990年版；严文明：《永远的导师——苏秉琦与北京大学考古专业》，《中国历史文物》2010年第1期。
⑥ 李维明：《考古学家邹衡》，科学出版社2010年版，第12页。
⑦ 邹衡：《试论郑州新发现的殷商文化遗址》，《考古学报》1956年第3期。

生撰写的第一篇长文,将郑州和安阳发现的商文化遗存各分为三期,并对两地商文化分期之间的对应关系展开了论证,证实二里冈文化的年代早于殷墟文化。通过攻读副博士期间的学术训练,邹衡先生熟练掌握了考古地层学和考古类型学的研究方法,这就为接下来在考古工作中展开对"夏文化"的探索奠定了坚实的研究基础。

关于考古类型学的实践操作方法,苏秉琦先生曾总结道:"变化规律应从数量众多、经常出现、有代表性的那些器物中去探求。……借标型学进行考古分期,在横的方面要顾及共存的器物群中(尤其在那些有代表性的器物上)有关特征的一致性;在纵的方面,也要在同类器中找到相应变化的一致性。……运用器物形态学进行分期断代,必须以地层迭压关系或遗迹的打破关系为依据。一般可从典型单位的出土物着手,在同类器中进行排比。排比时,除注意器形外,器物的纹饰、色泽以至铭刻的作风等等,都应在考察、比较的范围之内,并要尽可能联系制造工艺。这里,分类、分型的工作很重要。一定要选择那些形制一致的同类、同种器(尽可能地选用完整器),而不能按同名器归类排比。"①

考古学文化分期研究的要义是,首先确定出土器物种类和数量较为丰富、器物组合的时代特征较为一致的遗迹单位,将其选取为典型单位。通常情况下,陶器日常使用频繁、易碎而容易更新,因此成为考古学文化分期最重要的研究对象。相对而言,墓葬随葬陶器的时代特征较为一致,是最佳的典型单位选取对象,其次是灰坑,而地层中的器物往往较为混杂。选取典型单位中出土数量较多的陶器器类,根据共存关系确定其并行发展的不同"型",借鉴生物学上的进化规律,在"型"的概念下,划分出具

---

① 苏秉琦、殷玮璋:《地层学与器物形态学》,《文物》1982年第4期。

有早晚演进关系的"式"。将"型"与"式"纳入型式统计表，考察陶器群演进的整体规律，并以地层关系印证其发展顺序。将式别和组合特征相近的典型单位分为若干"组"，并在此基础上将特征近似的"组"合并为"期"。最后，根据直接的文字材料，或者已有的分期年代标尺，对所分"期""组"的年代进行估计。

考古研究实践表明，严格按照考古类型学实践操作方法对考古学文化进行的分期研究，能够确立坚实可靠的分期年代标尺，成为展开相关研究的前提基础。

分群：文化因素分析法

在《试论夏文化》中，邹衡先生将先商文化分为了漳河型、辉卫型和南关外型三个类型。为了深入分析各类型的文化构成和彼此之间的差异，邹衡先生对各类型的陶器群采用了"分群"的研究方法。

先商文化漳河型和辉卫型被分为三群，南关外型被分为五群（图3-3）。通过对各群陶器的分析，可知辉卫型包含了两部分文化因素，一部分与漳河型相同，另一部分与南关外型和二里头文化相同。南关外型包含了三部分文化因素，一部分与漳河型、辉卫型相同，另一部分与二里头文化相同，还有一部分与南方地区的二里冈文化相同。这实际上已经是文化因素分析法的熟练应用。

李伯谦先生的著名论文《试论吴城文化》是文化因素分析法的经典之作。该文将江西清江盆地发现的吴城文化分为三期，各期遗物均可按照文化因素的差异分为甲、乙两组（图3-4），甲组具有鲜明的地方特点，占据主要因素，乙组与商文化特征相似，占据次要因素。关于如何看待吴城文化与商文化的关系问题，李伯谦先生指出："事物的性质主要地是由该事物内部占据支配地位

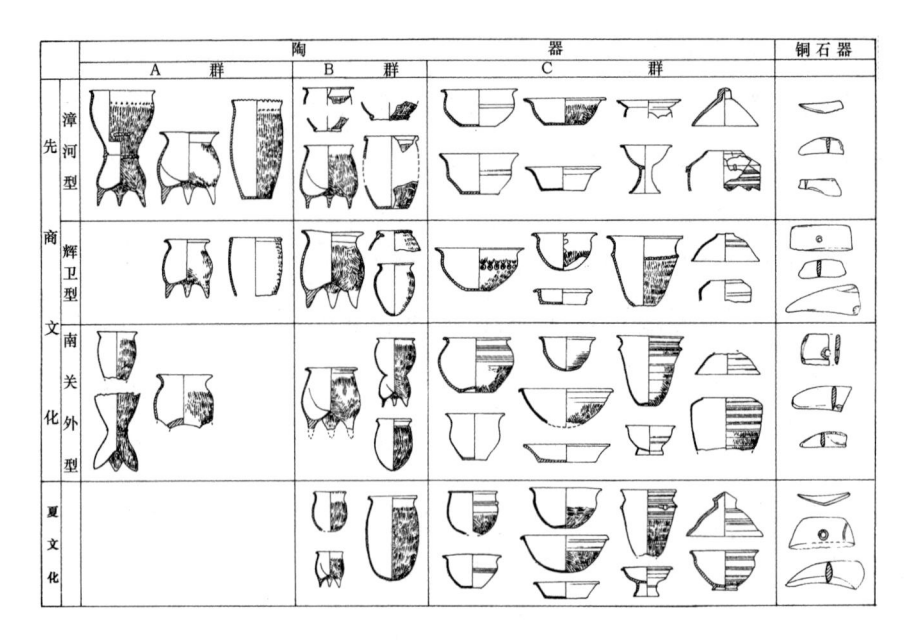

图 3-3　先商文化与夏文化类型比较图

（邹衡，1980）

的矛盾的主要矛盾方面决定的，吴城文化的性质也应该由其主要因素来决定。忽略吴城文化的主要因素，只强调次要因素的有较浓的商文化作风而将吴城文化划入商文化范畴是不恰当的。"①

在1985年的晋文化研究座谈会上，李伯谦先生对文化因素分析法的原理进行了论述："一个考古学文化的形成和发展不是孤立进行的，它既有对其先行文化的变革与集成，又有对与其同时的周围其他文化的借鉴、吸收和融合。这就决定了该考古学文化内涵所呈现的面貌不会是单纯的，而往往是十分复杂的；它的来源不会是单一的，而往往是多头的。"②

"楚文化"的考古研究也属于历史时期"文化"研究，与夏

---

① 李伯谦：《试论吴城文化》，《文物集刊：江南地区印纹陶问题学术讨论会论文集》，文物出版社1981年版。
② 李伯谦：《文化因素分析与晋文化研究——1985年在晋文化研究座谈会上的发言》，《中国青铜文化结构体系研究》，科学出版社1998年版。

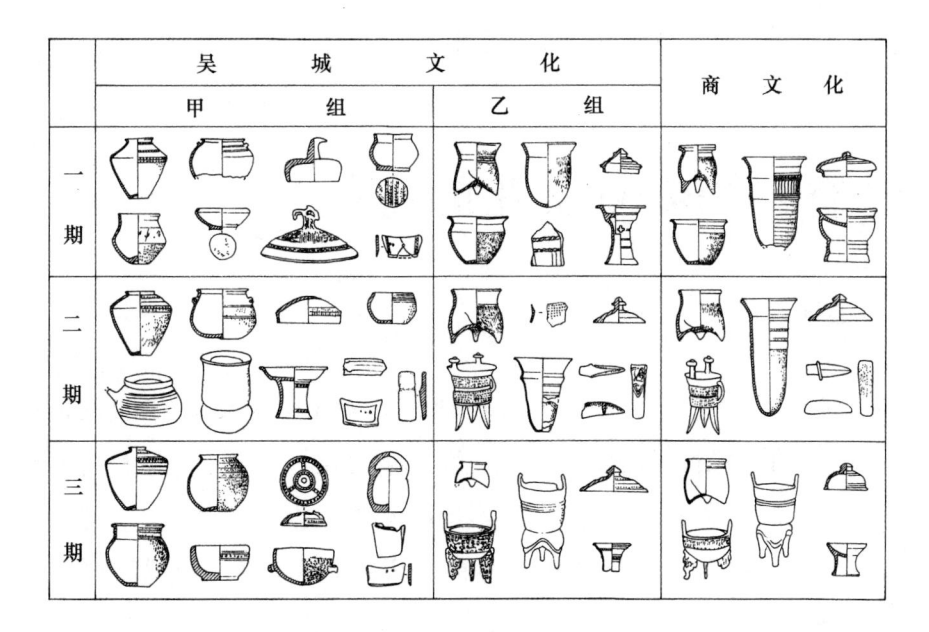

图 3-4 吴城文化的文化因素分组

（李伯谦，1981）

文化探索在学理上具有一定的共通之处。与李伯谦先生大体同时，俞伟超先生也明确提出了文化因素分析法，其要义是："分析出一个考古学遗存内部所包含的不同文化因素的组成情况，以认识其文化属性，即确定它在考古学文化谱系中的位置。"[①]

实践证明，"文化因素分析方法和地层学、标型学方法一样，是考古学基本方法之一"[②]。这一方法是考古学研究的又一利器，对于深入认识考古学文化的内涵，分析考古学文化的性质等问题，发挥了非常重要的推动作用。

---

① 俞伟超：《楚文化的研究与文化因素的分析》，《楚文化研究论集》第 1 集，荆楚书社 1987 年版。
② 李伯谦：《论文化因素分析方法》，《中国文物报》1988 年 11 月 4 日第 3 版。

时空：探索夏文化的途径

时空关系是考古学研究的基础。邹衡先生对夏文化的论证，首先建立起洛阳盆地商代以前的考古学文化分期年代序列，再根据传世文献记载的"夏年"与碳十四测年数据进行比对，排除仰韶文化、龙山文化是夏文化的可能。根据传世文献记载夏王朝中心地域的线索，运用文化类型比较法对各文化类型展开横向对比。在时空关系的双重限定下，确定二里头文化是夏文化。

区系类型

随着全国各地考古材料的日益丰富和研究水平的逐渐提高，考古学文化研究在 20 世纪 70 年代步入了更高层次的阶段。

1975 年，苏秉琦先生在中国科学院考古研究所为吉林大学同学作讲座①（图 4-1），将中国新石器时代的文化格局分为了六大区②：

1. 中原——仰韶前、仰韶后、龙山前、龙山后（关中豫西、晋南、豫北冀南）。

2. 沿海——大汶口前、大汶口、大汶口后、龙山。

---

① 苏恺之：《我的父亲苏秉琦：一个考古学家和他的时代》，生活·读书·新知三联书店 2015 年版，第 227—228 页。
② 苏秉琦：《学科改造与建设——1975 年 8 月间为吉林大学考古专业同学讲课提纲》，《苏秉琦文集（二）》，文物出版社 2009 年版。

3. 东南——青莲岗、崧泽前、崧泽后（良渚前）、良渚。

4. 江汉——红花、大溪、屈家岭前、屈家岭后。

5. 甘青——仰韶前、马家窑、齐家前、齐家后。

6. 北方——仰韶前、红山、富河前、红山后期、夏家店下层文化前。

图 4-1　苏秉琦先生 1975 年关于"区系类型"的讲座

（苏秉琦，2009）

1979 年，苏秉琦先生明确提出了"中国古文化的区、系、类型问题"①，两年后发表的学术论文《关于考古学文化的区系类型问题》正式提出了"区系类型"理论。

何为"区系"？用苏秉琦先生的原话就是："区是块块，系是

---

① 苏秉琦：《在"全国考古规划会议"、"中国考古学会成立大会"上的发言（摘要）》，《华人·龙的传人·中国人——考古寻根记》，辽宁大学出版社 1994 年版。

条条，类型则是分支。"①

"区"就是区块，也可称为"板块"或"条块"。② 苏秉琦先生指出，在史前时代，我国境内"可以划分的区域当不下十块之多"③，并将我国人口密集区域分为了六大区块④（图4-2）：

1. 以燕山南北长城地带为重心的北方。
2. 以山东为中心的东方。

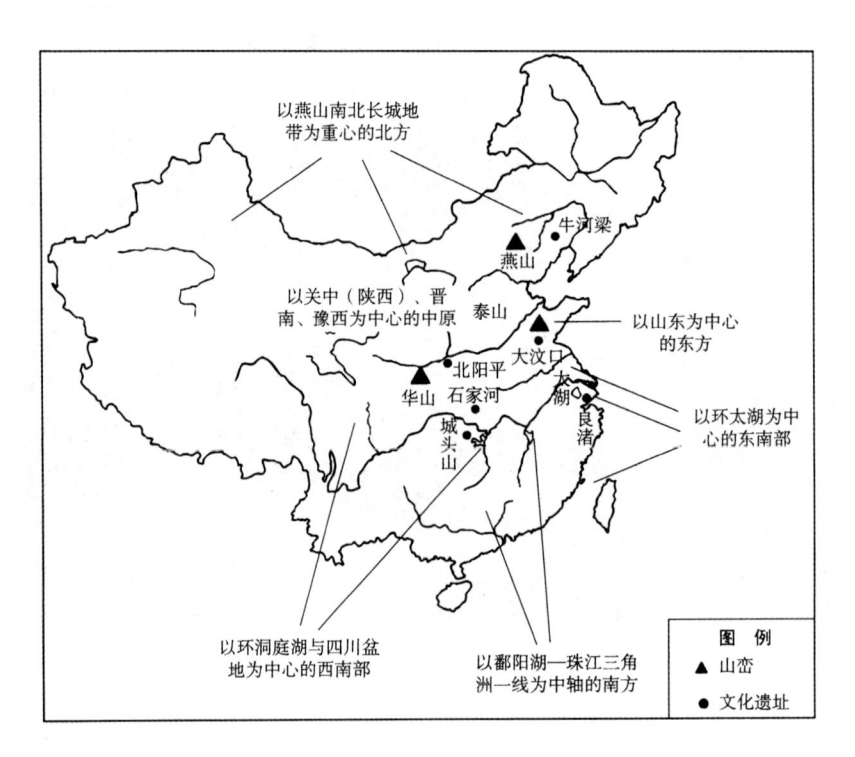

图 4-2 六大考古文化区系示意图
（苏秉琦，2009）

---

① 苏秉琦、殷玮璋：《关于考古学文化的区系类型问题》，《文物》1981年第5期。
② 苏秉琦：《中国文明起源新探》，《苏秉琦文集（三）》，文物出版社2009年版，第284页。
③ 苏秉琦、殷玮璋：《关于考古学文化的区系类型问题》，《文物》1981年第5期。
④ 苏秉琦：《中国文明起源新探》，《苏秉琦文集（三）》，文物出版社2009年版，第284页。

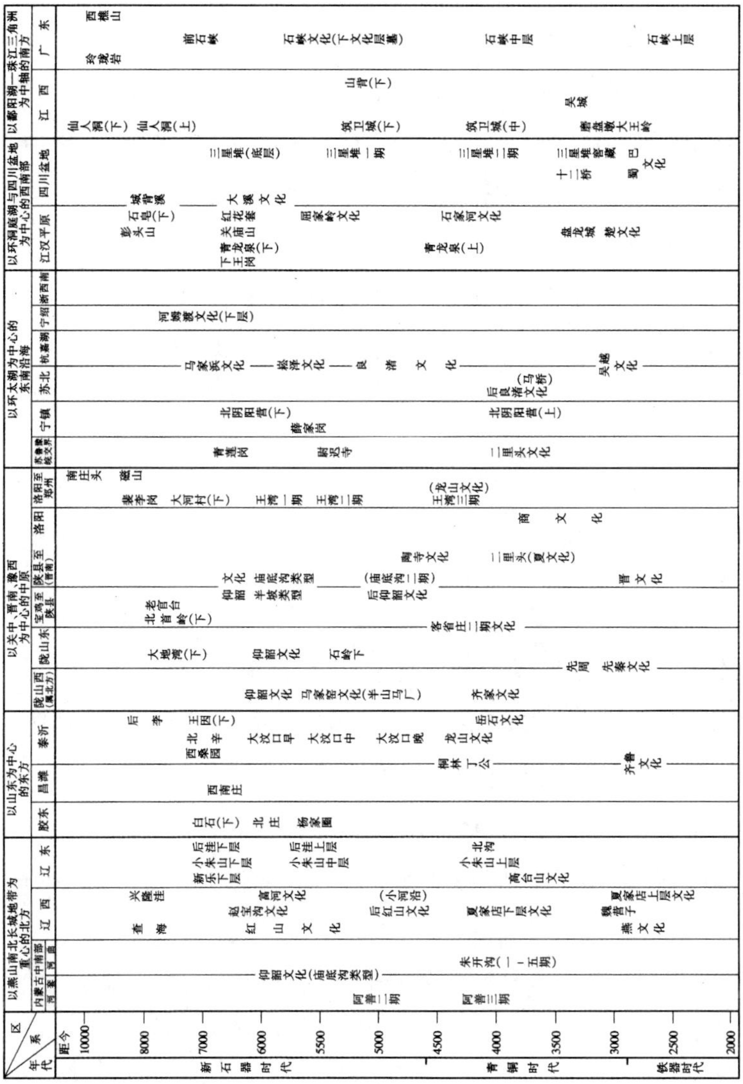

时空：探索夏文化的途径

图 4-3　中国考古学文化区系年表
（苏秉琦，1997）

3. 以关中（陕西）、晋南、豫西为中心的中原。

4. 以环太湖为中心的东南部。

5. 以环洞庭湖与四川盆地为中心的西南部。

6. 以鄱阳湖——珠江三角洲一线为中轴的南方。

"系"就是文化类型的发展脉络。比如说，"以山东为中心的东方"内的泰沂地区的新石器时代文化，先后经历了后李文化（公元前6300—前5400年）、北辛文化（公元前5400—前4200年）、大汶口文化（公元前4200—前2600年）、龙山文化（公元前2600—前2000年）。[①]

在苏秉琦先生"区系类型"理论的指导下，通过几代考古人的不懈努力，终于绘制出一幅中国考古学文化区系年表（图4-3）。

从满天星斗到月明星稀

苏秉琦先生"区系类型"理论的提出，打破了中国史前文化的中原中心说。随着考古材料的不断积累，"中华大地文明火花，真如满天星斗，星星之火已成燎原之势"[②]。

到公元前1800年前后，中华大地上数千年来各区系文化的发展进程突然被打破，中原地区以外的其他考古学文化相继呈现衰落态势。气候异常导致的降温和洪水可能是重要原因之一。[③] 二里头文化异军突起，兼容并蓄周邻区域的优秀文化因素，成为黄河

[①] 中国社会科学院考古研究所：《中国考古学·新石器时代卷》，中国大百科全书出版社2010年版。

[②] 苏秉琦：《中国文明起源新探》，《苏秉琦文集（三）》，文物出版社2009年版，第314页。

[③] 王巍：《公元前2000年前后我国大范围文化变化原因探讨》，《考古》2004年第1期。

中游地区的先进文化,自此步入广域王权国家阶段。① 与此前的"满天星斗"相对应,进入王朝阶段的早期中国呈现出另一幅"月明星稀"②的景象,各区系史前文化并行发展的文化格局最终被"中心—周边"的文化新格局所取代。

洛阳盆地仰韶文化至二里头文化分期年代序列

豫西的洛阳盆地是一个相对封闭的地理单元,是苏秉琦先生划分的"陕豫晋邻境地区"中的关键地域之一。

新中国成立后,洛阳盆地成为最重要的考古重镇之一。随着大规模基础建设的展开,洛阳市在20世纪50年代迎来了考古工作的高潮。1954—1960年,中国科学院考古研究所在东周王城范围内持续进行考古工作(图4-4),在同乐寨发现仰韶文化遗存,在西干沟发现仰韶文化和龙山文化遗存,在东干沟发现龙山文化遗存和二里头文化遗存,③初步建立起洛阳盆地先秦时期考古学文化发展序列。

1959年秋季,洛阳东干沟遗址进行了第三次考古发掘,此次发掘工作是为了配合北京大学历史系考古专业学生实习。④ 这是邹衡先生首次在考古发掘中接触到二里头文化遗存。⑤ 随后,邹衡先

---

① 许宏:《从证经补史到独步史前:考古学对"中国"诞生史的探索》,《南方文物》2016年第1期。
② 王明珂:《早期中国"月明星稀的历程"》,《大众考古》2014年第7期。
③ 中国社会科学院考古研究所:《洛阳发掘报告:1955—1960年洛阳涧滨考古发掘资料》,北京燕山出版社1989年版。
④ 中国社会科学院考古研究所:《洛阳发掘报告:1955—1960年洛阳涧滨考古发掘资料》,北京燕山出版社1989年版,第51页。
⑤ 张立东、任飞编著:《手铲释天书:与夏文化探索者的对话》(邹衡先生访谈),大象出版社2001年版,第45页。

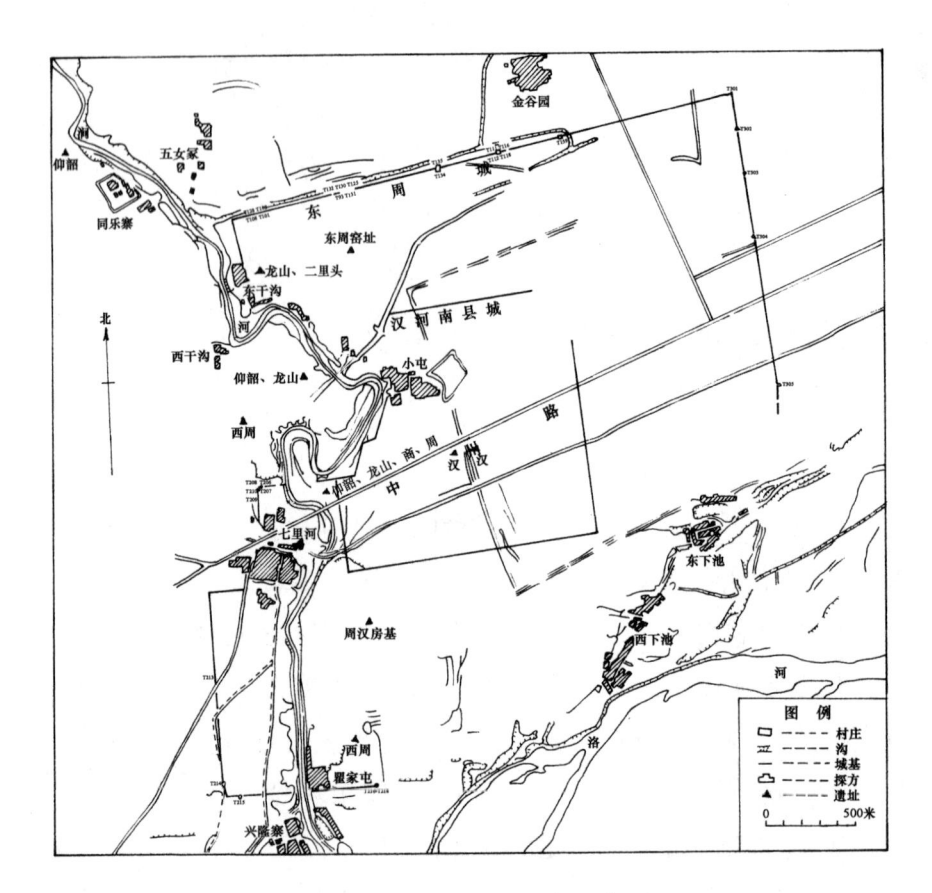

图 4-4 洛阳王城考古工作图

(中国社会科学院考古研究所，1989)

生又有机会参加了偃师二里头遗址首次发掘出土陶器的整理工作，① 对二里头文化的面貌取得了初步的认识。

1958年10月，在结束了东干沟遗址的短期发掘后，北京大学考古实习队选择了洛阳南王湾遗址（图4-5）作为大规模田野考古实习的地点。这处遗址就是后来通常所说的王湾遗址。之所以选择在此展开发掘，邹衡先生回忆道："看到大片新石器时代遗

---

① 张立东、任飞编著：《手铲释天书：与夏文化探索者的对话》（邹衡先生访谈），大象出版社2001年版，第45页。

址,而且有仰韶与龙山共存……根据采集的陶片分析,此处的仰韶、龙山似乎都有早晚的不同。当时我有个想法:或许在这里可以解决学术上早已存在的仰韶、龙山的关系及其年代分期问题。决计就在此发掘"①,可谓眼光独到。

图4-5 洛阳南王湾遗址远眺
(北京大学考古文博学院,2002)

邹衡先生是王湾遗址考古实习的带队教师。② 田野发掘工作于1959年12月结束,随即赴考古研究所洛阳工作站转入室内整理工作。通过对王湾遗址考古发掘材料的整理,邹衡先生将洛阳盆地新石器时代至二里冈文化之前的文化遗存分为四期12段,建立伊

---

① 张立东、任飞编著:《手铲释天书:与夏文化探索者的对话》(邹衡先生访谈),大象出版社2001年版,第46页。
② 张立东、任飞编著:《手铲释天书:与夏文化探索者的对话》(邹衡先生访谈),大象出版社2001年版,第47页。

洛地区详细的考古学文化分期年代标尺。

第一期（王湾一期）为仰韶期，包含两段（第1段、第2段）。第1段相当于半坡遗址早期。第2段相当于庙底沟类型的最早期。

第二期（王湾二期）为仰韶文化向龙山文化过渡，或称为仰韶文化晚期，大体相当于半坡遗址晚期和大汶口文化的中晚期，包含三段（第3段、第4段、第5段）。其中，第5段相当于庙底沟二期。

第三期（王湾三期）为龙山期，即当时命名的"河南龙山文化"，包含三段（第6段、第7段、第8段）。其中，第8段是河南龙山文化晚期。后来，随着考古材料的日渐丰富和认识水平的不断提高，"这种以现代行政区划来命名各种文化共同体的方法显然是不符合客观实际的，是不科学的。……河南境内不同地区的'龙山文化遗存'，若仅用'河南龙山文化'来概括，那是无论如何也概括不了的"①。于是，学术界基本放弃了"河南龙山文化"的命名，转而将河南中西部的龙山时代考古学文化称为"王湾三期文化"②。

第四期为二里头期，根据二里头遗址二里头文化的分期方案，包含四段（第9段、第10段、第11段、第12段），分别相当于二里头遗址第一期至第四期。

遗憾的是，邹衡先生在20世纪50年代末至60年代初"被视为走白专道路的资产阶级知识分子，因而失去了编写报告的机会"③，"迫于当时的政治形势，不容许把我的论文公诸于世，成为我终身的遗憾"④。王湾遗址的考古报告《洛阳王湾——考古发

---

① 安金槐：《试论河南"龙山文化"与夏商文化的关系》，《中国考古学会第二次年会论文集1980》，文物出版社1982年版。
② 严文明：《龙山文化和龙山时代》，《文物》1981年第6期；韩建业、杨新改：《王湾三期文化研究》，《考古学报》1997年第1期。
③ 张立东、任飞编著：《手铲释天书：与夏文化探索者的对话》（邹衡先生访谈），大象出版社2001年版，第48页。
④ 邹衡：《我和夏商周考古学》，《学林春秋》二编，朝华出版社1999年版。

掘报告》最终于2002年出版，但邹衡先生仅负责编写了其中的周代部分。①

仰韶、过渡、龙山、二里头诸期文化发展的轨范

洛阳王湾遗址的考古学文化分期，是邹衡先生运用考古类型学实践操作方法首次进行的长时段、精细化的考古学文化分期。苏秉琦先生"再三肯定了南王湾分期的结果，说这是一项破天荒的工作"②。

由于王湾分期是一项开拓性的研究成果，因而需要对比其他地区的考古学分期年代序列加以验证。不论是王湾遗址1960年开展的第二次考古发掘，还是晋西南地区、渭水下游、豫北冀西南地区、豫东地区、豫鄂陕三省交界地区，均存在相同的年代序列或其中的环节。在更靠外围的地区，如东部沿海地区、长江中上游地区和甘青地区，尽管缺乏二里头文化的发现，但这些地区的新石器时代文化也基本经历了仰韶文化时期、仰韶文化晚期（过渡期）和龙山文化时期三大阶段。因此，邹衡先生指出："我国黄河与长江地区绝大部分地区的远古文化，虽然各自都具有明显的地方特色，且其绝对年代也参差不齐，但就其相对年代顺序而言，都可以纳入以伊洛地区为中心的仰韶、过渡、龙山、二里头诸期文化发展的轨迹。"③

---

① 北京大学考古文博学院：《洛阳王湾——考古发掘报告》，北京大学出版社2002年版。
② 张立东、任飞编著：《手铲释天书：与夏文化探索者的对话》（邹衡先生访谈），大象出版社2001年版，第48页。
③ 邹衡：《试论夏文化》，《夏商周考古学论文集》，文物出版社1980年版，第101页。

邹衡先生将伊洛地区与周邻地区考古学文化发展序列的对比，实际上已经"由点及面"形成了"时代"的概念。自20世纪80年代起，仰韶文化时期、龙山文化时期和二里头文化时期，开始被称为具有普遍意义的"仰韶时代""龙山时代"和"二里头时代"。

1981年，严文明先生首先提出了"龙山时代"的概念："现在人们所说的龙山文化，实际上是一个非常庞杂的复合体，其中包含着许多具有自己的特征、文化传统和分布领域的考古学文化……各个文化彼此连成一片，又基本上属于同一时代，而且除齐家文化外，都曾被称为龙山文化。现在按照实际情况把它们区分为许多考古学文化是完全必要的，但决不能因此而对它们的共同特征和相互联系有任何的忽视。因此我还是主张应有一个共同的名称，并且建议称之为龙山时代。"①

20世纪80年代，考古学界开始将"仰韶文化时期"称为"仰韶时代"。张忠培先生将"仰韶时代"定义为"以老官台文化转变成半坡文化及与其相当的时期为始点，终于鬶、斝这类空心三足器所从属的大汶口文化晚期、庙底沟二期文化及良渚文化后期与其相当的时期，年代约在公元前第五千纪前期后段至公元前第三千纪前期后段"②。

2004年，许宏先生在安阳殷商文明国际学术研讨会上提出了"二里头时代"的概念："在大的时代名称上，相当于夏代的时期因其未确定性，似应暂时依照史前考古学的惯例，以具有典型性的考古学文化来命名，而暂且称之为'二里头时代'。……在华夏文明早期发展的进程中，二里头时代开创了一个新纪元。这是一个礼乐文化勃兴而非礼乐文化全面衰微的时代，一个华夏文明结束多元、进入一体化阶段的时代，一个以中原为中心的历史格局

---

① 严文明：《龙山文化和龙山时代》，《文物》1981年第6期。
② 张忠培：《仰韶时代——史前社会的繁荣与向文明时代的转变》，《故宫博物院院刊》1996年第1期。

正式形成的时代。"①

碳十四测定年代

伊洛地区仰韶文化至二里头文化分期年代序列的建立，为夏文化探索提供了重要的基础。邹衡先生指出："要确定夏文化只有在黄河流域及其邻近地区商以前直到新石器时代诸文化中去寻找"②，"仰韶期—过渡期—龙山期—二里头期—早商期序列的排定，就把中原地区从新石器时代到青铜时代的各个环节都基本上联系起来了，已经不太可能有什么其他文化穿插其间。……如果有夏朝存在的话，那它必然就在这些环节之中"③。

然而，考古学文化分期年代序列只是解决了"相对年代"的序列。"相对年代"的概念早在瑞典学者蒙特留斯的论著中已经出现，④ 指的是年代之间的相对关系。简单地说，就是知道仰韶文化早于龙山文化，龙山文化又早于二里头文化。"绝对年代"是与"相对年代"相对应的概念，也就是仰韶文化、龙山文化、二里头文化究竟相当于公元前多少年到多少年之间。如果不掌握这些考古学文化的绝对年代，就无法与传世文献记载的夏王朝相对应。

在碳十四测年技术出现之前，考古学家只能根据出土物包含的文字信息判断其绝对年代。史前时代缺乏自证性文物，只能知

---

① 许宏：《略论二里头时代》，《2004年安阳殷商文明国际学术研讨会论文集》，社会科学文献出版社2004年版。
② 邹衡：《试论夏文化》，《夏商周考古学论文集》，文物出版社1980年版，第97页。
③ 张立东、任飞编著：《手铲释天书：与夏文化探索者的对话》（邹衡先生访谈），大象出版社2001年版，第48页。
④ ［瑞典］蒙特留斯：《先史考古学方法论》，滕固译，商务印书馆1937年版。

其相对年代，而难以获知其绝对年代。因此，碳十四测年技术的出现，为构建史前考古学的年代框架起到了举足轻重的作用。

我们通常所说的碳十四测年，实际上叫作"放射性碳素断代（Radiocarbon Dating）"，是"利用死亡生物体中碳—14 不断衰变的原理进行断代的技术"①，其基本原理是"动物都直接或间接地依赖植物生存，因此所有生物体内都含有碳—14。而碳—14 又不断地衰变为非放射性的氮—14，其半衰期为 5730±40 年。生物在死亡之前身体中碳—14 的浓度与大气中的碳—14 浓度保持着平衡。但这些含碳物质一旦停止与大气交换，例如生物死亡，碳—14 就只能按衰变规律减少。因此只要测出标本中碳—14 减少的程度，就可以推算出它死亡的年代"②。

碳十四测年技术的出现，对于世界考古学，特别是欧洲史前考古学产生了革命性的影响。③ 1955 年，具有国际视野的夏鼐先生很快将其介绍到了中国。④ 夏鼐先生对此回忆道："这距离 1950 年 W. F. 利比（Libby）发明这方法的时间只有五年，距离介绍测定方法的著作的出版只有三年。"⑤

中国科学院考古研究所发扬自力更生的科研精神，"自己动手设计试制仪器，建立各项必要的设备，在没有进口任何仪器和器材的情况下，建成了碳素断代实验室，并于 1965 年底至 1966 年初，测定了第一批标本的年代"⑥。截至 1980 年，中国社会科学院

---

① 仇士华、蔡莲珍：《放射性碳素断代》，《中国大百科全书·考古卷》，中国大百科全书出版社 1986 年版。
② 仇士华、蔡莲珍：《放射性碳素断代》，《中国大百科全书·考古卷》，中国大百科全书出版社 1986 年版。
③ [加] 布鲁斯·G. 特里格：《考古学思想史（第 2 版）》，陈淳译，中国人民大学出版社 2010 年版，第 290—291 页。
④ 夏鼐：《放射性同位素在考古学上的应用》，《考古通讯》1955 年第 4 期。
⑤ 夏鼐：《碳—14 测定年代和中国史前考古学》，《考古》1977 年第 4 期。
⑥ 中国科学院考古研究所实验室：《放射性碳素测定年代报告（一）》，《考古》1972 年第 1 期。

考古研究所实验室公布了七批碳十四测年数据。①

1977 年，夏鼐先生根据当时已测定年代的标本，指出仰韶文化的年代约在公元前 5000—前 3000 年，河南龙山文化的年代约在公元前 2800—前 2300 年，二里头文化的年代约在公元前 1900—前 1600 年，郑州二里冈文化层出土两件标本的年代约在公元前 1600 年②。这就为夏商时期考古学文化的相关研究提供了关键的年代数据。

夏鼐先生在撰写《碳—14 测定年代和中国史前考古学》时，二里头文化仅测试了四件标本，其中三个数据成一系列，另一件标本"和本组其他数据不相符合，可能是有误差"③。在进一步补充样品后，《关于所谓"夏文化"的碳十四年代测定的初步报告》发表了二里头遗址的 33 个测试样品数据，"从统计的观点总体来看二里头遗址的年代应不早于公元前 1900 年、不晚于公元前 1500 年，前后延续 300 多年或将近 400 年"④。

测年数据与"夏年"的比较

邹衡先生对于夏代的推断，建立在对仰韶文化、龙山文化进行排除的基础上。

对于仰韶文化不是夏文化的认识，主要基于两点。一是仰韶文化的年代过早，不论是中原地区的仰韶文化系统，还是同时期黄河上游的马家窑文化、黄河下游的大汶口文化、长江下游的马

---

① 中国社会科学院考古研究所实验室：《放射性碳素测定年代报告（七）》，《考古》1980 年第 4 期。
② 夏鼐：《碳—14 测定年代和中国史前考古学》，《考古》1977 年第 4 期。
③ 夏鼐：《碳—14 测定年代和中国史前考古学》，《考古》1977 年第 4 期。
④ 仇士华、蔡莲珍、冼自强、薄官成：《有关所谓"夏文化"的碳十四年代测定的初步报告》，《考古》1983 年第 10 期。

家浜文化等,年代都远远超出了传世文献所载夏王朝的年代。二是历史学界和考古学界普遍认为,仰韶文化属于母系氏族公社阶段,而夏王朝并不处在这样的社会发展阶段。

对于龙山文化不是夏文化的认识,主要也基于两点。一是河南龙山文化的年代下限早于传世文献中夏王朝的年代。二是河北龙山文化、陕西龙山文化与齐家文化、山东龙山文化、良渚文化等,尽管或早或晚地进入了文献记载中夏王朝的年代,但其分布地域并不在传世文献记载的夏王朝核心地域。

通过对年代和地域的讨论,邹衡先生排除了仰韶文化和龙山文化是夏文化的可能,提出了《试论夏文化》的核心观点:二里头文化是夏文化,也即夏王朝所属的考古学文化,二里头文化第一、二、三、四期都是夏文化。①

---

① 邹衡:《试论夏文化》,《夏商周考古学论文集》,文物出版社1980年版,第103—104页。

亳丘：郑州商城即汤都亳说

按照二里头文化是夏文化的学术观点，偃师二里头遗址应该是夏都，而不是汤都西亳。商汤亳都究竟在哪里，成为探索夏文化的基点。"只有确定了成汤建国的所在，才有可能进一步探索先商文化、早商文化，从而最后确定何者为夏文化"①，因此要从汤都亳说起。

从汤都亳说起

二里头文化是夏文化的学术观点直接关系到了二里头遗址的性质问题。1977年登封会议后，邹衡先生道破了其中的关联："最近在河南登封召开有关夏文化问题讨论会上，绝大多数发言的同志都认为二里头文化晚期是商文化，其主要论据就是：河南偃师二里头遗址所在地是成汤所都的'西亳'。我们主张二里头文化晚期也是夏文化，其主要理由之一，就是不同意成汤建都在所谓的'西亳'。"② 因此，商汤亳都究竟在哪里，成了学术界关注的焦点问题。

---

① 邹衡：《试论夏文化》，《夏商周考古学论文集》，文物出版社1980年版，第105页。
② 邹衡：《论汤都郑亳及其前后的迁徙》，《夏商周考古学论文集》，文物出版社1980年版，第184页。

1978 年初，邹衡先生公布了关于汤都亳的学术新观点，这就是著名的"郑州商城即汤都亳说"①，简称"郑亳说"。两年后又在《夏商周考古论文集》所收的第四篇长文《论汤都郑亳及其前后的迁徙》中对商汤亳都问题进行了专题论证。通过对古代文献的系统梳理，邹衡先生对汉代以来关于"亳"的地望逐一进行了考辨。

杜亳说

此说最早见于汉代文献。东汉许慎的《说文解字》对"亳"字的解释是："京兆杜陵亭也。"《史记·六国年表·集解》徐广也说："京兆杜县有亳亭。"

根据《汉书·百官公卿表》的记载："大率十里一亭，亭有长。十亭一乡，乡有三老、有秩、啬夫、游徼。……县大率方百里，其民稠则减，稀则旷，乡、亭亦如之，皆秦制也。"亭是秦汉时期的基层单位，县下设乡，乡下设亭，并得到了考古材料的证实。② 虽是基层单位，却不可小觑，汉高祖刘邦就曾做过秦代的泗水亭长。

杜县原本是周代的杜伯国。这位杜伯就是《东周列国志》开篇第一回"周宣王闻谣轻杀 杜大夫化厉鸣冤"所讲的杜大夫。至秦汉时期，在原先的杜伯国所在地设置了杜县。后来，汉宣帝刘询的帝陵修建在了杜县境内，因此被称为"杜陵"，还在附近修建了"杜陵邑"③。

杜县为什么又会有一个叫"亳亭"的所在呢？这要从西周的灭亡说起。《史记·秦本纪》记载："西戎犬戎与申侯伐周，杀幽王骊山下。而秦襄公将兵救周，战甚力，有功。周避犬戎难，东

---

① 邹衡：《郑州商城即汤都亳说》，《文物》1978 年第 2 期。
② 俞伟超：《汉代的"亭""市"陶文》，《文物》1963 年第 2 期。
③ 中国社会科学院考古研究所：《汉杜陵陵园遗址》，科学出版社 1993 年版。

徙雒邑，襄公以兵送周平王。平王封襄公为诸侯，赐之岐以西之地。曰：'戎无道，侵夺我岐、丰之地，秦能攻逐戎，即有其地。'"由于勤王有功，周王室也无力驱退戎人，周平王于是做了顺水人情，把周都岐邑（就是现在的周原遗址）以西的领土都许给了秦人，只要能赶走戎人，土地尽归秦人所有。周王室为了避难，自此东迁到了洛阳。尽管犬戎内侵的危机已经过去，但闯入关中地区的西戎并没有完全退回，秦人与戎人的战场从陇东南地区拉锯到了关中地区。驱赶滞留在关中地区的戎人，成为了秦人在春秋时期的重要政治任务。

公元前 714 年，秦宁公把都城迁到了关中西部的平阳，并派兵征伐"荡社"。《史记·秦本纪·索隐》记载："西戎之君号曰亳王，盖成汤之胤。其邑曰荡社。"也就是说，这股戎人在关中东部的据点叫"荡社"（也就是"汤社"），其首领宣称是成汤的子孙，并以成汤所居的"亳"为号。到了第二年，秦人终于攻克了"荡社"，亳王逃回了西戎。

那么问题又来了，明明是西戎，为什么号称是"成汤之胤"？西戎原本远离商王朝的核心地域，但西周灭商后将东方的一部分殷人迁到了泾河流域，为其戍守西北边境，秦人就是其中的一支。这些移居泾河流域的殷遗民与当地戎人长期杂居融合，逐渐丧失了原本秉承的商系文化特征，消失于考古学的视野。这处"荡社"的"亳王"很有可能是西戎化的殷商遗裔或是具有殷遗血统的戎人。春秋时期的殷商遗裔确有自称成汤之胤的例证，如山东枣庄徐楼春秋墓 M1 所出宋公鼎、宋公铺（图 5-1），在铭文一开头便说"有殷天乙唐（汤）孙宋公"[①]，意思是作为商汤子孙的宋公。

[①] 枣庄市博物馆、枣庄市文物管理委员会办公室、枣庄市峄城区文广新局：《山东枣庄徐楼东周墓发掘简报》，《文物》2014 年第 1 期；山东博物馆、枣庄市博物馆：《大君有命　开国承家：小邾国历史文化》，北京时代华文书局 2018 年版。

铭文中的"天乙"就是商汤,得到了殷墟卜辞的证实。①

图 5-1　宋公鼎及宋公铺
(山东博物馆等,2018)

《史记·秦本纪》所说的这处"荡社(汤社)"尚未找到考古证据。幸运的是,西周时期的"社"已发现多处,可以根据已知的社祀遗迹对这处"荡社"的遗存面貌进行推测。

陕西周原遗址凤雏三号建筑基址的庭院内发现了一处由大块卵石铺成的长方形遗迹,在其北部发现一面深埋地下、原本高出地面的碑状立石②(图 5-2)。这处立石被解读为"社石",铺石

---

① 陈梦家:《殷虚卜辞综述》,中华书局1988年版,第402页。
② 周原考古队:《周原遗址凤雏三号基址2014年发掘简报》,《中国国家博物馆馆刊》2015年第7期。

遗迹也就是"社坛",凤雏三号建筑基址则是一处"社宫"①。

图 5-2　周原凤雏三号基址庭院内的社坛

（周原考古队，2015）

---

① 曹大志、陈筱：《凤雏三号基址初步研究》，《中国国家博物馆馆刊》2015年第 7 期。

同样在西周时期,东方的殷商故地也发现了两处社祀遗迹,一处在江苏西北部的铜山丘湾(图5-3),另一处在距离不远的邳州梁王城。① 铜山丘湾社祀遗迹的规模较大,中心处竖立了数块大型立石(社石),周围是被捆绑祭祀的人和狗,头朝中央的立石(社石)。② 类似的立石遗迹曾发现于商代早期郑州商城的内城东北部,在"约100余平方米范围内,共发掘出排列有序埋在地下的石头6块(暂称为'埋石')、烧土坑1个、烧土面1片,并有殉狗坑8个,无随葬器物的单人坑12座……已发掘出的埋狗坑、单人墓和烧土痕等遗迹,好像都是围绕着中间较大的'埋石'而进行布局的"③。

图5-3 铜山丘湾社祀遗迹

(南京博物院,1973)

---

① 李宏飞:《试论邳州梁王城遗址发现的西周墓葬——兼论铜山丘湾社祀遗迹的年代》,《中原文物》2020年第1期。
② 南京博物院:《江苏铜山丘湾古遗址的发掘》,《考古》1973年第2期。
③ 河南省文物考古研究所:《郑州商城:1953—1985年考古发掘报告》,文物出版社2001年版,第493—496页。

在西周末年,西戎集团进入关中地区,这股戎人停驻在丰镐故地附近,其首领以"亳"为号,由于他们可能在据点之中立石为社,因此称作"荡社(汤社)"。随着秦人势力的到来,"亳王"奔戎,"荡社"被平,成为了杜县的"亳亭"。由此可见,秦汉时期杜县的"亳亭"不是成汤亳都的本初地点,而是一处次生文化的产物。

南亳说

此说最早见于西晋皇甫谧所著的《帝王世纪》,他提出了"殷有三亳"的说法,"西亳"在河南偃师,另外两处在今天的豫东商丘和鲁西菏泽,分别是"南亳"和"北亳"。武王灭商后,将微子分封于宋,延续商人的香火,"南亳"和"北亳"都在周代的宋国境内,历来是考古学界关注的重点。

1936年,李景聃、韩维周等赴豫东商丘地区开展考古调查。之所以选择商丘,原因是"在河南东部与江苏、山东接界的地方有一县名商邱,单就这个名词说,已经够吸引人们的注意。这里靠旧黄河很可能是商代发祥之地。……殷墟的前身在商邱一带很有找着的希望"[1]。唐代《括地志》对"南亳"的地理位置有详细记载,在"宋州榖熟县西南三十五里"。根据《括地志》的指引,李景聃等人专程到"顺河集、坞墙一带又详细访查南亳遗迹,因为那里正在榖熟集西南三十里之处"[2]。最终,他们在造律台、黑孤堆遗址发现了龙山文化遗存。

1976年底至1977年末,中国社会科学院考古研究所再次来到

---

[1] 李景聃:《豫东商邱永城调查及造律台黑孤堆曹桥三处小发掘》,《中国考古学报》第二册,1947年。

[2] 李景聃:《豫东商邱永城调查及造律台黑孤堆曹桥三处小发掘》,《中国考古学报》第二册,1947年。

商丘地区开展考古调查与重点试掘，目的同样是"为了解豫东原始社会末期和商代早期文化的有关问题"①。此次考古工作的重要发现，是在"南亳"所在地的坞墙遗址发现了二里头文化遗存。②发掘者将这批二里头文化遗存的年代定为二里头文化第一期。由于当时认为的商汤居亳要晚至二里头文化第三期，这批遗存的发现并没有达到发掘者的预期目标。

在商丘的考古探索并没有终止。张光直先生相信豫东地区是商文化的重要源头，因此促成了美国哈佛大学皮保德博物馆与中国社会科学院考古研究所联合开展的"中国商丘地区早商文明探索"③，也就是通常所说的"豫东计划"。通过一系列的考古工作，在今商丘市区西南发现了疑似的东周时期宋国都城遗址，但"令人遗憾的是，即使是张光直先生推测有可能作为商族'统治者'来源的岳石文化，也未见到大型聚落。这样的结果对于将目标设定为'寻找早商或先商遗存'的课题组来说，显然非常遗憾"④。

北亳说

根据皇甫谧的说法，周代的宋国境内还有一处"北亳"，在今天的山东曹县境内，这里是汉代的薄县。根据《左传·哀公十四

---

① 中国社会科学院考古研究所河南二队：《1977年豫东考古纪要》，《考古》1981年第5期。
② 商丘地区文物管理委员会、中国社会科学院考古研究所河南二队：《河南商丘县坞墙遗址试掘简报》，《考古》1983年第2期。
③ 张长寿、张光直：《河南商丘地区殷商文明调查发掘初步报告》，《考古》1997年第4期。
④ 中国社会科学院考古研究所、美国哈佛大学皮保德博物馆：《豫东考古报告："中国商丘地区早商文明探索"野外勘察与发掘》，科学出版社2017年版，第350页。

年》记载,"薄"是宋国的宗邑,也就是宋国的宗庙所在地。

如此重要的线索,自然不会被考古学家错过。1984年春、秋两季,邹衡先生率队在鲁西南的济宁、菏泽和聊城复查了一批遗址,并对菏泽安邱堌堆遗址展开了重点发掘。① 考古发掘表明,在菏泽(曹州)地区,龙山文化之后是岳石文化,再之后是二里冈文化和殷墟文化,并不存在邹衡先生认为的"先商文化",从而否定了"北亳"的存在基础。②

西亳说

相比南亳说和北亳说,西亳说出现最早,影响也最大。

东汉班固在《汉书·地理志》中提及"偃师,尸乡,殷汤所都"。东汉末年郑玄指出:"亳,今河南偃师县,有汤亭。"(《书·胤征》孔疏引)西晋皇甫谧在《帝王世纪》中进一步整合为:"殷汤都亳,在梁。又都偃师。"(《史记·封禅书·正义》引)唐代《括地志》则直呼"河南偃师为西亳"(《史记·殷本纪·正义》引)。

1959年,深谙古代文献的徐旭生先生到达偃师县,尽管赴豫西的主要目标是为了踏访夏墟,但在偃师县的具体目标则是为了寻找"古亳遗址",站在二里头遗址的广阔丘墟之上,徐先生脑海中浮现的正是传世文献所说的"西亳"。

邹衡先生曾一度相信西亳说,但"从1964年开始,再次审查这些证据时,恰好得到完全相反的结论。1972年以来,作者曾反

---

① 北京大学考古系商周组、菏泽地区博物馆、菏泽市文化馆:《山东菏泽安邱堌堆遗址1984年发掘报告》,《考古学研究(八)》,科学出版社2011年版。
② 邹衡:《论菏泽(曹州)地区的岳石文化》,《文物与考古论集:文物出版社成立三十周年纪念》,文物出版社1986年版。

复思考……成汤与夏桀并不是在同一个地区，汤并未在夏都的废墟上建都；更没有两次迁二亳的任何迹象。再审查二里头遗址的各个文化期，显然又是一个文化，若是夏，则各期统统是夏，若是商，则统统是商，决无先为夏而后为商的可能"①。对于二里头遗址西亳说的怀疑，是促使邹衡先生重新思考何者为夏文化和商汤亳都的重要原因。

关于《汉书·地理志》的那句"尸乡，殷汤所都"，著名历史地理学家谭其骧先生早在1959年已指出："尸乡在偃师县治西十里，当雒阳东出大道上。"② 邹衡先生在此基础上进一步指出其地望"与二里头的方位（在故城东南）不同"③。这说明，二里头遗址并不在班固所指"殷汤所都"的具体位置。

傅斯年先生的《夷夏东西说》充分论证了商文化属于东方文化系统，夏文化属于西方文化系统。④ 关于夏都与商都的相对位置，传世文献有非常明确的说法。《吕氏春秋·慎大览》记载了夏桀宠爱的妹喜对伊尹所说的一句话："今昔天子梦西方有日，东方有日，两日相与斗，西方日胜，东方日不胜。"这句话的意思是，夏桀在梦中见到天上有两个太阳，两日相斗，结果是西方的太阳夺取了胜利。中国有句古话叫做"天无二日，土无二王"，妹喜所说的两日相斗，隐喻的是东方的商汤与西方的夏桀的斗争，两者所处的相对位置是非常明确的。处于西方的夏桀做到这样的梦，当然会对东方的商汤放松戒备，商汤抓住时机果断出击，取得了

---

① 邹衡：《论汤都郑亳及其前后的迁徙》，《夏商周考古学论文集》，文物出版社1980年版，第192页。
② 谭其骧：《汉书地理志选释》，《中国古代地理名著选读（第一辑）》，科学出版社1959年版，第66页。
③ 邹衡：《论汤都郑亳及其前后的迁徙》，《夏商周考古学论文集》，文物出版社1980年版，第190页。
④ 傅斯年：《夷夏东西说》，《庆祝蔡元培先生六十五岁论文集》，"中央研究院"历史语言研究所印行，1935年版。

伐夏的胜利。《博物志·异文》记载了另一则故事："夏桀之时，费昌之河上，见二日：在东者烂烂将起；在西者沉沉将灭，若疾雷之声。昌问于冯夷曰：'何者为殷？何者为夏？'冯夷曰：'西夏东殷。'于是费昌徙，疾归殷。"这也是天上有两个太阳的故事。费昌是秦人的祖先，生活在夏商之际，当他站在黄河岸边时，目睹到妹喜所言的奇景，但东面的太阳（隐喻商汤）冉冉上升，西面的太阳（隐喻夏桀）行将陨落，于是向河伯冯夷发问，冯夷给出了非常明确的答案，那就是夏在西面，殷在东面，费昌于是投奔了东方。

近年公布的清华简《尹诰》提及了"尹念天之败西邑夏""乃至众于亳中邑"[①]，明确表明夏都与商都并非一地，夏都的地理位置相对偏西，因而被称为"西邑夏"，再次证实了"西夏东殷"的地理位置。联系到考古发现，郑州商城与偃师二里头遗址恰好是夏商之际一东一西分布的两处大型都邑。清华简《尹至》又提及"自西翦西邑，戡其有夏"[②]，同样将夏都称为"西邑"。至于为何从西面攻入夏都，实际上是以"背后捅刀子"的方式，攻击其薄弱防线而轻易取胜。《吕氏春秋·慎大览》记载了相同的作战策略："故令师从东方出，于国西以进。未接刃而桀走，逐之至大沙。"正是因为攻其不意，才很容易地取得了灭夏的胜利。

在学术论文《郑州商城即汤都亳说》发表之前，学术界并未对商汤亳都和夏都问题给予过多的关注，尽管倾向于偃师二里头遗址是商汤亳都，也没有撰写过专文予以充分论证。当邹衡先生把商汤亳都和夏都的问题系统提出后，才出现对汤都西亳的专文论证。[③]

---

① 清华大学出土文献研究与保护中心：《清华大学藏战国竹简（壹）》，中西书局2010年版。

② 清华大学出土文献研究与保护中心：《清华大学藏战国竹简（壹）》，中西书局2010年版。

③ 方酉生：《论汤都西亳——兼论探索夏文化的问题》，《河南文博通讯》1979年第1期。

黄亳说

历史学家岑仲勉先生在《黄河变迁史》一书中提出了亳城在河南内黄县的说法，① 邹衡先生将其称为"黄亳说"②。

内黄县有"亳城乡"，该地并没有商汤陵，却在刘次范村有一座"商中宗陵园"，其内还保留了一方"大宋新修商帝中宗庙碑"（图5-4）。"中宗"是汉代以来皇帝的庙号，含有中兴之主的意义。所谓的"商中宗"指的是商王太戊，被誉为商代历史上著名的中兴之主。根据《史记·殷本纪》的记载："帝太戊立伊陟为相。亳有祥桑谷共生于朝，一暮大拱。帝太戊惧，问伊陟。伊陟曰：'臣闻妖不胜德，帝之政其有阙与？帝其修德。'太戊从之，而祥桑枯死而去。……

图5-4 大宋新修商帝中宗庙碑
（安阳市文物管理局，2004）

① 岑仲勉：《黄河变迁史》，人民出版社1957年版。
② 邹衡：《内黄商都考略》，《中原文物》1992年第3期。

殷复兴，诸侯归之，故称中宗。"商王太戊居于亳都，才会有"亳有祥桑谷共生于朝"的记载。既然刘次范村有商中宗的陵和庙，此地被口耳相传为亳都，也就不难理解了。根据邹衡先生对刘次范村的实地考察，这是一处囤堆遗址，采集到了仰韶文化、龙山文化、商文化（二里冈上层时期、殷墟文化时期）和周代陶片，以商文化为主。通过对相关文献的梳理与考辨，邹衡先生认为："刘次范遗址本来就是河亶甲所居之相地。"① 这就为探索商王朝继亳都、嗷都之后的第三处首都——相都，提供了非常重要的线索。

垣亳说

1982年起，中国历史博物馆等在山西南部黄河北岸的垣曲盆地展开考古调查，并选择对垣曲县古城东关的新石器时代遗址进行了考古发掘。1984年，垣曲古城南关的一处古代夯土墙引起了文物考古工作者的注意。通过考古勘探和试掘，确定这是一处夏商时期的重要遗址，二里头文化时期是一处环壕聚落，二里冈文化时期成为一处城址。② 由于垣曲当地也有"亳城"的说法，于是有学者提出了垣曲商城是汤都亳城的说法，③ 邹衡先生将其称为"垣亳说"④。

1982年，邹衡先生曾赴垣曲上亳村进行考古调查，并未发现

---

① 邹衡：《内黄商都考略》，《中原文物》1992年第3期。
② 中国历史博物馆、山西省考古研究所、垣曲县博物馆：《垣曲商城（一）1985—1986年度勘察简报》，科学出版社1996年版；中国国家博物馆田野考古研究中心、山西省考古研究所、垣曲县博物馆：《垣曲商城（二）1988—2003年度考古发掘报告》，科学出版社2014年版。
③ 陈昌远：《商族起源地望发微——兼论山西垣曲商城发现的意义》，《历史研究》1987年第1期。
④ 邹衡：《汤都垣亳说考辨》，《国学研究》第一卷，北京大学出版社1993年版。

商文化遗存。① 2002—2003年，山西省考古研究所在上亳村进行考古发掘，发现了丰富的新石器时代文化遗存，② 却同样未发现商文化遗存。实际上，陈梦家先生早已提出垣曲县就是殷墟甲骨文中所说的"亘方"③，而"垣亳说"的最大问题在于垣曲商城的规模远小于二里头遗址、郑州商城，并不具备都城的规模。

隞都今何在？

前述诸说皆被邹衡先生否定了。但想要论证郑州商城是商汤亳都，还面临着另一个不可回避的问题：郑州商城是亳都，便不能是当时考古界主流观点所认为的隞都。那么，隞都又在哪里呢？

关于隞都的地望，最重要的一条文献来自唐代的《括地志》："荥阳故城，在郑州荥泽县西南十七里，殷时敖地也。"这条文献也是安金槐先生论证郑州商城是隞都的关键文献证据，但他认为所指的方向有误："至于《括地志》上所记载的隞都在古荥泽西南十七里，很可能是东南之误。"④ 如果是在荥泽的东南方，郑州商城就符合隞都的地理位置了。

邹衡先生早年也倾向于郑州商城是隞都。在1956年发表的学术论文《试论郑州新发现的殷商文化遗址》的结语中，尽管未明确将郑州商代遗址与隞都直接联系起来，却列举了多条关于隞都的传世文献。⑤ 对此，邹衡先生回忆道："关于郑州隞都说，我考虑的是年代问题，我总觉得隞都的年代总共不过二十来年，绝不

---

① 邹衡：《汤都垣亳说考辨》，《国学研究》第一卷，北京大学出版社1993年版。
② 山西省考古研究所：《垣曲上亳》，科学出版社2010年版。
③ 陈梦家：《殷虚卜辞综述》，中华书局1956年版，第276页。
④ 安金槐：《试论郑州商代城址——隞都》，《文物》1961年第4、5期。
⑤ 邹衡：《试论郑州新发现的殷商文化遗址》，《考古学报》1956年第3期。

会包括二里岗上下两层在内，我当时推测，可能只包括上层中的一部分。"① 隞都说的最大缺陷就是郑州商城的繁荣时段较长，超过了隞都的年代跨度。但截至1980年，由于考古材料的局限，邹衡先生并未给出隞都究竟在哪里的确切结论。

1989年冬，河南郑州西北郊石佛乡小双桥村的村民在取土时，发现了一件纹饰精美的商代青铜建筑构件（图5-5）。这一重要线索直接导致了小双桥遗址的发现。② 小双桥遗址规模广大，主体堆积年代是二里冈上层二期（白家庄期），发现了大型夯土建筑基址、祭祀坑、冶铜遗迹和朱书文字，是又一处重要的商代都邑。该遗址的商文化遗存中还发现了特征鲜明的岳石文化风格器物③（图5-5）和丰富的人骨遗骸，为探讨这一时期的商夷关系问题提供了重要材料。④

图5-5 小双桥遗址出土青铜建筑构件和岳石文化风格石器
（河南省文物考古研究所，2012）

---

① 张立东、任飞编著：《手铲释天书：与夏文化探索者的对话》（邹衡先生访谈），大象出版社2001年版，第49页。
② 河南省文物考古研究所：《郑州小双桥：1990—2000年考古发掘报告》，科学出版社2012年版。
③ 任相宏：《郑州小双桥出土的岳石文化石器与仲丁征蓝夷》，《中原文物》1997年第3期；刘效彬、李素婷、杨忆、宋国定、王昌燧：《郑州小双桥遗址出土长方形穿孔石器时期的岩相特征》，《华夏考古》2009年第2期。
④ 李宏飞、王宁：《小双桥遗址的商与夷》，中国社会科学出版社2018年版。

根据小双桥遗址的考古发现，陈旭先生提出了"郑州小双桥商代遗址即隞都说"的学术观点。该说指出："小双桥遗址的规模和文化内涵具备都邑的条件和性质，其地理位置又与隞都地望相合，文化年代与郑州商城的废弃年代前后衔接。依据郑州商城乃早商的亳都说，则小双桥商文化的发展兴盛年代与郑州商城的废弃和文化衰退的年代前后衔接，就与仲丁自亳迁隞的历史相合。且小双桥的商文化延续时间短亦与隞都的历史相符，而在白家庄期年代，商文化与岳石文化之间的关系中反映出的战争信息，又与仲丁伐蓝夷的历史对应。这种种现象都集中说明小双桥遗址当是隞都，决非偶然的巧合，当是考古学研究所反映的历史实际。"[①] 此说建立在"郑州商城即汤都亳说"的基础上，进一步完善了邹衡先生的学术体系。邹衡先生对此表示赞同："证据确凿，有较强的说服力。我读了她的宏文，非常佩服，认为是解决了商代历史上又一重大问题，令人兴奋鼓舞"[②]，并对此说进行了辑录增补。

郑地之亳

关于郑地之"亳"，邹衡先生举出了两条关键性的文献证据。

一条是《春秋·襄公十一年》："秋，七月，己未，同盟于亳城北。"（图5-6）由于《公羊传》将其写作"秋，七月，己未，同盟于京城北"，长期以来有不少学者认为"亳城"乃是"京城"之误。而郑州附近恰好也有一处叫作"京城"的地方，《左传》开篇所讲"郑伯克段于鄢"之事，郑庄公的弟弟共叔段就被封在

---

① 陈旭：《郑州小双桥商代遗址即隞都说》，《中原文物》1997年第2期。
② 邹衡：《郑州小双桥商代遗址隞（嚻）都说辑补》，《考古与文物》1998年第4期。

“京城”，因此被称为“京城大叔”。

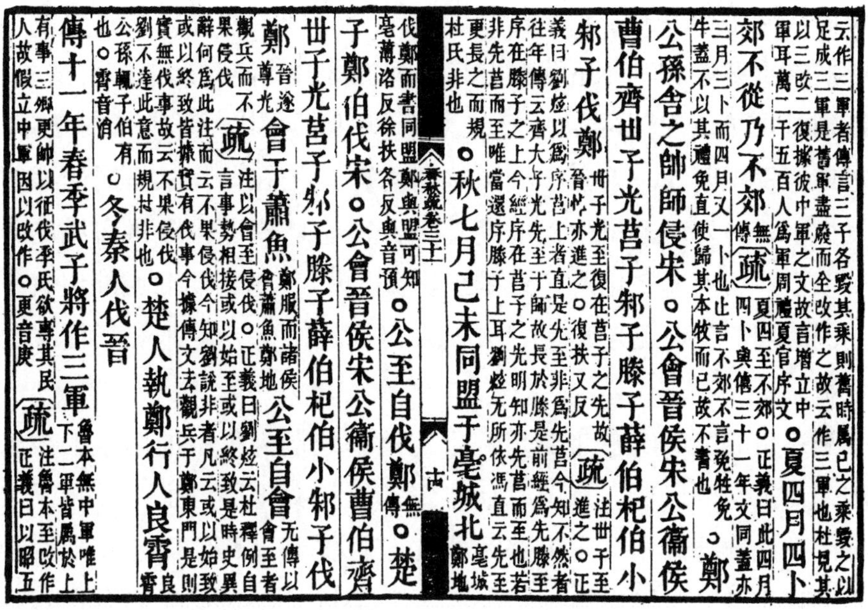
云作三軍者傳言三子各毀其乘則舊時屬已之乘毀之以
足成三軍是舊軍盡廢而全改作之故云作三軍也杜見其
以三改二復據彼中軍之文故言增立中
軍耳萬二千五百人爲軍周禮夏官序文 ○夏四月四卜
郊不從乃不郊 傳無 疏 夏四至不郊○正義曰此四月
三月三卜而四月又一卜也止言不郊不言免牲蓋亦
牛盡不以其禮免直使歸其本牧而已故不書也 ○鄭
公孫舍之帥師侵宋○公會晉侯宋公衞侯
曹伯齊世子光莒子邾子滕子薛伯杞伯小
邾子伐鄭 世子光至復在莒子之先故 疏 注世子至
晉悼亦進之○復扶又反 進之○正
義曰劉炫以爲序莒上者直是先至非爲先莒今知不然者
往年傳云齊大子光先至于師故長於滕是前經爲先滕至
序在滕子之上今經序在莒子之先明知亦先莒而至也若
非先莒而至唯當還序滕子上耳劉炫无所依馮直云先至
更長之而規 ○秋七月己未同盟于亳城北 亳城
杜氏非也 鄭地
春秋疏卷三十
伐鄭而書同盟鄭與盟可知 ○公至自伐鄭 傳無 ○楚
亳薄洛反徐扶各反與音預
子鄭伯伐宋○公會晉侯宋公衞侯曹伯齊
世子光莒子邾子滕子薛伯杞伯小邾子伐
鄭 晉遂 會于蕭魚 鄭服而諸侯 公至自會 无傳以
尊光 會蕭魚鄭地 會至者
觀兵而不 疏 注以會至侵伐○正義曰劉炫云杜釋例自
果侵伐 言事勢相接或以始至或以終致是時史異
辭何爲此注而云不果侵伐今知劉說非者凡云或以始致
或以終致皆據實有伐事今據傳文去觀兵于鄭東門是則
實無伐事故云不果侵伐
劉不達此意而規杜非也 ○楚人執鄭行人良霄 良
公孫輒子伯有 ○冬秦人伐晉 霄
也○霄音消
傳十一年春季武子將作三軍 魯本無中軍唯上
下二軍皆屬於上
有事三卿更帥以征伐季氏欲專其民 疏 注魯本至改作
人故假立中軍因以改作○更音庚 正義曰以昭五

图 5－6　《春秋·襄公十一年》书影

（阮元，2009）

另一条证据是《续汉书·郡国志》河南尹条目之下“荧（荥）阳有薄亭、有敖亭”的记载。这样的小地名并非平白无故出现，通常具有一定的历史文化背景，与“敖亭”对应出现的“薄亭”应该是“亳亭”，所指也应是郑地之亳。

战国时期的亳城

更为直接、更为关键的证据来自郑州市区出土的战国陶文。

郑州商城在商代早期之后丧失了都城地位，步入衰落期。至商代晚期，商文化遗存主要发现于商城内城以西和以北。郑州商城所在区域更是罕见西周和春秋时期的文化遗存。直至战国时期，城址又重新恢复了繁荣："郑州商城城垣外侧附加有一周规模和郑州商代夯土城垣大小相当的战国时期夯土城垣遗址，而且在战国时期夯土城垣的内外还发掘出有埋藏丰富的战国时期遗迹与遗物，特别是在城垣周围的东南面二里岗和西北面岗杜等较高的地带，还钻探发现两处一千余座战国时期墓葬。"① 在郑州二里冈的考古发掘中，曾发现大量战国时期墓葬，这些墓葬皆在郑州商城的外城垣以外，而商文化遗存皆在夯土墙以内，② 这表明商城外垣直至战国时期应仍可见于地表，人们选择墓地时也有意避开了商文化堆积。

郑州战国城内东北部是夯土建筑基址最为集中的区域，被推测是商王室的居所。战国时期建筑基址和文化层也主要分布于内城的东北部地区，在东里路东段北侧的皮毛玩具厂内还发现两处大型建筑基址，其中的一号房址"应是目前在郑州战国时期城垣内已发现的规模最大的一座战国时期夯土基址。在这座夯土基址附近的战国时期文化堆积层内还发现了许多战国时期的陶文戳记，因而我们考虑这座大型战国夯土基址的用途，可能与战国城内的社庙有关"③。郑州内城的东北部发现了大量的板瓦、筒瓦、瓦当、方砖、空心砖等建筑构件，其中板瓦和筒瓦的比例超过95%，同样表明这一区域存在较高规格的建筑。

早在20世纪50年代，郑州白家庄的战国地层中便发现了"亳"字陶文。④ 金水河南岸合作总社建筑工地附近发现的战国陶

---

① 河南省文物考古研究所：《郑州商城：1953—1985年考古发掘报告》，文物出版社2001年版，第952页。
② 河南省文化局文物工作队：《郑州二里冈》，科学出版社1959年版。
③ 河南省文物考古研究所：《郑州商城：1953—1985年考古发掘报告》，文物出版社2001年版，第957页。
④ 河南省文化局文物工作队第一队：《郑州白家庄遗址发掘简报》，《文物参考资料》1956年第4期。

文不仅有单个"亳"字，有的还是一戳两字。① 河南省博物馆的郝本性先生曾向邹衡先生来函告知："该二字应释'亳丘'，并谓'丘'即'墟'，犹如'商丘'即'商墟'一样，'亳丘'应该就是'亳墟'。"②（图5-7；图版贰）郑杰祥先生也将其释为"亳丘"③，还援引郑州市西南隅出土的秦汉"亳聚"陶文，指出："战国时期的人们仍然知道这里原是古代亳邑的废墟；聚即作为居

图 5-7　郑州商城出土的战国"亳丘"陶文
（《中华人民共和国重大考古发现》编辑委员会，1999）

---

① 刘文夬：《郑州金水河南岸工地发现许多带字的战国陶片》，《文物参考资料》1956年第3期。
② 邹衡：《试论夏文化》，《夏商周考古学论文集》，文物出版社1980年版，第199页。
③ 郑杰祥：《二里头文化商榷》，《河南文博通讯》1978年第4期。

民点的城镇村落,聚落以亳命名,可见秦汉时期人们仍然知道这里原是古代的亳地。"①

随着考古工作的大规模展开,郑州商城又出土了大量战国时期陶文,以内城东北部的大型建筑附近发现最多、最为集中。1992 年,黄河中心医院基建工地发现战国时期夯土建筑基址,其附近发现大量战国时期陶文,"以'亳'字为最多,且有阴文、阳文、正文、反文等多种模印方法"②(图 5-8),并再次发现"亳丘"陶文。

图 5-8　郑州黄河中心医院出土战国陶文拓片

(河南省文物研究所,1993)

---

① 张立东、任飞编著:《手铲释天书:与夏文化探索者的对话》(郑杰祥先生访谈),大象出版社 2001 年版,第 232 页。
② 河南省文物研究所:《1992 年度郑州商城宫殿区发掘收获》,《郑州商城考古新发现与研究 1985—1992》,中州古籍出版社 1993 年版。

据统计，郑州商城出土的战国陶文已发现 200 余件，通常见于陶豆之上，在豆柄或豆盘戳记，以"一戳一字"为最常见，其中"亳"字的占比达 97%。①

"乇土"刻辞

20 世纪 50 年代，在郑州二里冈曾发现一片刻辞牛肋骨（图 5-9），由于采集自发掘区内被翻动过的土中，失去了原始的地层关系。1953 年 5 月 8 日，陈梦家先生曾对其进行研究，"这是一片牛肋骨，其上刻着练习契刻的十个字。……这片肋骨所刻的字和

图 5-9 二里冈刻辞牛肋骨摹本
（河南省文化局文物工作队，1959）

---

① 河南省文物考古研究所：《郑州商城：1953—1985 年考古发掘报告》，文物出版社 2001 年版，第 989 页。

小屯殷代晚期的卜辞相似，可能也属于这个时期。它的出土启示着黄河以南很有可能发现殷代的刻辞卜骨"①。

2003年，李维明先生发现这片牛肋骨之上至少残存11个字，比以往所说的10个字，多出来一个被忽略的"乇"字。这个长期被忽略的字非同寻常，乃是"亳"字的早期写法，刻辞中的"乇土"（亳社）应当是亳都举行祭社活动的场所。②之所以会漏掉这个至关重要的字，"不难看到其上部有一条自右上向左下贯通肋骨的裂缝，这条裂缝破坏了'乇'字下部。……这条自右上向左下贯通肋骨的裂缝不仅打破刻辞'乇'字尾部，而且受出土后因自然环境（如湿度、氧化），人文环境（绘图、拍摄、拓制、观摩、携带、包装）等因素影响，会继续对'乇'字形成破坏"③。

"乇"字的辨识，引起了学术界的广泛关注。④常玉芝先生将刻辞释为："乙丑贞：及孚。七月。□□〔贞〕：又乇土羊。"⑤辞文的意思是，七月乙丑日贞问，可以捕获敌人用作祭牲吗？某某日贞问，可以用羊侑祭亳社吗？

学术界对郑州二里冈所出刻辞牛肋骨的重新审视，为"郑亳说"提供了新的出土文献证据。

与葛为邻

《孟子·滕文公章句下》记载了这样一则故事："汤居亳，与

---

① 陈梦家：《殷虚卜辞综述》，中华书局1988年版，第27页。
② 李维明：《郑州出土商代牛肋骨刻辞新识》，《中国文物报》2003年6月13日第7版。
③ 李维明：《郑州出土商代牛肋骨刻辞分析》，《考古学研究（十）》，科学出版社2011年版。
④ 李维明：《考古学家邹衡》，科学出版社2010年版，第36—38页。
⑤ 常玉芝：《郑州出土的商代牛肋骨刻辞与社祀遗迹》，《中原文物》2007年第5期。

葛为邻。葛伯放而不祀，汤使人问之，曰：‘何为不祀?’曰：‘无以供牺牲也。’汤使遗之牛羊，葛伯食之，又不以祀。汤又使人问之曰：‘何为不祀?’曰：‘无以供粢盛也。’汤使亳众往为之耕，老弱馈食。葛伯率其民，要其有酒食黍稻者夺之，不授者杀之。有童子以黍肉饷，杀而夺之。《书》曰：‘葛伯仇饷。’此之谓也。为其杀是童子而征之，四海之内皆曰：‘非富天下也，为匹夫匹妇复雠也。’汤始征，自葛载，十一征而无敌于天下。”（图5－10）这则故事讲的是，葛国与商汤所居的亳相邻，葛伯不祭祀祖先，商汤就把牛、羊送给葛伯，葛伯竟然吃掉了。商汤责问，为什么不祭祀祖先，葛伯又说没有粮食可供祭祀，商汤干脆命令亳地的族众到葛地去耕种。更过分的是，葛伯还对前来耕种的族众下手，甚至连小孩子也不放过，最终招致了商汤的征伐，成为灭夏战争的开始。

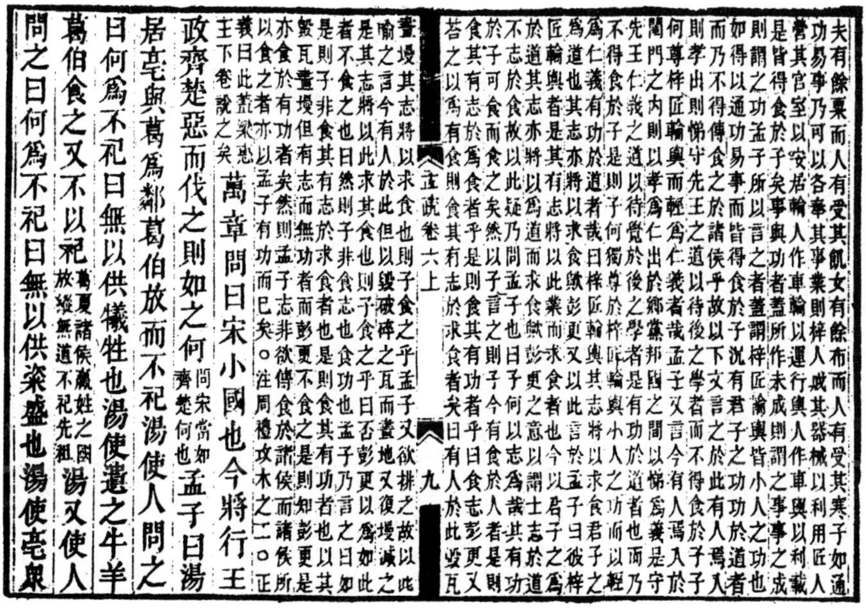
夫有餘粟而人有受其飢女有餘布而人有受其寒子如通
功易事乃可以各奉其事業則梓人匠人輪人輿人器械以利用匠人
營其宮室以安居輪人作車輪以運行輿人作車輿以利載
是皆得食於子矣事與功者蓋所作未成則謂之事事之成
則謂之功孟子所以言之者蓋謂梓匠輪輿皆小人之功也
如得以通功易事而皆得食於子況有君子之功功於道者
而乃不得傳食於諸侯乎故以下文言之不於此有人焉入
則孝出則悌守先王之道以待後之學者而不得食於子子
何尊梓匠輪輿而輕爲仁義者哉孟子又言今有人焉入於
閨門之內則以孝爲仁出於鄉黨邦國之間以悌爲義是守
先王仁義之道以待覺於後之學者是有功於道者也而乃
不得食於子是則子何獨尊於梓匠輪輿小人之功而以輕
爲仁義有功於道者哉曰梓匠輪輿其志將以求食君子之
爲道也其志亦將以求食歟彭更又以此言於孟子曰彼梓
匠輪輿者是其有志將以此業而求食者也今以君子之爲
於道其志亦將以爲道而求食歟彭更之意以謂士志於道
不志於食故以此疑乃問孟子也曰子何以志爲哉其有功
於子可食而食之矣然以子言之則子今有食於人者是則
食其有志於爲食者乎是則食其有功者乎曰食志彭更又
答之以爲有食則食其有志於求食者矣曰有人於此毀瓦

孟疏卷六上　九

畫墁其志將以求食也則子食之乎孟子又欲排之故以此
喻之言今有人於此但以毀破碎之瓦而畫地又復墁滅之
是其志將以此求其食也則子食之乎曰否彭更以爲如此
者不食之也曰然則子非食志也食功也孟子乃言之曰如
是則子非食其有志於求食者也是則食其有功者也以其
毀瓦畫墁但有志而無功者而彭更不食之是則知彭更是
亦食於有功者矣然則孟子志非欲傳食於諸侯而諸侯所
以食之者亦以孟子有功而已矣○注周禮攻木之工○正
義曰此蓋梁惠王下卷說之矣萬章問曰宋小國也今將行王
政齊楚惡而伐之則如之何問宋當如齊楚何也孟子曰湯
居亳與葛爲鄰葛伯放而不祀湯使人問之
曰何爲不祀曰無以供犧牲也湯使遺之牛羊
葛伯食之又不以祀葛夏諸侯嬴姓之國放縱無道不祀先祖湯又使人
問之曰何爲不祀曰無以供粢盛也湯使亳衆

图5－10　《孟子·滕文公章句下》书影

（阮元，2009）

因此，想要确定成汤居亳的地点，不能孤立地考察，还要联系到其附近有没有葛地。邹衡先生指出，"西亳说"的一个重要缺陷就是偃师附近在传世文献中并不存在叫"葛"的地名。

郑州商城附近则存在多处叫"葛"的地名。《左传·桓公五年》记载了郑国和周王室关系交恶，周王率领虢、蔡、卫、陈等诸侯国共同征伐郑国，战争结果却是王师大败，周桓王肩部中箭，王室声誉扫地，郑庄公成为春秋五霸之首。这场战争发生在"繻葛"这个地方，因此被称为繻葛之战，是中国历史上非常有名的一次战争，是周王朝在历史上的重要转折点之一。

另据邹衡先生考证，《诗经·商颂·长发》中"韦顾既伐，昆吾夏桀"所涉及的韦、顾、昆吾等地也在郑州附近。

二里冈文化的分期与年代

曾随李景聃先生赴豫东进行考古调查和发掘的韩维周先生，在20世纪50年代初是河南郑州南学街小学的一名教员。虽说不在考古工作岗位，仍然对考古保持着浓厚的兴趣。1950年，韩维周先生在郑州旧城东南的二里冈采集到商代遗物，揭开了郑州商城考古发掘的序幕。

1952年，第一届考古工作人员培训班在郑州二里冈进行了田野考古发掘实习。① 自1953年起，郑州二里冈又迎来了配合基础建设的考古发掘。通过20世纪50年代的考古发掘，郑州地区建立起"龙山期—洛达庙期—二里冈期—人民公园期"的考古学年代序列。郑州商代遗址的主体堆积年代是二里冈期，根据地层关

---

① 安志敏：《一九五二年秋季郑州二里冈发掘记》，《考古学报》1954年第2期。

系又分为了"二里冈下层"和"二里冈上层"两大期。①

邹衡先生于1952年参加了第一届考古工作人员培训班在郑州二里冈的田野考古实习,1953年作为辅导教员再次参加了郑州二里冈的考古发掘,1954—1955年还参加了郑州二里冈的考古资料整理和报告编写工作。② 正是由于郑州二里冈的考古发掘和资料整理,促成了邹衡先生副博士论文的撰写,1955年顺利通过答辩,1956年发表于《考古学报》。这是邹衡先生的第一篇长文,将二里冈文化分为"郑州殷商早期"和"郑州殷商中期"③。邹衡先生对此回忆道:"其实,二里岗的文化堆积并非如此简单,而是多层次的堆积(包括灰坑的打破关系在内),当初也并非只能分两期。……在当时某些殷商考古专家极力反对殷商文化(特别是铜器)分期的情况下,我考虑郑州和安阳的分期都不宜分得过细,所以只把二里岗各文化层合并为两层分做两期,因为这样的两期,文化特征的区别更加明显。"④

邹衡先生随后将郑州商城的繁荣期分为了四组,"若每组平均占四、五十年,则共占150—200年。从成汤都亳到仲丁离开亳,共历五代十王,若每世平均30年,则共约150年左右"⑤。由于郑州商城的繁荣期在百年以上,不太可能是商王仲丁、外壬短暂建都的隞都,而更有可能是从商汤至太戊时期的亳都。

郑州商城的碳十四测年数据同样支持这一认识。郑州商城东城墙的商代夯土层内出土木炭的测年数据经树轮校正后为公元前

---

① 河南省文化局文物工作队第一队:《郑州商代遗址的发掘》,《考古学报》1957年第1期;河南省文化局文物工作队:《郑州二里冈》,科学出版社1959年版。
② 李维明:《考古学家邹衡》,科学出版社2010年版,第106—108页。
③ 邹衡:《试论郑州新发现的殷商文化遗址》,《考古学报》1956年第3期。
④ 邹衡:《综述夏商四都之年代和性质——为参加1987年9月在安阳召开的"中国殷商文化国际讨论会"而作》,《殷都学刊》1988年第1期。
⑤ 邹衡:《论汤都郑亳及其前后的迁徙》,《夏商周考古学论文集》,文物出版社1980年版,第201页。

1620年至公元前1595年,① 年代数据与成汤居亳的年代接近。

在郑州商城发现之前,殷墟遗址已被确认是商代晚期两百余年"更不徙都"的都邑所在。郑州商城是另一处大型商代遗址,"只有殷墟能与之相比。殷墟是商代后期的王都,郑州商城作为商代前期最主要的王都也是相称的"②。

---

① 河南省博物馆、郑州市博物馆:《郑州商代城址试掘简报》,《文物》1977年第1期。
② 邹衡:《论汤都郑亳及其前后的迁徙》,《夏商周考古学论文集》,文物出版社1980年版,第201页。

商系：商文化的分期和类型

1956年，邹衡先生发表了第一篇长文《试论郑州新发现的殷商文化遗址》，对郑州和安阳两地的商文化进行了初步的分期研究。① 1964年，邹衡先生发表了第二篇长文《试论殷墟文化分期》，以殷墟文化的陶器和铜器为主要研究对象，将殷墟文化分为四期七组，建立起殷墟文化分期方案。② 在这两篇长文的分期研究基础上，邹衡先生在第三篇长文《试论夏文化》中，对商文化展开了全面系统的分期研究。③

《试论夏文化》在很大程度上可以说是"试论商文化"，原因是这篇长文使用了相当长的篇幅来论证商文化的考古学分期和地方类型。邹衡先生说："只有在考古学上确认了商文化，才能区别出夏文化。因此，本文将用大量的篇幅讨论商文化，目的也就在此。"④

邯郸发掘

1957年9月至1958年1月，北京大学1953级本科生由考古

---

① 邹衡：《试论郑州新发现的殷商文化遗址》，《考古学报》1956年第3期。
② 邹衡：《试论殷墟文化分期》，《北京大学学报·人文科学》1964年第4、5期。
③ 邹衡：《试论夏文化》，《夏商周考古学论文集》，文物出版社1980年版。
④ 邹衡：《试论夏文化》，《夏商周考古学论文集》，文物出版社1980年版，第105页。

教研室宿白、邹衡等先生带领，与河北省文物局联合组成考古队，在邯郸地区展开田野考古发掘实习，在邯郸涧沟发现龙山文化和商文化遗存，在龟台寺发现龙山文化、商文化和西周文化遗存，在齐村、百家村发掘战国墓葬，① 还在邯郸峰峰矿区开展考古调查。② 此次考古实习对于北大考古意义重大，这是"首次在本专业教师的指导下，完全按照教学计划要求来安排的实习。实习计划包括前两个半月的田野发掘、半个月的调查、一个月的室内整理和编写实习报告等整套训练。此后的生产实习（即基础实习），基本上以此模式进行"③。

涧沟村发现的商文化遗存可分为早、晚两期。晚期遗存出土陶器的时代特征为殷墟文化第一期，约相当于商王盘庚、小辛、小乙在位时期。④ 早期遗存出土陶器的时代特征较早（图6-1），"大体与郑州二里冈下层的商代文化层相当，或者稍早"⑤，"大体相当于夏文化第三、四段之间，而更接近于夏文化第三段"⑥。

陶鬲是商文化陶器群中最主要的炊煮器，是日常生活的必备器类，因其数量多、变化速率快，成为商文化陶器群中时代特征最为敏感的器类。判断涧沟遗址商文化早期遗存的年代略早于郑州二里冈下层，可例举陶鬲进行说明。

邯郸涧沟商文化下层出土的这件陶鬲（图6-1），编号为

---

① 北京大学、河北省文化局邯郸考古发掘队：《1957年邯郸发掘简报》，《考古》1959年第10期。
② 邹衡：《河北省邯郸市峰峰矿区考古调查》，《夏商周考古学论文集（再续集）》，科学出版社2011年版。
③ 北京大学考古系：《北京大学考古学系五十年（1952—2002）》，2002年，第44页。
④ 邹衡：《试论夏文化》，《夏商周考古学论文集》，文物出版社1980年版，第106页。
⑤ 北京大学、河北省文化局邯郸考古发掘队：《1957年邯郸发掘简报》，《考古》1959年第10期。
⑥ 邹衡：《试论夏文化》，《夏商周考古学论文集》，文物出版社1980年版，第106页。

T3③a：226，就是第三号探方第3a层出土的第226号器物，邹衡先生将其选为商文化先商期第一段第Ⅰ组的断代标准陶器。涧沟商文化下层出土陶鬲、甗"足根外都有绳纹。作者曾把一批足根砸破后进行观察，发现他们同龙山文化的一样，大都是层层包制，有的每层外表都有绳纹"①。偃师二里头遗址所出二里头文化第三、四期陶鬲的足根外也有绳纹，与先商文化陶鬲具有相近的时代特征。二里冈下层陶鬲的足根是一次制成的，不再饰绳纹，属于相对略晚的时代特征。

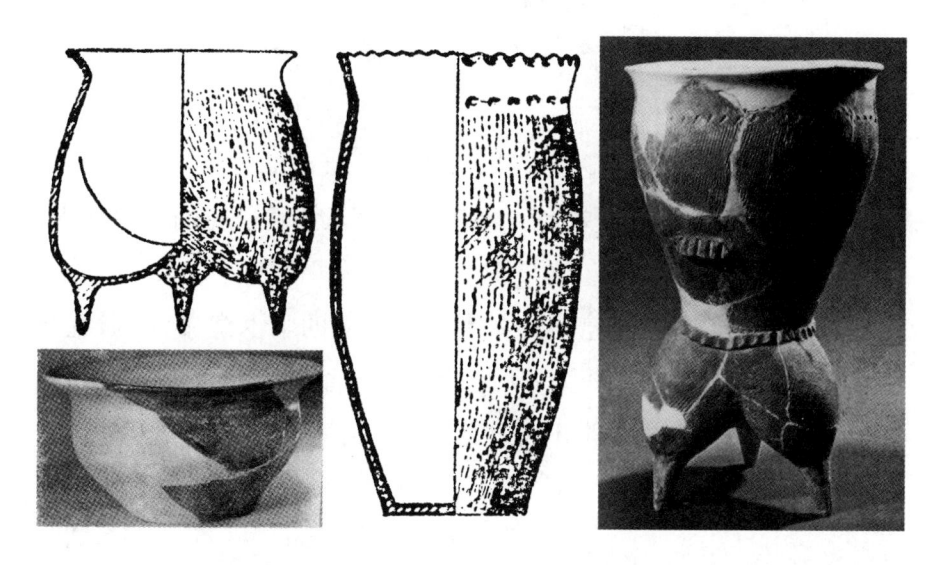

图6-1 邯郸涧沟遗址商文化下层出土陶鬲、平底盆、深腹罐和甗
（邹衡，1980；河北省博物馆等，1980）

涧沟遗址商文化下层所出陶深腹罐的器口有绳切纹，"与夏文化常见的花边罐的作风类似"②。所出陶鬲、甗和深腹罐的器口流

---

① 邹衡：《试论夏文化》，《夏商周考古学论文集》，文物出版社1980年版，第106页。
② 邹衡：《试论夏文化》，《夏商周考古学论文集》，文物出版社1980年版，第106页。

行楔形点纹，盛储器绝大多数为平底，这是商文化先商期第一段第Ⅰ组陶器的时代特征。

尽管与郑州二里冈下层的时代特征相当或略早，邯郸涧沟商文化下层的陶器群面貌却与之存在较大差别，突出反映在陶器群的器类组合方面。邹衡先生回忆道："在商文化分期中，我遇到最大的麻烦就是冀西南、豫北的早期商文化的问题。这种商文化同二里岗的商文化，年代上是相接的，可是在文化面貌上却有较大的差异。如何解释这种差异，我一直考虑了五六年之久。……郑州亳都说自然关系到二里冈文化的年代问题，它只能是早商文化。那么，早于二里岗的冀西南、豫北的早期商文化自然就是先商文化了。"①

正是由于北大考古选择在邯郸地区开展考古实习，邹衡先生才有机会发掘到"先商文化"遗存，而对于学术研究的不懈追求，终于促使邹衡先生成为正确辨识"先商文化"的第一人。

先商文化的发现与辨识，具有非常重要的学术意义，"研究夏文化，必先研究先商文化，因为不排除先商文化的可能性，要论证二里头文化为夏文化是不可能的"②。

先商文化漳河型

根据夏鼐先生对考古学文化的命名方式，通常是以首次发现的遗址或典型遗址的小地名对新发现的考古学文化进行命名。先商文化漳河型原本可以按照首次发现的邯郸涧沟村而将其命名为

---

① 张立东、任飞编著：《手铲释天书：与夏文化探索者的对话》（邹衡先生访谈），大象出版社2001年版，第50页。
② 张立东、任飞编著：《手铲释天书：与夏文化探索者的对话》（邹衡先生访谈），大象出版社2001年版，第50页。

"涧沟型",但邹衡先生之所以没有这样命名,是因为"涧沟村主要是龙山文化遗址,我已定其为'河北龙山文化涧沟型',由此可以避免相同的名称"①。

邹衡先生采用"漳河"这条河流的名称对考古学文化进行命名,原因有三。

第一,关于考古学文化的命名方式,夏鼐先生也曾指出:"另外也有以一地区或流域的名称来命名的,这多是事后已弄清楚这一文化的分布区域的大致范围而加以命名的。"② 因此,可以采用流域名称来对考古学文化进行命名。

第二,漳河两岸地区是此类遗存的集中分布区。邹衡先生回忆道:"当年我曾在漳河两岸调查,发现了数处与涧沟相似的早期商文化遗址,因此命名'漳河型'。近据考古同行相告,漳河两岸分布较多的先商文化遗址,直至山西省境内。"③ 与邯郸涧沟遗址商文化下层面貌相似的文化遗存,还有磁县界段营遗址的灰坑H8④和磁县下七垣遗址的第三层。⑤

第三,漳河的"漳"很有可能就是甲骨文中的"滳"。葛毅卿⑥、杨树达⑦等先生均认为殷墟卜辞中"求年于滳"的滳水,就是现今流经冀、豫两省交界处的漳河。邹衡先生指出:"近世研究甲骨文的学者,曾经把卜辞中见到的地名滳和文献记载中

---

① 邹衡:《"下七垣文化"命名的商榷》,《中国历史博物馆馆刊》2000年第1期。
② 夏鼐:《关于考古学上文化的定名问题》,《考古》1959年第4期。
③ 邹衡:《"下七垣文化"命名的商榷》,《中国历史博物馆馆刊》2000年第1期。
④ 河北省文物管理处:《磁县界段营发掘简报》,《考古》1974年第6期。
⑤ 河北省文物管理处:《磁县下七垣遗址发掘报告》,《考古学报》1979年第2期。
⑥ 葛毅卿:《说滳》,《"中央研究院"历史语言研究所集刊》第7本第4分,"中央研究院"历史语言研究所印行,1939年版。
⑦ 杨树达:《释滳》,《积微居甲文说》,科学出版社1954年版。

的漳水相比附。固然缺乏证据,但商与章古字相通,则是无可置疑的。"①

考古材料表明,先商文化漳河型分布最为密集的地域西依太行山脉,东临古黄河,"中心分布地区是在河北省的滹沱河与漳河之间的沿太行山东麓一线,而以漳河中游(指清、浊漳二水合流以后)的邯郸、磁县地区的先商遗址为其代表"②。

成汤以前的迁徙

根据历史地理的研究成果,西汉以前的黄河下游河道并不是按照如今黄河的流向,而是自荥阳向东北方向流去,经过濬县(今作浚县)大伾山东侧,在河北境内沿太行山东麓的山前平原继续向东北方向流去,最终在今天津市附近入海③(图6-2)。

《史记·孙子吴起列传》引述吴起的话:"昔殷纣之国,左孟门,右太行,常山在其北,大河经其南。"这是关于商代晚期核心统治区地理范围的描述,即古黄河与太行山围拢的狭长地带,就是现今的冀西南和豫北地区。这也与古本《竹书纪年》中"纣时稍大其邑,南距朝歌,北据邯郸及沙丘,皆为离宫别馆"的记载相对照。考古材料证实,这一区域正是先商文化漳河型的主要分布范围。

关于商人建国之前的历史,文献记载相对较少。东汉张衡在《西京赋》中说:"此何与于殷人之屡迁,前八而后五,居相圮耿,不常厥土。盘庚作诰,帅人以苦",提及商人在建国前曾经有

---

① 邹衡:《论汤都郑亳及其前后的迁徙》,《夏商周考古学论文集》,文物出版社1980年版,第218页。
② 邹衡:《试论夏文化》,《夏商周考古学论文集》,文物出版社1980年版,第118页。
③ 谭其骧:《西汉以前的黄河下游河道》,《历史地理》创刊号,上海人民出版社1981年版。

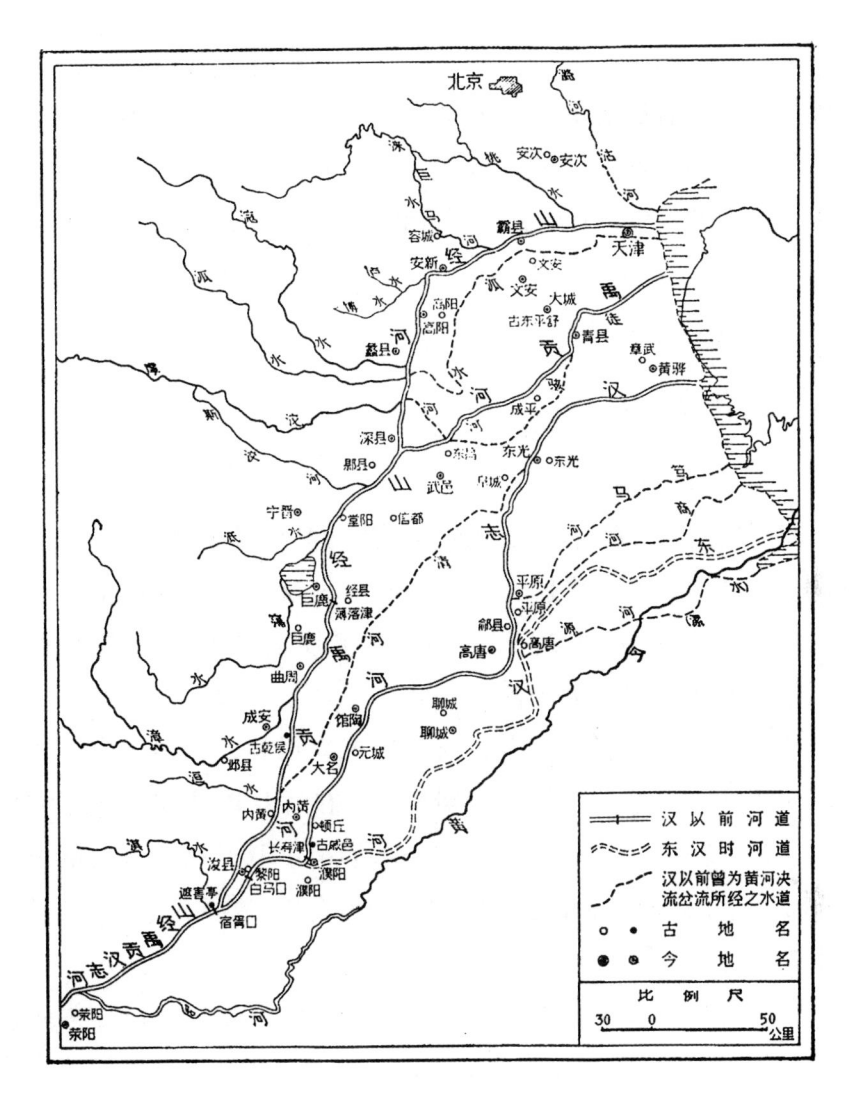

图 6-2 汉以前黄河下游河道形势
（谭其骧，1981）

过八次迁徙。近世王国维先生根据传世文献的记载，整理出成汤居亳之前的八次迁徙，涉及亳、蕃、砥石、商、商邱（丘）、殷、泰山下等地名。① 邹衡先生曾对其中的"契居蕃""昭明居砥石"

---

① 王国维：《说自契至于成汤八迁》，《观堂集林》，中华书局1959年版。

"商侯迁于殷"和"契封于商"的历史地望进行考证,指出"成汤以前,商人活动的地区,最早大概不出先商文化漳河型的分布区……其中心地点应该就在滹沱河与漳河之间。稍后,则渐次向南扩展,直到成汤之时才渡过黄河,占领郑亳,全面展开西向征夏的斗争"①。

先商文化辉卫型

邹衡先生划分的先商文化辉卫型以辉县琉璃阁 H1 和新乡潞王坟遗址商文化下层为代表。琉璃阁和潞王坟遗址地处明清时期的卫辉府,琉璃阁 H1 发现于辉县,潞王坟遗址邻近辉县和卫辉(汲县),辉卫型当得名于此。

1950 年,中国科学院考古研究所成立伊始,便组织发掘团前往河南辉县开展考古工作。当年秋天,在辉县琉璃阁发掘了四座灰坑,其中以一号灰坑最为重要,即琉璃阁 H1。这座灰坑的发掘资料被收录在 1956 年出版的中国田野考古报告集第一号《辉县发掘报告》之中。②

潞王坟遗址靠近明代潞简王陵,是一处以商文化遗存为主体的遗址。③ 商代遗存被分为上、下两层,上层遗存的年代属于商代早期,下层遗存的陶器群面貌与琉璃阁 H1 相近。

辉卫型陶器群以陶鬲最具特色,突出表现为袋足外鼓的特征(图 6-3)。二里头文化晚期遗存中,存在受到辉卫文化影响的陶

---

① 邹衡:《论汤都郑亳及其前后的迁徙》,《夏商周考古学论文集》,文物出版社 1980 年版,第 218 页。
② 中国科学院考古研究所:《辉县发掘报告》,科学出版社 1956 年版,第 3—15 页。
③ 河南省文化局文物工作队:《河南新乡潞王坟商代遗址发掘报告》,《考古学报》1960 年第 1 期。

鬲。根据目前的考古材料，联裆鬲最早出现于辉卫型，有可能对周文化的形成产生了重要而又深远的影响。①

图 6-3　新乡潞王坟和淇县宋窑遗址出土辉卫型陶鬲
（河南省文化局文物工作队，1960；北京大学考古系商周组，1996）

通过对陶器群的文化因素分析，"辉卫型显然包括两部分因素，其中一部分同于漳河型；另一部分则同于下述的南关外型和夏文化"②。邹衡先生认为，辉卫型是"先商文化"三个类型的中间环节，商人自冀西南地区南下至此，再南渡黄河抵达郑州地区。

先商文化南关外型

"南关外"指的是郑州旧城南城墙以南至陇海铁路以北的区

---

① 李宏飞：《试论商式联裆鬲》，《文物》2018 年第 7 期。
② 邹衡：《试论夏文化》，《夏商周考古学论文集》，文物出版社 1980 年版，第 120 页。

域，向东与二里冈仅有一条时令河沟相隔，向西以南关街为界。1955 年，在南关外铸铜作坊以东不远处的陇海路南侧，发现一条西北—东南方向的水沟，沟口宽 2.5—4 米，沟口至沟底深 2.15—3.15 米，已知长度 34 米。①

关于南关外这条水沟的文化堆积，可以用地层剖面图加以说明。考古发掘通常采用探方进行发掘，所谓的"探方"（图 6-4）就像是在地面上向下开挖了一扇扇窗户似的方坑（实际发掘面积通常是 4×4 米的"小探方"或 9×9 米的"大探方"），探方的四壁看上去就像是房屋里的四面墙，提供了四幅地层剖面图，呈现

图 6-4　考古发掘所布的探方
（中国科学院考古研究所，1959）

---

① 赵霞光：《郑州南关外商代遗址发掘简报》，《考古通讯》1958 年第 2 期；河南省博物馆：《郑州南关外商代遗址的发掘》，《考古学报》1973 年第 1 期。

出不同遗迹单位之间的叠压打破关系，记录了发掘区域内文化层堆积的基本信息。

以郑州南关外的探方C5T95（C5是郑州遗址5区，T95是编号第95号探方）的西壁剖面（图6-5）为例进行说明。耕土层之下的文化堆积分为四层，黄花土层为战国文化层，黄灰土层为二里冈上层文化层。由于黄灰土层已完全覆盖了沟口，可知这条水沟至迟在二里冈上层时期已经彻底废弃。

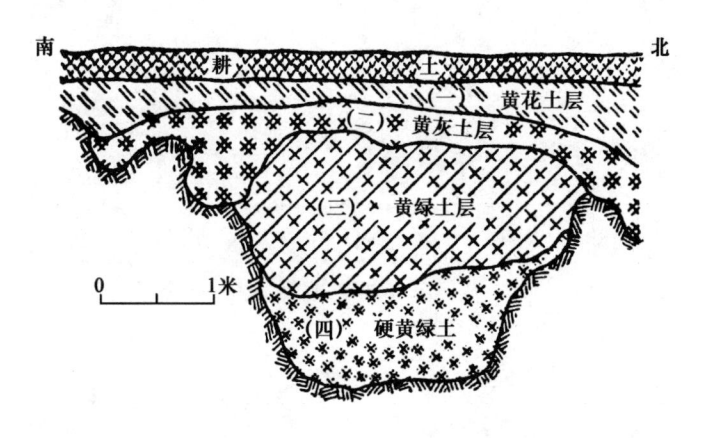

图6-5 郑州南关外C5T95西壁剖面
（赵霞光，1958）

第三层和第四层是沟内的文化堆积。黄绿土层是填满水沟的废弃堆积，出土遗物"与二里冈下层文化相同……在这层的最下部还有极少数的棕色陶片出现"[1]。

最下层的硬黄绿土是水沟使用时期形成的文化堆积，其内所出陶器群的面貌非常特殊，"陶器和郑州已发现的商代遗址所出土的器物有所不同。在器形、制作、陶质和纹饰各方面，都有显著区别。其共同特点为陶胎较厚，陶色棕红，制作较粗糙"[2]（图6-6）。

---

[1] 赵霞光：《郑州南关外商代遗址发掘简报》，《考古通讯》1958年第2期。
[2] 赵霞光：《郑州南关外商代遗址发掘简报》，《考古通讯》1958年第2期。

图 6-6　南关外下层出土陶器

（河南省博物馆，1973；河南省文物考古研究院，2015）

考古学界通常将郑州南关外发现的文化层，依次称为南关外上层（第二层）、南关外中层（第三层）和南关外下层（第四层）。

邹衡先生与发掘者关于层位堆积年代和性质的认识有所不同：

"原定中、下两层，土色不同，肯定是先后堆积的。但中层的上线，即上层的下线，恰好是该壕沟的封口线，因此，沟内的两层，都是为了填沟的堆积。如同发掘中常见的灰坑内的堆积一样，虽可分为若干层，但一般很少有分期意义。"①

针对出土遗物，发掘者指出："有四个探方（T84、85、88、94）虽在下部也发现有类似第四层的遗物，但三四两层的界限不甚清楚，因而将出土遗物全部归入第三层内。其中只有两个探方（T87、95）上下四层迭压关系比较清楚。"② 发掘者在清理南关外中层（第三层）时，"由于该层是直接迭压在商代文化的下层之上，发掘时为了防止下层遗物混入，所以清理得就较深些，因而中层可能混入了一部分下层的遗物"③。

可以确定的是，探方T84缺乏"南关外上层"，但存在"南关外中层"，由于"南关外下层"不易辨认，出土遗物均被归入了"南关外中层"。窖穴H62开口于探方T84的西北角，被归入了"南关外中层"，按照发掘者对于考古地层学的理解，就是窖穴H62开口于"南关外中层"之下，且两者属于同期遗存。但由于探方T84中的"南关外下层"不易辨识，窖穴H62与"南关外下层"之间的关系已不可知。

邹衡先生主张南关外中层和下层可以合并，主要基于以下两方面考虑。第一，"原属于中层的H62中，发现了不少属于下层的典型器物，例如侈缘厚胎鬲和细腰斝"④（图6-7），通常情况

---

① 邹衡：《试论夏文化》，《夏商周考古学论文集》，文物出版社1980年版，第107页。
② 河南省博物馆：《郑州南关外商代遗址的发掘》，《考古学报》1973年第1期。
③ 河南省博物馆：《郑州南关外商代遗址的发掘》，《考古学报》1973年第1期。
④ 邹衡：《试论夏文化》，《夏商周考古学论文集》，文物出版社1980年版，第107页。

下，灰坑和窖穴出土遗物的共存关系要比地层更为可靠。第二，"其他探沟中也有类似的情况"①，如果下层的典型器物屡见于中层，那么两层属于同期的可能性也就比较大了。邹衡先生据此认为："原中、下两层的内涵并没有严格的区别。有的陶器固然比较特殊，但由于它们又与原属二里冈下层的许多典型陶器共存，似乎不宜分化出来成为单独的期、组。……原定的中、下两层应该合并成为一层。"②

图 6-7 南关外 H62 出土陶器

（河南省博物馆，1973；河南省文物考古研究院，2015）

---

① 邹衡：《试论夏文化》，《夏商周考古学论文集》，文物出版社 1980 年版，第 107 页。
② 邹衡：《试论夏文化》，《夏商周考古学论文集》，文物出版社 1980 年版，第 107 页。

与先商文化漳河型、辉卫型相比，南关外型的陶器群面貌更为复杂。"南关外型大体包括了三种因素：一种同于漳河型和辉卫型；一种同于夏文化；还有一种同于南方的早商文化。……南关外型与漳河型和夏文化（二里头型）的关系比起辉卫型同后二者的关系更为密切。"① 邹衡先生特别强调："鬲和甗是商文化中最主要的特征之一，而在夏文化（指二里头型）中恰好缺乏这种因素……南关外型与漳河型、辉卫型应该属于同一文化系统，而与夏文化区别开来。……南关外型所受夏文化的影响远远超过了漳河型甚至辉卫型所受后者的影响。"②

二里冈下层 C1H9

关于南关外中、下层是否合并的问题，关系到二里冈文化典型陶器与南关外下层所出一类棕色陶器是否共存的问题。将南关外中、下层合并，便可将其与二里冈下层偏早阶段的部分典型单位归为一组，其中最具代表性的典型单位就是二里冈 C1H9（C1 是郑州遗址 1 区，H9 是第九号灰坑）。

二里冈 C1H9 是一座开口呈长方形的竖穴土坑（图 6-8），在南、北壁的中部各有一排可供上下的脚窝，坑内堆积有七层。

仍然需要以最为常见、变化敏感的陶鬲，对二里冈 C1H9 的时代特征进行说明。这是一件出土自二里冈 C1H9 的陶鬲，编号为二里冈 C1H9:36，就是该坑所出的第 36 号器物（图 6-9）。这件陶鬲的口缘外卷，圆唇，胎体很薄，腹部所饰的绳纹很细，接

---

① 邹衡：《试论夏文化》，《夏商周考古学论文集》，文物出版社 1980 年版，第 121 页。
② 邹衡：《试论夏文化》，《夏商周考古学论文集》，文物出版社 1980 年版，第 121 页。

图 6-8　二里冈 C1H9 发掘场景

（河南省文物考古研究所，2001）

图 6-9　二里冈 C1H9:36 和南关外 H62:17 陶鬲

（河南省文化局文物工作队，1959；河南省文物考古研究院，2015）

近线纹，继承了邯郸涧沟遗址商文化下层以来的陶鬲传统，但足根是一次制成，不饰绳纹，属于相对略晚的时代特征。这件陶鬲被邹衡先生选取为商文化先商期第一段第Ⅱ组的断代标准陶器。

除日常陶器外，二里冈 C1H9 还出土了数量很多的夹砂粗红陶缸残片①（图 6-10）。"就陶片内多数都粘附有白色水锈状的沉淀物看，应为盛液体之遗留。这些沉淀物没有经过化验，尚不敢确定为何物。就器形之大，数量之多，又经过火烧等情况来看，似与当时的酿造有关。"②

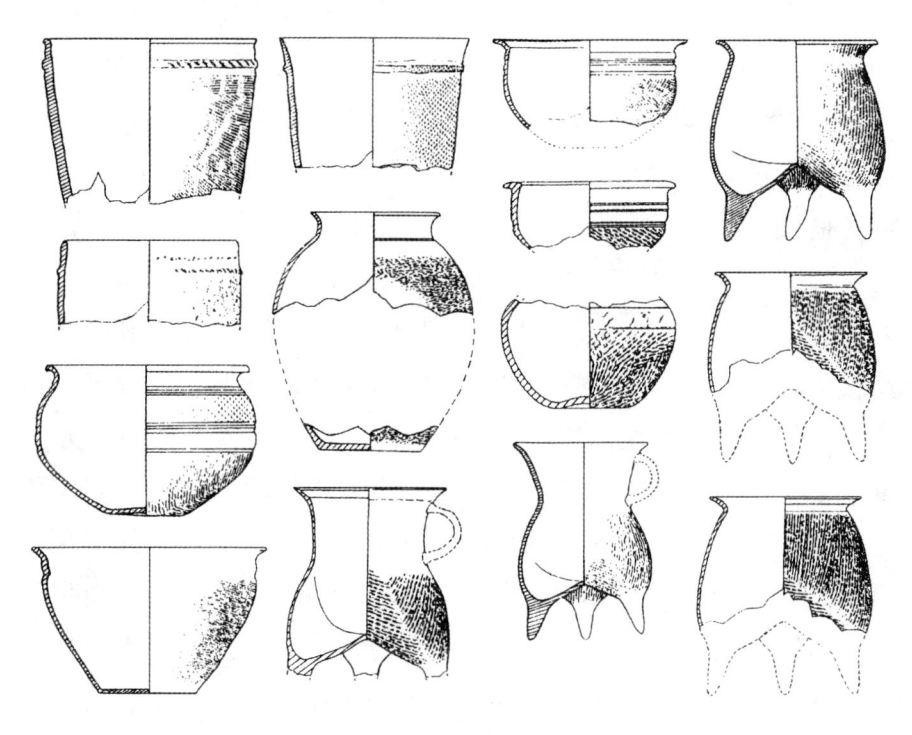

图 6-10　二里冈 C1H9 出土陶器

（袁广阔等，2004）

---

① 河南省文化局文物工作队：《郑州二里冈》，科学出版社 1959 年版，第 10 页。
② 河南省文化局文物工作队：《郑州二里冈》，科学出版社 1959 年版，第 29 页。

南关外 H62 的年代被认为与二里冈 C1H9 相当。该坑所出南关外 H62:17 陶鬲（图 6-9）的缘面略微翻起榫痕，属于翻缘陶鬲的发端，也被选为第Ⅱ组的断代标准陶器。

在 1959 年出版的考古报告《郑州二里冈》中，发掘者将二里冈发现的商文化遗存分为上、下两层，二里冈 C1H9 被归入了二里冈下层。① 在《试论夏文化》的商文化分期中，以二里冈 C1H9、C9H118 等为代表的典型单位被归入了商文化先商期第一段第Ⅱ组，属于二里冈下层的偏早阶段。

邹衡先生将二里冈 C1H9 等典型单位归入先商期，主要是因为此阶段遗存在当时发现数量较少。2001 年出版的《郑州商城：1953—1985 年考古发掘报告》仍然指出："商代二里岗下层一期遗迹，仅在郑州商城之外的东南部二里岗和西面的铭功路西侧的两个商代二里岗下层一期村落遗址中有所发现。"②

二里冈 C1H9 是二里冈文化最早阶段的典型单位，被赋予了重要的历史意义。张忠培先生认为："'郑亳'始建于二里岗 H9:36 鬲所代表的年代，故有学者因二里岗 H9:36 鬲是汤灭夏时或始建'郑亳'时商人制作和使用的陶鬲，便以这样形态的陶鬲作为划分先商、早商时期的标志。凡形态上早于二里岗 H9:36 鬲的商人制作和使用的陶鬲，便是先商时期商人制作和使用的陶鬲；二里岗 H9:36 鬲以及形态上晚于二里岗 H9:36 鬲的商文化诸鬲，便是商王朝时期商人制作和使用的陶鬲。……只要承认'郑亳'说，便可进一步认为汤在二里岗 H9:36 鬲所代表的年数之内的执政期间，实现了这样两件事：一是灭夏；二是建筑了亳城。"③

---

① 河南省文化局文物工作队：《郑州二里冈》，科学出版社 1959 年版，第 10 页。
② 河南省文物考古研究所：《郑州商城：1953—1985 年考古发掘报告》，文物出版社 2001 年版，第 140—146 页。
③ 张忠培：《关于二里头文化和夏代考古学遗存的几点认识》，《中国历史文物》2009 年第 1 期。

二里冈下层 C1H17

考古报告《郑州二里冈》发表的典型单位二里冈 C1H17 则被邹衡先生归入了商文化早商期第二段第Ⅲ组，相当于二里冈下层的偏晚阶段。由于"南关外中层"出土了第一段第Ⅱ组特征的陶鬲，"南关外上层"出土了第二段第Ⅲ组特征的陶鬲，可从地层关系上证明第Ⅲ组的年代晚于第Ⅱ组。

还是要例举陶鬲的时代特征进行说明（图 6-11）。最常见的仍然是卷缘鬲，如二里冈 C1H17:118 陶鬲为卷缘鬲，仍为圆唇，但绳纹加粗，口缘外卷至下勾。同坑所出二里冈 C1H17:119 陶鬲为翻缘鬲，口缘之上翻出明显的榫痕。这两件陶鬲均被选为商文化早商期第二段第Ⅲ组的断代标准陶器。

图 6-11 二里冈 C1H17:118、119 陶鬲
（邹衡，1956；河南省文化局文物工作队，1959）

此阶段的另一个典型单位是考古报告《郑州二里冈》用来论

述二里冈下层陶器主要特征的二里冈C1H2甲坑。二里冈C1H2分为"甲坑"和"乙坑"（图6-12）的原因是"在开始发掘时，因两坑的界限不甚明确，所以就编成一个灰坑。……向下发掘一段后，两坑的界限才比较明确；随改编为甲坑和乙坑。发掘至深1.6米时，发现乙坑的周壁有垮塌现象，甲坑的深灰土塌在乙坑内"[①]。只有在甲坑填入深灰土之后，才能塌进后挖的乙坑之中，显然说明乙坑的年代晚于甲坑。

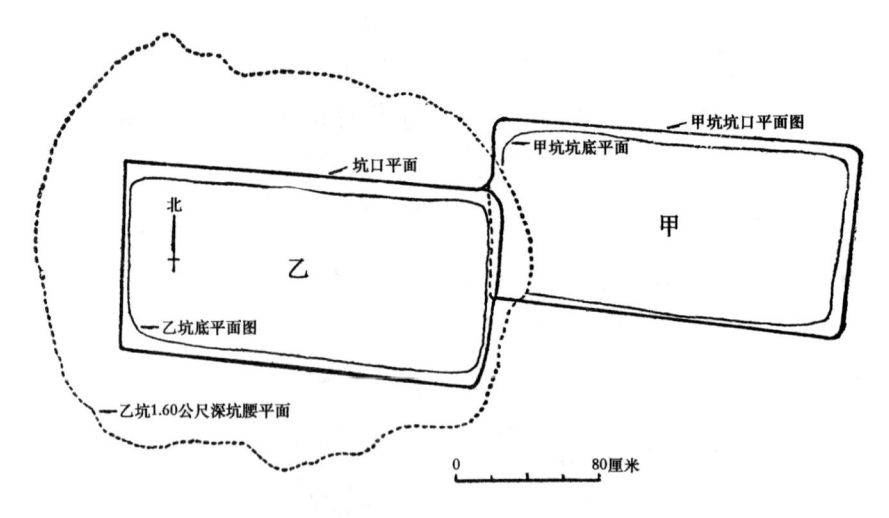

图6-12 二里冈C1H2甲、乙两坑打破关系
（河南省文化局文物工作队，1959）

墓葬CWM8（C代表的是郑州商城，W是西城墙，M是墓葬）的年代也相当于二里冈C1H17。随葬陶器包括陶豆、陶鬲、陶爵和陶盆（图6-13），属于一套商文化早商期第二段第Ⅲ组的典型陶器组合。这座墓葬的下部打破了西城墙的夯土，可知郑州商城至迟在商文化早商期第二段第Ⅲ组已经建成。

邹衡先生判断二里冈C1H17的年代已经进入了商代早期，原

---

① 河南省文化局文物工作队：《郑州二里冈》，科学出版社1959年版，第14页。

图 6-13 郑州商城 CWM8 随葬陶器组合

(河南省博物馆等，1977)

因有三。

第一，商文化早商期（第二段第Ⅲ组至第四段第Ⅷ组）早于"殷墟文化第二期"，又晚于二里头文化和先商文化，在文化发展脉络上紧接在夏文化之后，年代应该相当于商代早期。

第二，商文化早商期文化遗存分布范围很广。"早商期遗址的分布除了包括夏文化和先商文化两者原来分布地域外，更扩展到其他地域，而且各地域的文化面貌差别不是太大。这只有当成汤灭了夏王朝，才可能有如此辽阔的统治区；同时，也只有取得政治、军事上的胜利，才有可能出现经济、文化上的基本一致的情况。"[①] 例如，河南陕县（今三门峡市陕州区）七里铺遗址的商文化墓葬随葬 M306:1 陶鬲[②]属于商文化早商期第二段第Ⅲ组的典型特征，表明邻近晋陕豫三省交界处已经是商文化的分布地域，而

[①] 邹衡：《试论夏文化》，《夏商周考古学论文集》，文物出版社 1980 年版，第 108 页。

[②] 黄河水库考古工作队河南分队：《河南陕县七里铺商代遗址的发掘》，《考古学报》1960 年第 1 期。

这里是传世文献记载的夏王朝核心地域,传说夏后皋的陵墓就在陕县,徐旭生先生在踏访"夏墟"的过程中便曾于1959年5月"在陕县的雁翎关村,调查了传说中的夏后皋墓"①。

第三,郑州商城的营建年代为商文化早商期第二段第Ⅲ组。根据发掘者公布的考古材料,结合相关的碳十四测年数据,郑州商城的始建年代"大体在成汤居亳以后(商城压在'南关外期'之上)。商城夯土内所出木炭,根据碳^{14}测定,其树轮校正年代为距今约3570±135年,即公元前1620年,与早商开始的年代大体相合"②。

二里冈上层C1H2乙

根据郑州二里冈C1H2甲、乙两坑的打破关系可知,二里冈C1H2乙坑的年代相对较晚。尽管陶器群的器类组合方面并未发生重大变化,但陶器形制却发生了明显变化(图6-14)。

从整体特征上看,二里冈下层时期的绳纹普遍偏细,最早的绳纹接近线纹,越晚越粗,至二里冈下层的偏晚阶段多半为中绳纹。从二里冈上层C1H2乙坑开始,陶器流行中、粗绳纹。

器物形制特征的变化,较为突出地反映在了陶鬲、陶斝、陶爵、陶豆等器类之上。二里冈上层开始流行翻缘鬲,口缘上翻,折沿,颈部戳印同心圆纹饰,其下以旋纹将其与绳纹分隔。二里冈C1H2乙坑属于二里冈上层的偏早阶段,该坑所出二里冈C1H2乙:220陶鬲(图6-15)的"缘面下陷为凹槽形,侧视则呈方

---

① 徐旭生:《1959年夏豫西调查"夏墟"的初步报告》,《考古》1959年第11期。
② 邹衡:《试论夏文化》,《夏商周考古学论文集》,文物出版社1980年版,第108页。

唇。……颈外比较常见同心圆纹"①。因其典型特征，被选为商文化早商期第二段第Ⅳ组的断代标准陶器。

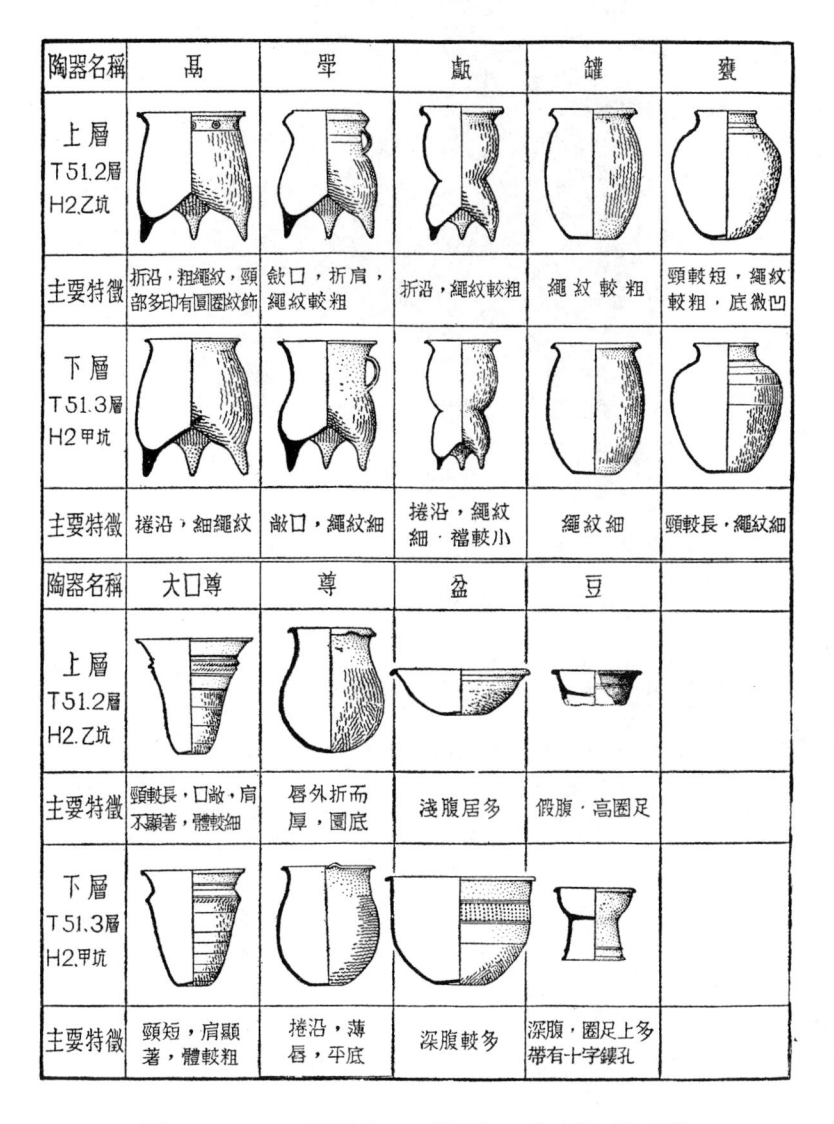

陶器名称	鬲	斝	甗	罐	甕
上層 T51.2層 H2.乙坑					
主要特徵	折沿，粗繩紋，頸部多印有圓圈紋飾	斂口，折肩，繩紋較粗	折沿，繩紋較粗	繩紋較粗	頸部短，繩紋較粗，底微凹
下層 T51.3層 H2.甲坑					
主要特徵	捲沿，細繩紋	敞口，繩紋細	捲沿，繩紋細，襠較小	繩紋細	頸較長，繩紋細
陶器名稱	大口尊	尊	盆	豆	
上層 T51.2層 H2.乙坑					
主要特徵	頸較長，口敞，肩不顯著，體較細	唇外折而厚，圓底	淺腹居多	假腹，高圈足	
下層 T51.3層 H2.甲坑					
主要特徵	頸短，肩顯著，體較粗	捲沿，薄唇，平底	深腹較多	深腹，圈足上多帶有十字鏤孔	

图 6-14 二里冈上、下层出土主要陶器比较

（河南省文化局文物工作队，1959）

---

① 邹衡：《试论夏文化》，《夏商周考古学论文集》，文物出版社 1980 年版，第 112 页。

图 6-15　二里冈 C1H2 乙∶220 陶鬲

（邹衡，1956）

　　二里冈下层的陶斝和陶爵均为敞口特征。二里冈上层的陶斝被改良为敛口，"敛口斝可免液体沸腾时外溢，显系一种进步的形制"①（图 6-16）。陶爵也由敞口爵改良为敛口爵，与陶斝的口部变化规律相同。

　　二里冈下层的陶豆流行"真腹豆"，而本阶段开始流行"假腹豆"。"豆"这类器物，上面是个托盘，用于盛储食品，其下是个用于承接托盘的圈足。"豆"字本身是个象形字，原本是此类器物的名称，而我们现在归为食物的"豆子"，在当时则被称为"菽"。陶豆在新石器时代已经出现，在商文化中也是惯常所见之物。二里冈下层时期流行的所谓"真腹豆"，从正面看陶豆时，能够看到上部托盘部分，就是用于盛储物品的真实容积。二里冈上层流行的所谓"假腹豆"（图 6-17），从正面看陶豆的托盘，看

---

① 邹衡：《试论郑州新发现的殷商文化遗址》，《考古学报》1963 年第 3 期。

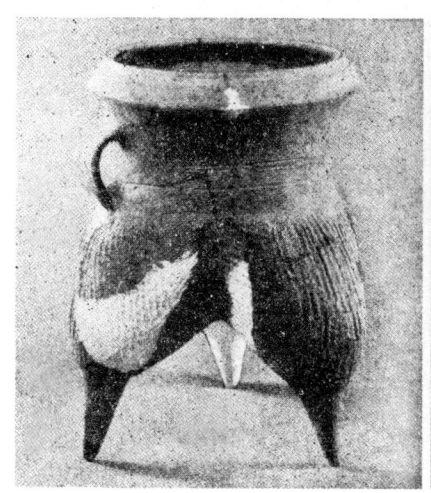

图 6-16　二里冈上层的敛口陶斝

（河南省文化局文物工作队，1959；河南省文物考古研究院，2015）

到的并不是盛储物品的真实容积，由于托盘的内底较浅，实际容积小于视觉所呈现的容积。有的假腹豆甚至无法通过正视获知托盘的真实容积。

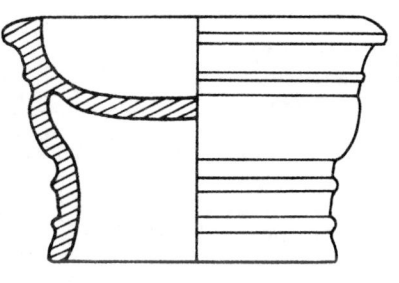

图 6-17　二里冈上层陶假腹豆

（河南省文物考古研究所，2001）

假腹豆是二里冈上层时期最具标志性的陶器器类。随着商文化的对外扩展和影响散播，中原地区以外的周邻地区青铜文化也出现了假腹豆。例如，江西清江盆地在相当于商代晚期是吴城文化分布区，陶器群中仍然流行假腹豆。与清江县（今樟树市）吴城遗址隔江相望的新淦县（今作新干县）大洋洲镇发现的商代大墓中，甚至出土了纹饰精美繁缛的青铜假腹豆（图 6 – 18），是商代青铜器中的精品力作。

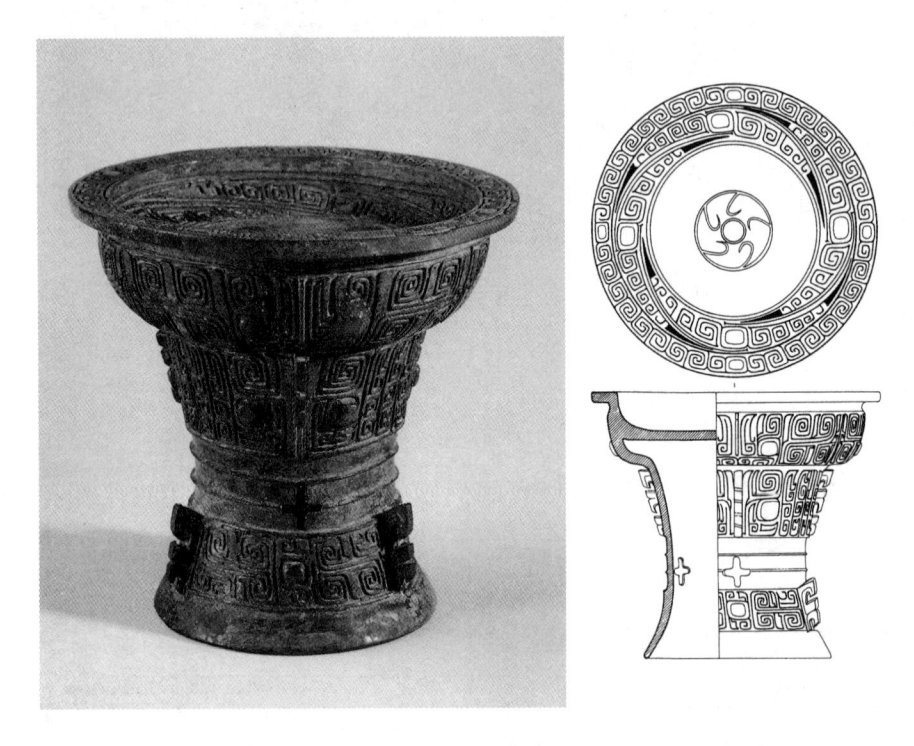

图 6 – 18　江西新淦县大洋洲商代大墓所出青铜假腹豆
(《中国青铜器全集》编辑委员会，1993；江西省文物考古研究所等，1997)

在郑州商城以外，最重要的考古发现是湖北黄陂县（今武汉市黄陂区）盘龙城遗址（图 6 – 19）。这是一座与郑州商城基本同时的重要城址，也是目前所知商代早期南方地区最重要的遗址。20 世纪 50 年代，邹衡先生在《试论郑州新发现的殷商文化遗址》中曾划分出介于 A 型陶鬲（卷缘、圆唇、细绳纹）和 B 型陶鬲（翻缘、方唇、粗绳纹）之间的 AB 型陶鬲，其突出特征是"口缘上有榫痕突起"①。此型陶鬲在郑州地区的流行时间较短，被认为是 A 型与 B 型陶鬲之间的过渡形态，但在盘龙城不仅数量较多，而且延续时间较长。②

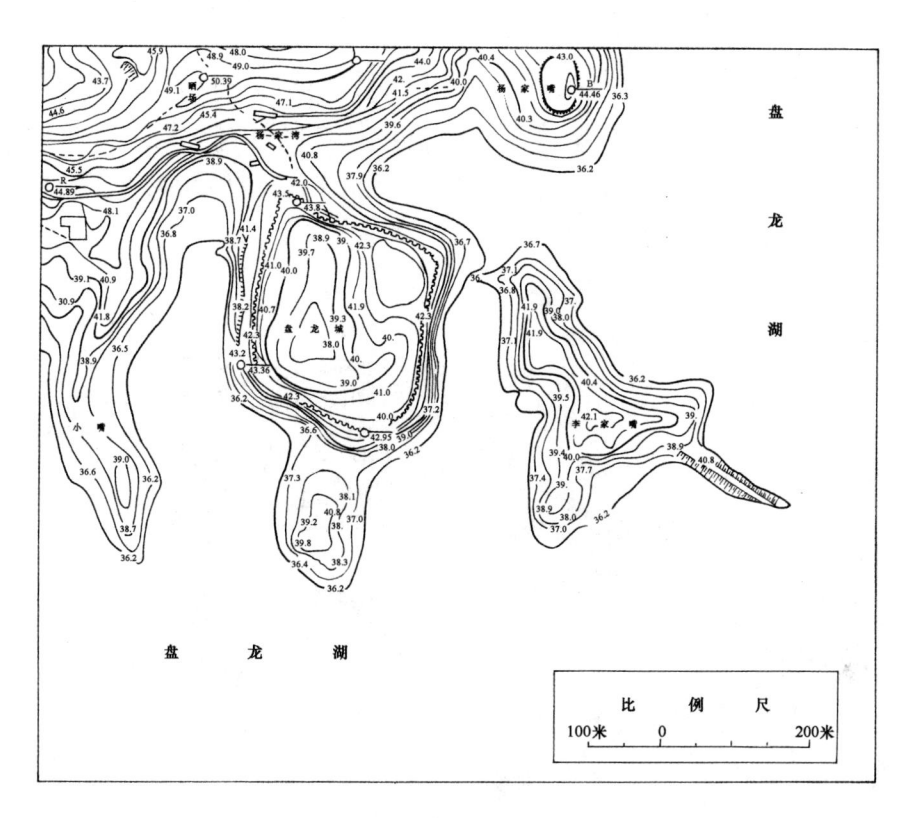

图 6-19 湖北黄陂盘龙城遗址平面图
（北京大学历史系考古教研室商周组，1979）

盘龙城是在 20 世纪 50 年代防洪取土过程中发现的。③ 1974 年，湖北省博物馆与北京大学考古专业联合组成考古发掘队，在

---

① 邹衡：《试论郑州新发现的殷商文化遗址》，《考古学报》1956 年第 3 期。
② 邹衡：《论古代器物的型式分类》，《中国文物报》1988 年 5 月 13 日第 3 版。
③ 蓝蔚：《湖北黄陂县盘土城发现古城遗址及石器等》，《文物参考资料》1955 年第 4 期；郭冰廉：《湖北黄陂杨家湾的古遗址调查》，《考古通讯》1958 年第 1 期。

盘龙城遗址展开大规模考古发掘，取得了三大收获："一、确定了盘龙城为商代二里岗期修筑的城址；二、发掘出一座迄今所知保存最好的商代大型建筑基址；三、在长江中游找到一座现知商代二里岗期墓中最大的奴隶殉葬墓。"①

盘龙城的城墙南北约290米，东西约260米，方向为北偏东20°。城墙至今仍然在地表可见，但由于受到取土筑坝的严重破坏，已远非过去的高度，"据当地老人说，四壁城垣在数十年前皆高耸地上，每面中间都有一缺口，传为城门"②。

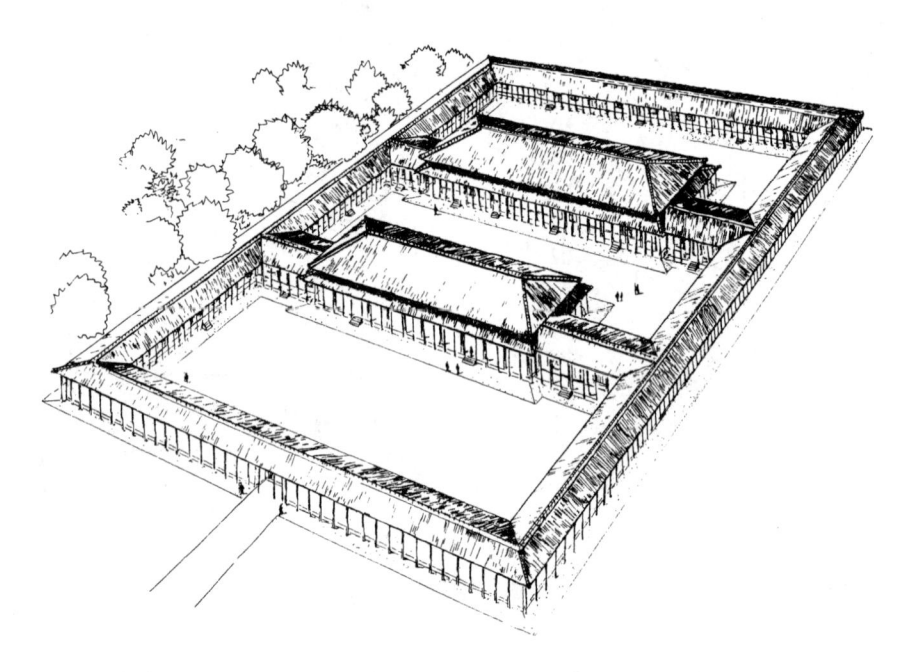

图6-20 盘龙城宫殿复原

(杨鸿勋，2001)

---

① 湖北省博物馆、北京大学考古专业盘龙城发掘队：《盘龙城一九七四年度田野考古纪要》，《文物》1976年第2期。
② 湖北省博物馆、北京大学考古专业盘龙城发掘队：《盘龙城一九七四年度田野考古纪要》，《文物》1976年第2期。

盘龙城的城内东北部发现一组规模宏大的宫室建筑①（图6-20）。一号建筑基址面阔33.9米，进深6—6.4米，二号建筑基址位于其后，两者处于同一中轴线上，方向皆为北偏东20°。两座建筑基址与四周的廊庑共同构成了前后三进大型院落。

李家咀是盘龙城东侧的一座湖岛（现已与湖岸相连），是高规格铜器墓的主要分布区之一。李家咀M2是目前所知商代早期规格最高的墓葬（图6-21），墓室面积约12平方米，墓底有长方形

图6-21　盘龙城李家咀M2墓葬发掘现场
（湖北省文物考古研究所，2001）

---

① 湖北省文物考古研究所：《盘龙城：1963—1994年考古发掘报告》，文物出版社2001年版；杨鸿勋：《从盘龙城商代宫殿遗址谈中国宫廷建筑发展的几个问题》，《文物》1976年第2期。

稽古夏朝：解读《试论夏文化》

腰坑，其内殉狗，二层台上有殉人。木棺外还有一层木椁，椁板上饰有精美的着色雕花（图6-22）。

图6-22 盘龙城李家咀M2雕花木椁板
（湖北省文物考古研究所，2001）

随葬的青铜礼器包括鼎、鬲、甗、簋、觚、爵、斝、盉、盘、罍等，其中铜甗和铜簋（图6-23）属于目前考古发掘所知年代最早者。

李家咀M2所出铜爵的柱帽开始加大。该墓随葬的M2:11铜爵和M2:5铜觚（图6-24）被选为商文化早商期第二段第Ⅳ组的断代标准铜器。

盘龙城与中原地区的商文化遗存在面貌上具有高度的同一性。"这主要可从六个方面观察到：第一，城墙的营造技术完全一样；第二，宫殿的建筑手法几乎一样；第三，埋葬的风俗完全一致；第四，青铜工艺的作风一模一样；第五，制玉工艺的风格全部相同；第六，制陶工艺亦是基本器皿特征相同，而仅仅是红陶缸所占比例特别之大。"[①]

---

① 湖北省博物馆、北京大学考古专业盘龙城发掘队：《盘龙城一九七四年度田野考古纪要》，《文物》1976年第2期。

图 6-23 盘龙城李家咀 M2 随葬铜鬲、簋

（湖北省文物考古研究所，2001）

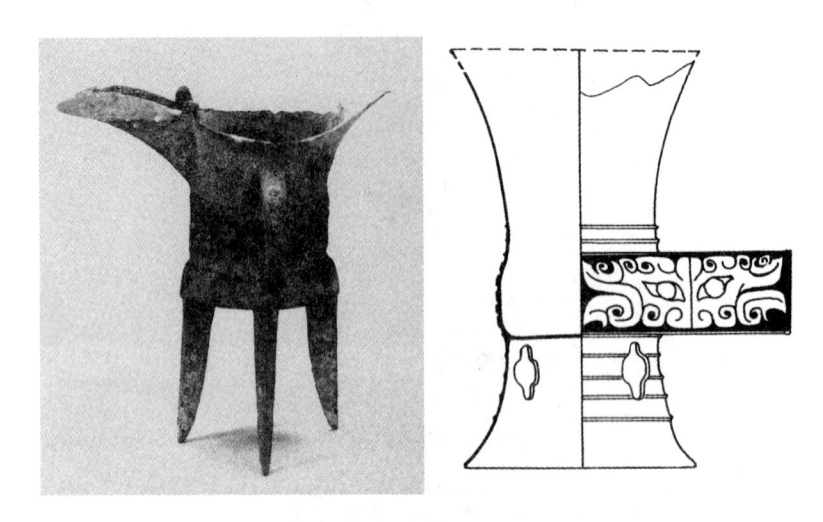

图 6-24　盘龙城李家咀 M2:11 铜爵和 M2:5 铜斝
（湖北省文物考古研究所，2001）

河北藁城县（今石家庄市藁城区）台西遗址是一处重要的商代遗址。① 台西遗址发现的灰坑 H39 属于商文化早商期第二段第

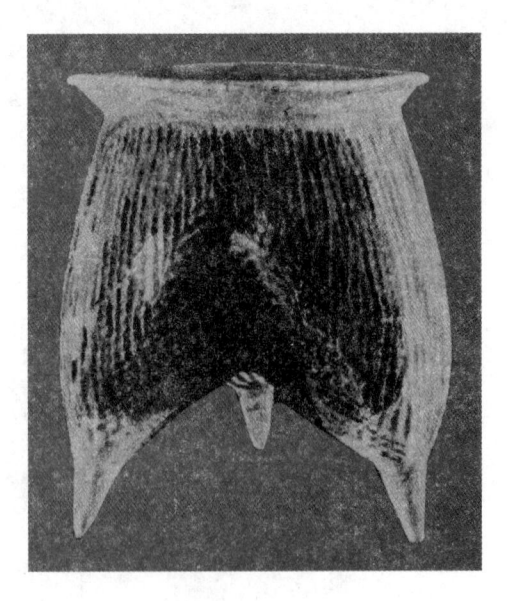

图 6-25　河北藁城台西 H39:8 陶鬲
（河北省文物研究所，1985）

① 河北省文物研究所：《藁城台西商代遗址》，文物出版社 1985 年版。

Ⅳ组的典型单位，这里仍然流行先商以来的卷缘鬲，H39∶8陶鬲（图6-25）的胎体仍然较薄，但绳纹变粗，因其典型特征，也被选为商文化早商期第二段第Ⅳ组的断代标准陶器。

二里冈上层 C1H1

二里冈 C1H1 处于二里冈上层的偏晚阶段，代表了二里冈上层时期遗存的典型面貌。此阶段陶器的形制特征相比二里冈下层时期已表现出非常明显的差异，器表所饰绳纹主要流行粗绳纹，胎体较厚。

二里冈 C1H1 出土 C1H1∶23 陶鬲已处于卷缘鬲的最晚阶段，胎体较厚，绳纹较粗，鬲足趋于粗大。同坑所出 C1H1∶20 陶鬲为翻缘鬲，是此阶段最流行的陶鬲形制，翻缘、方唇，颈部饰同心圆纹，其下衬以旋纹与绳纹分隔，腹部饰粗绳纹。二里冈 C1H1 所出的这两件陶鬲（图6-26），皆被选为商文化早商期第三段第Ⅴ组的断代标准陶器。

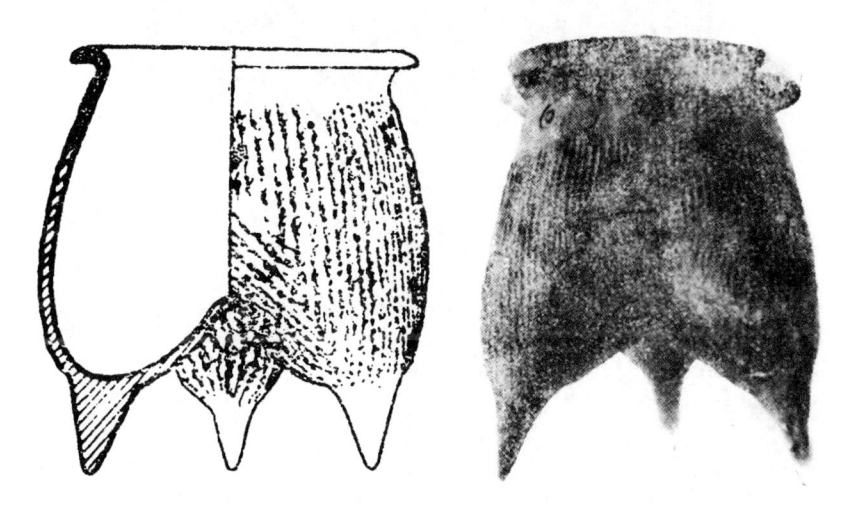

图 6-26　二里冈 C1H1∶23、20 陶鬲

(邹衡，1980、1956)

郑州商城内城以西的今郑州铭功路西发现一处制陶作坊，① 在这处作坊以南发现了属于商文化早商期第三段第Ⅴ组的铜器墓——铭功路西 M2。② 墓主的葬式为"俯身葬"（图 6 - 27），也就是身体向下安放，这是商文化墓葬的常见葬式，墓主通常为男性。③ 墓主的颈部佩戴了六串蚌珠，由脖颈后部盘绕垂列至胸前和腰部。

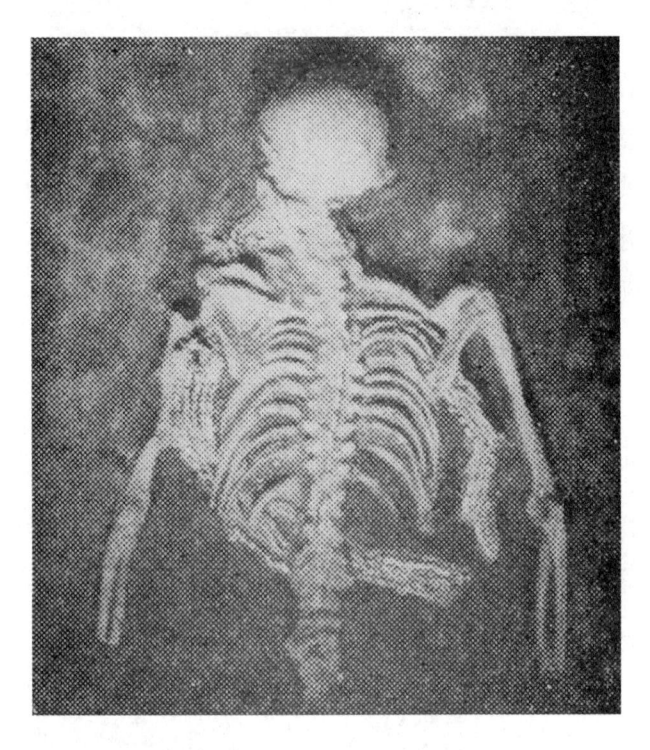

图 6 - 27　郑州铭功路西 M2 墓主的俯身葬式及所戴佩饰
（郑州市博物馆，1965）

铭功路西 M2 随葬的青铜礼器包括斝、爵各 2 件和鼎、觚各 1

---

① 河南省文物研究所：《郑州市商代制陶遗址发掘简报》，《华夏考古》1991 年第 4 期。
② 郑州市博物馆：《郑州市铭功路西侧的两座商代墓》，《考古》1965 年第 10 期。
③ 孟宪武：《殷墟俯身葬综述》，《安阳殷墟考古研究》，中州古籍出版社 2003 年版。

件。铜爵的柱开始变大。该墓随葬的 M2∶21 铜爵和 M2∶8 铜斝（图 6 - 28）被选为商文化早商期第三段第Ⅴ组的断代标准铜器。

铭功路西 M2 打破了属于商文化早商期第二段第Ⅳ组的灰坑 H21，据此可证商文化早商期第三段第Ⅴ组晚于商文化早商期第二段第Ⅳ组。

图 6 - 28　铭功路西 M2∶21 铜爵和 M2∶8 铜斝
（河南省文物考古研究所，2001）

白家庄商代上层

郑州白家庄位于郑州商城东北部的东城墙以外，庄西的地势较高，"遍布着古代文化遗存，特别是商代遗址和商代墓葬更为丰富"[①]。

[①] 河南省文化局文物工作队第一队：《郑州白家庄遗址发掘简报》，《文物参考资料》1956 年第 4 期。

1954—1955年，河南省文化局文物工作队第一队在白家庄展开考古发掘。① 以探沟 T10 的剖面为例（图 6 - 29），表土之下的第一层为战国时期文化层，其中便出土了"亳"字戳记陶文（图 6 - 30）。

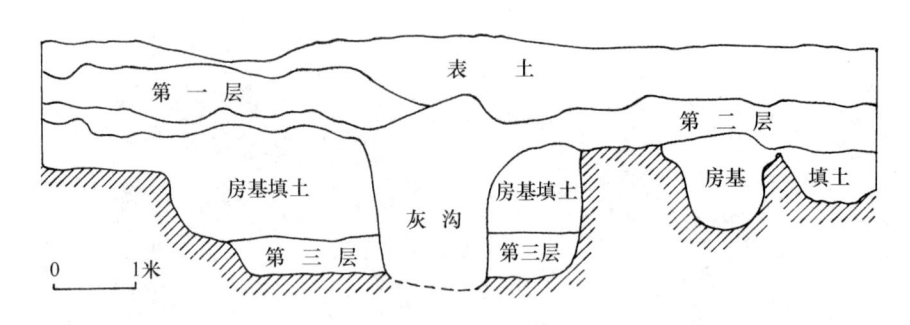

图 6 - 29　白家庄 T10 西壁剖面
（河南省文化局文物工作队，1956）

战国时期地层之下的第二层和第三层是商代地层，分别被称为"白家庄商代上层"和"白家庄商代下层"。根据出土陶器的时代特征可知白家庄商代下层（第三层）属于二里冈下层时期。白家庄商代上层（第二层）的出土遗物"大部与郑州二里岗上层商代遗物相同，但部分陶器的陶壁较厚，形制较大，绳纹较粗，为郑州其他区域的商代遗址中所少见。……根据我们初步看来，此层和郑州其他区域的二里岗期上层文化比较稍为晚些"②。由于此类遗存与郑州二里冈以往发现的"二里冈上层"文化遗存面貌相近，曾一度被称为"二里冈上层二期"③，又由于此类遗存首次

---

① 河南省文化局文物工作队第一队：《郑州白家庄遗址发掘简报》，《文物参考资料》1956 年第 4 期。
② 河南省文化局文物工作队第一队：《郑州白家庄遗址发掘简报》，《文物参考资料》1956 年第 4 期。
③ 安金槐：《关于郑州商代二里岗期陶器分期问题的再探讨》，《华夏考古》1988 年第 4 期。

图 6-30　郑州白家庄战国时期地层出土"亳"字陶文
（河南省文化局文物工作队，1956）

发现于郑州白家庄，也被称为"白家庄期"[①]。

白家庄商代上层出土陶鬲为折沿，宽方唇上翻下勾，颈部饰两道旋纹，腹部饰粗绳纹。陶鬲虽也是方唇，但比二里冈 C1H1 阶段的方唇更宽，颈部不再流行戳印同心圆纹，而是留白。白家庄商代上层所出 C8T10②:1 陶鬲（图 6-31）被选为商文化早商期第三段第Ⅵ组的断代标准陶器。

此阶段仍然流行敛口罍，但在口缘处向上起桦，属于更晚的时代特征。在假腹豆依然存在的同时，也常见真腹豆。常见于二里冈下层和上层时期的敛口深腹盆在此阶段已消失不见。这说明商文化早商期第三段第Ⅵ组与典型的二里冈上层时期陶器群尽管面貌接近，但也存在很明显的差异。

郑州白家庄 M2 是一座被挖沙破坏的铜器墓，随葬铜鼎、罍、爵、甗、盘各 1 件，还发现 1 件象牙筒状尊（图 6-32），在器体

[①] 陈旭：《郑州商文化的发现与研究》，《中原文物》1983 年第 3 期；李维明：《论"白家庄期"商文化》，《中原文物》2001 年第 1 期。

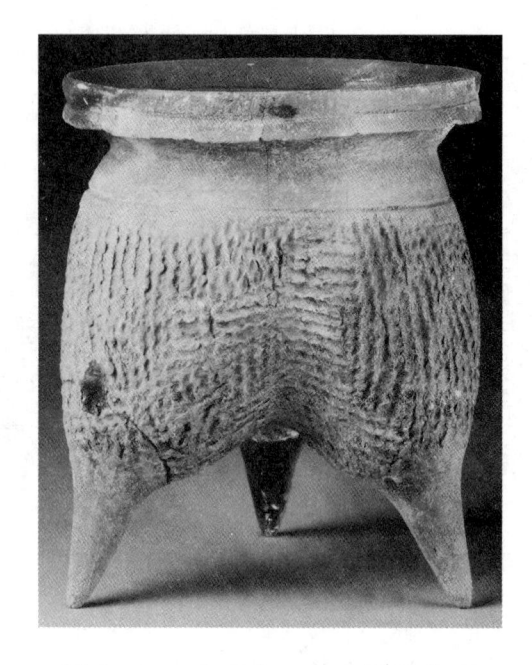

图 6-31　白家庄 C8T10②:1 陶鬲

（河南省文物考古研究院，2015）

图 6-32　白家庄 M2 所出象牙筒状尊

（河南文物工作队第一队，1955）

靠下部还有常见于青铜器圈足之上的三组"十字镂孔"和其下对应的长方形缺口,器高19厘米,口径14.5厘米,"制作精细,为此次发掘中之重要发现品之一"①。

盘龙城发现了数座属于此阶段的铜器墓,如李家咀 M1、楼子湾 M3 等。李家咀 M1 所出提梁卣(图6-33)是目前考古发现所知年代最早的青铜卣。

图 6-33 盘龙城李家咀 M1 随葬铜卣
(湖北省文物考古研究所,2001)

---

① 河南文物工作队第一队:《郑州市白家庄商代墓葬发掘简报》,《文物资料丛刊》1955 年第 10 期。

李家咀 M1:15 铜爵（图 6-34）的爵柱升高，被选为商文化早商期第三段第Ⅵ组的断代标准铜器。楼子湾 M3:2 铜觚（图 6-34）也被选为第Ⅵ组的断代标准铜器。

楼子湾 M3 的年代属于商文化早商期第三段第Ⅵ组，打破了作为主要文化层的黄褐色土层，而楼子湾 M4 开口于黄褐色土层之下，该墓属于商文化早商期第三段第Ⅴ组。根据这组地层关系可证，第Ⅵ组的年代晚于第Ⅴ组。

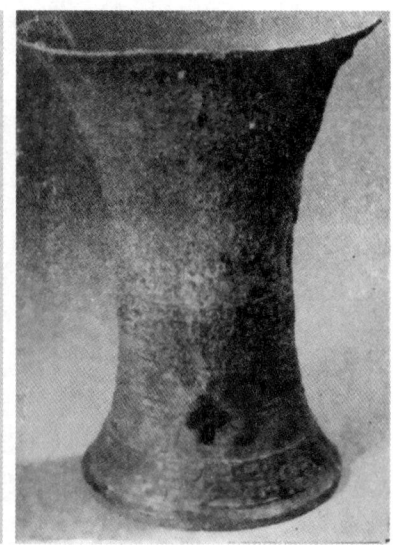

图 6-34　盘龙城李家咀 M1:15 铜爵和楼子湾 M3:2 铜觚
（湖北省文物考古研究所，2001；湖北省博物馆，1976）

过渡阶段

1965 年，河北藁城县台西村的村民在村东北的"西台"取土时，发现一批出自墓葬的商代青铜器[①]（图 6-35），引起了考古工

---

① 河北省博物馆文物管理处：《河北藁城县商代遗址和墓葬的调查》，《考古》1973 年第 1 期。

作者的关注。通过考古发掘,台西遗址发现了丰富的商文化遗存,①主体堆积年代为商文化早商期第四段第Ⅶ组和第Ⅷ组(殷墟文化第一期),早于商文化晚商期第五段第Ⅸ组(殷墟文化第二期)。②

图 6-35　藁城台西出土铜瓿
(河北省文物研究所,1985)

台西遗址是一处重要的商文化聚落遗址。聚落内部的商代房屋保存状况相当好(图 6-36),其中六号房址残存墙体最高处达 3.38 米,墙体上端立面呈三角形,可知该房屋属于硬山顶式建筑。

台西遗址出土了象征军事权力的兽面纹铜钺(图 6-37),兽面张开大口,露出两颗尖锐的獠牙,这是商代铜钺中的精品。另外还出

---

① 河北省文物研究所:《藁城台西商代遗址》,文物出版社 1985 年版。
② 李宏飞:《藁城台西商代遗址再分析》,《中国国家博物馆馆刊》2019 年第 7 期。

图 6 – 36　藁城台西遗址发现的商代房屋及复原场景
（河北省文物研究所，1985）

土一件铁刃铜钺（图 6 – 37），曾有考古工作者认为这是商代使用熟铁的证据。[1] 但在夏鼐先生的坚持下，经柯俊先生团队鉴定，其刃部所使用的是陨铁，[2] 成为科学技术史上的一件著名学术公案。

藁城台西 M14 是一座重要的铜器墓。该墓的二层台有殉人，随葬品也放置在二层台之上，包括青铜斝、爵、觚等礼器。

---

[1] 河北省博物馆文物管理处：《河北藁城台西村的商代遗址》（附《冶金工业部钢铁研究院试验报告》和夏鼐《读后记》），《考古》1973 年第 5 期。
[2] 李秀辉、程瑜、韩汝玢：《柯俊、夏鼐与藁城商代铁刃铜钺》，《今日科苑》2019 年第 1 期。

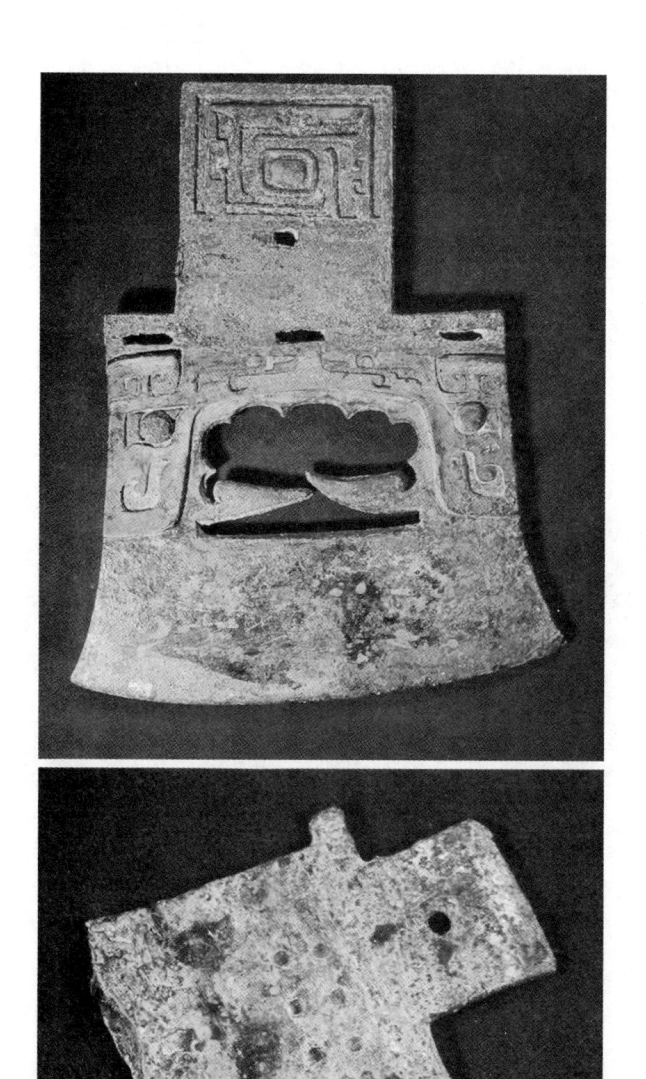

图 6-37 台西遗址出土兽面纹铜钺和铁刃铜钺

（河北省文物研究所，1985）

藁城台西 M14 墓主小腿旁的二层台上发现一件用途特殊的石镰（图 6-38），"形制与过去大量发现的用于农业生产的商代石镰无大差异，但未见安装手柄的痕迹。十分引人注意的是其出土情况极为罕见。……石镰置于西侧二层台上一具长方形漆盒内。漆盒已腐朽，但遗留痕迹清晰可辨，盒里面涂朱色，外面髹黑漆"①。经过我国著名医史家和中医文献学奠基人马继兴先生鉴定，"它是当时的医疗器具——砭石的一种，即所谓砭镰。……藁城第十四号商墓中的砭镰，从出土情况分析，应该可以肯定是一件古老的砭镰。它与后世的砭镰之间存在着一脉相承的关系。这件砭镰，以及1973年在台西商代房址和文化层中出土的桃仁、郁李仁两种种子中药，反映了我国殷商时期医药科学的发展"②。

图6-38 藁城台西M14及其随葬的石砭镰
(河北省文物研究所，1985；河北博物院，2016)

---

① 马继兴：《台西村商墓中出土的医疗器具砭镰》，《文物》1979年第6期。
② 马继兴：《台西村商墓中出土的医疗器具砭镰》，《文物》1979年第6期。

藁城台西 M14:7 陶鬲（图 6-39）为窄方唇，颈部饰一道旋纹，腹部所饰粗绳纹向上略越过旋纹，鬲足变粗矮。因其典型特征，被选为商文化早商期第四段第Ⅶ组的断代标准陶器。

图 6-39　藁城台西 M14:7 陶鬲
（河北省文物研究所，1985）

郑州铭功路西 M4 随葬铜爵的底部下鼓，开始向商代晚期铜爵的流行形制过渡。该墓所出 M4:1 铜爵和 M4:3 铜斝（图 6-40）被选为商文化早商期第四段第Ⅶ组的断代标准铜器。

郑州白家庄 M3[①] 也属于商文化早商期第四段第Ⅶ组。该墓的填土中出土了第三段第Ⅵ组的陶片，因此判断第四段第Ⅶ组的年代晚于第三段第Ⅵ组。

判断墓葬填土内的陶片年代早于墓葬本身的年代，来自夏鼐先生的经典研究案例。瑞典学者安特生曾将甘青地区发现的新石器时代至青铜时代考古学文化分为六期，由早到晚依次是齐家期、仰韶

---

① 河南文物工作队第一队：《郑州市白家庄商代墓葬发掘简报》，《文物参考资料》1955 年第 10 期。

图 6-40　郑州商城铭功路西 M4∶1 铜爵和 M4∶3 铜斝

(河南省文物考古研究所，2001)

期、马厂期、辛店期、寺洼期、沙井期，① 但这一序列属于逻辑排序，并未得到地层关系的证实。1945 年，夏鼐先生在甘肃宁定县阳洼湾发掘的第二号墓是齐家文化墓葬，该墓的填土中发现了仰韶文化彩陶片（图 6-41）。夏鼐先生对此阐释道："仰韶式的彩陶确曾发现于未被扰乱过的齐家期墓葬的填土中。当齐家期的人民埋葬死者的时候，这些彩陶是已被使用过打破了，碎片被抛弃在地上，因之便混入填土中。彩陶制造的时期与齐家墓葬的时期二者之间必定有相当的间隔，虽然我们尚无法知道这间隔的久暂。"② 据此，夏鼐先生证实了仰韶文化早于齐家文化，推翻了安特生提出的"六期说"，所谓的"中华文化西来说"也就无从谈起。

商文化在二里冈下层时期已进入关中东部，西安市附近的老

---

① [瑞典]安特生：《甘肃考古记》，乐森璕译，《地质专报》甲种第五号，农商部地质调查所印行，1925 年版。
② 夏鼐：《齐家期墓葬的新发现及其年代的改订》，《考古学论文集》，科学出版社 1961 年版。

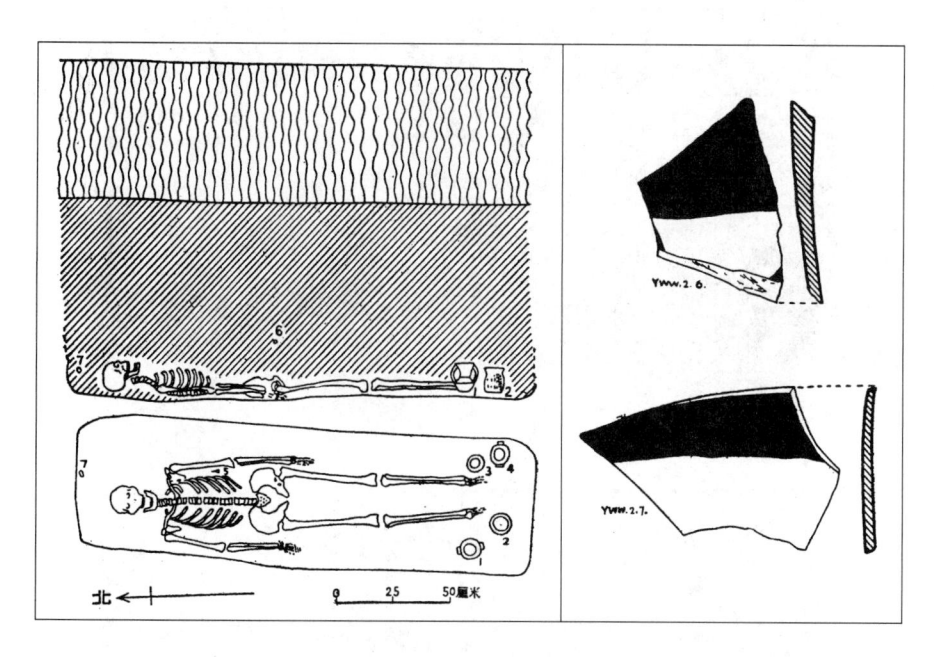

图 6-41　第二号墓平剖面图及填土中的仰韶文化彩陶片
(夏鼐，1948)

牛坡遗址①和耀县（今铜川市耀州区）北村遗址②是两处最具代表性的典型遗址。在商文化早商期第三段第Ⅵ组之后，商文化进入关中西部地区，以岐山县京当镇附近发现的铜器群③和扶风县白家窑水库发现的陶器群④为典型代表。

京当铜器群包括铜鬲、甗、爵、斝和戈（图 6-42），出自一处"石砌的窖穴"，邹衡先生怀疑其可能是一座"石椁墓"⑤。

---

① 刘士莪编著：《老牛坡》，陕西人民出版社 2002 年版。
② 北京大学考古系商周组、陕西省考古研究所：《陕西耀县北村遗址 1984 年发掘报告》，《考古学研究（二）》，北京大学出版社 1994 年版。
③ 王光永：《陕西省岐山县发现商代铜器》，《文物》1977 年第 12 期。
④ 扶风县文化馆：《扶风白家窑水库出土的商周文物》，《文物》1977 年第 12 期。
⑤ 邹衡：《论先周文化》，《夏商周考古学论文集》，文物出版社 1980 年版，第 333 页。

图 6-42　岐山京当铜器群
（曹玮，2005）

扶风白家窑水库发现的陶器包括分裆鬲、圆腹罐和假腹豆（图 6-43），其中的分裆鬲和假腹豆属于商文化的典型器物。

安徽嘉山县（今明光市）泊岗引河发现的铜器群也属于商文化早商期第四段第Ⅶ组，出土青铜甗、觚、爵、斝，① 其中觚和斝

---

① 葛治功：《安徽嘉山县泊岗引河出土的四件商代铜器》，《文物》1965 年第 7 期。

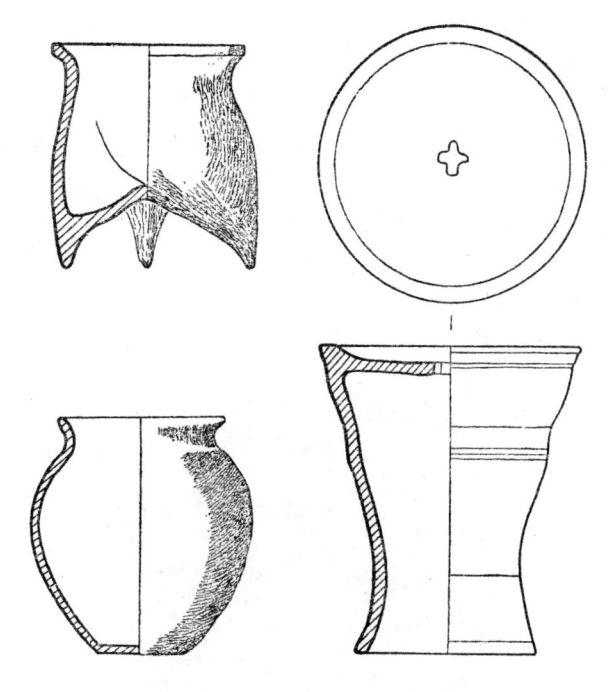

图 6-43 扶风白家窑水库陶器群
（扶风县文化馆，1977）

为高伞状柱帽。

以河北藁城台西 M14、郑州商城铭功路西 M4 等为典型单位的商文化早商期第四段第Ⅶ组，处于二里冈文化向殷墟文化过渡的关键阶段。商王朝的都城在此时已迁至冀西南的邢台地区。[①] 正是由于商王朝统治中心的北迁，导致藁城台西遗址步入了发展繁荣期。[②]

殷墟文化第一期

1964 年，邹衡先生发表了第二篇长文《试论殷墟文化分期》，

[①] 邹衡：《论汤都郑亳及其前后的迁徙》，《夏商周考古学论文集》，文物出版社 1980 年版，第 206—207 页。
[②] 李宏飞：《藁城台西商代遗址再分析》，《中国国家博物馆馆刊》2019 年第 7 期。

将殷墟文化分为四期七组,建立起殷墟文化的分期年代标尺。① 论文发表后在国内外产生了非常重要的学术影响。

安阳殷墟小屯 YH226:349E 陶鬲(图 6-44)形体呈方形,窄方唇,颈部已不流行旋纹,鬲足竖直,不再外撇。因其典型的形制特征,被选为殷墟文化第一期(商文化早商期第四段第Ⅷ组)的断代标准陶器。

图 6-44　安阳小屯 YH226:349E 陶鬲
("中央研究院"历史语言研究所,1956)

尽管"殷墟文化第一期"属于殷墟文化,邹衡先生却将其归为商文化早商期第四段第Ⅷ组,原因是"从第Ⅰ组至第Ⅷ组,都有直接灼的卜骨,一般都是无'凿'。……从晚商第Ⅸ组开始,卜骨(或卜甲)一般都是钻凿兼施。这是区分先商、早商与晚商文化的重要标志之一"②。所谓的"钻"是在卜骨之上钻出圆形的坑

---

① 邹衡:《试论殷墟文化分期》,《北京大学学报·人文科学》1964 年第 4、5 期。
② 邹衡:《试论夏文化》,《夏商周考古学论文集》,文物出版社 1980 年版,第 111 页。

窝,"凿"是在"钻"的旁边再凿出梭形的凹槽(图6-45),占卜之时灼烧"钻""凿"处,再依据卜骨反面受热开裂的纹路判断是吉兆或是凶兆。①

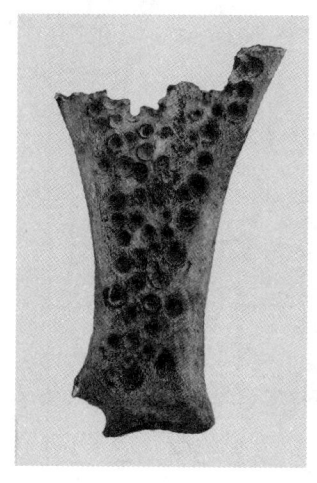

图6-45 仅施圆钻与钻凿兼施的卜骨
(郑州市文物考古研究院,2016;中国社会科学院考古研究所,2010)

邹衡先生将"殷墟文化第一期"归入商文化早商期非常具有预见性。1999年,安阳洹河北岸发现面积达470万平方米的洹北商城,城内宫城区的主要宫殿②和外围防御设施③与二里冈文化的城址非常相似,年代均相当于邹衡先生划分的"殷墟文化第一期",而洹水对岸传统意义的殷墟遗址至今也未发现外围防御设施(图6-46)。

---

① 陈梦家:《殷虚卜辞综述》,中华书局1988年版,第11—13页。
② 中国社会科学院考古研究所安阳工作队:《河南安阳市洹北商城宫殿区1号基址发掘简报》,《考古》2003年第5期;中国社会科学院考古研究所安阳工作队:《河南安阳市洹北商城宫殿区二号基址发掘简报》,《考古》2010年第1期。
③ 中国社会科学院考古研究所安阳工作队:《河南安阳市洹北商城的勘察与试掘》,《考古》2003年第5期。

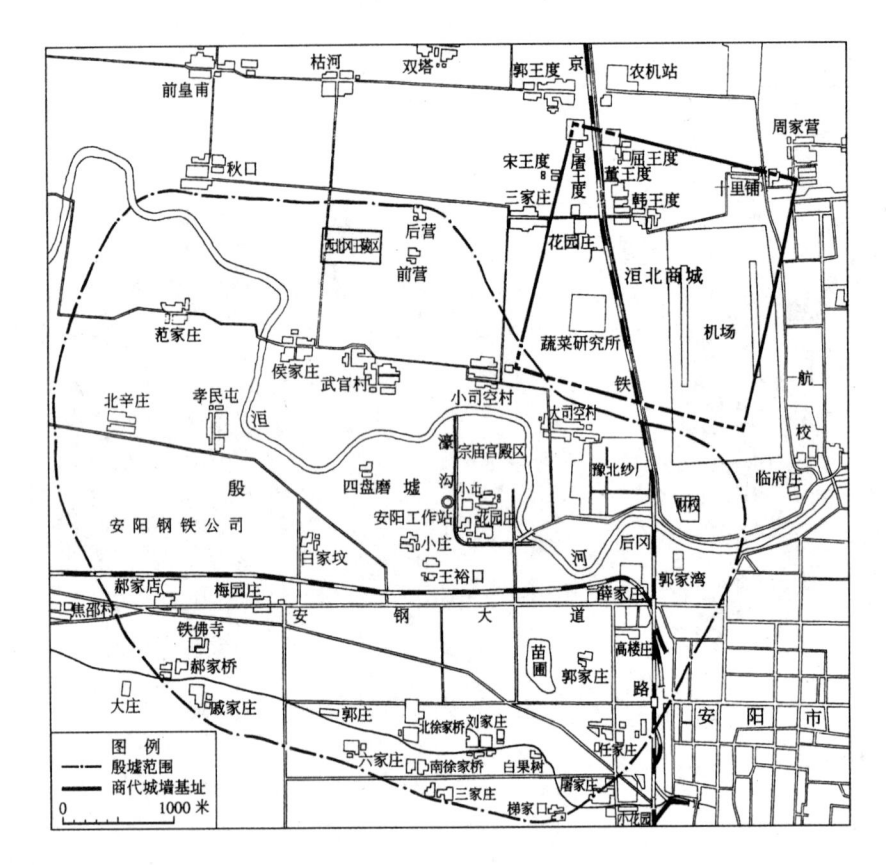

图 6-46　洹北商城与传统意义上的殷墟遗址

(中国社会科学院考古研究所，2003)

在后来成为殷墟遗址宫殿宗庙区的小屯东北地，发现了相当于洹北商城时期的三座铜器墓 YM232、YM333、YM388，[①] 铜器群仍然具有非常浓厚的二里冈遗风。YM232 随葬的铜爵、斝(图 6-47) 被选为商文化早商期第四段第Ⅷ组的断代标准铜器。

至此，邹衡先生将商文化先商期至早商期详细划分为四段八组，建立起商王武丁以前的商文化分期年代标尺。

---

① 李济：《记小屯出土之青铜器》，《中国考古学报》第三册，1948 年。

图 6-47　安阳小屯 YM232 随葬铜爵、觚
("中央研究院"历史语言研究所，1973）

邹衡先生还以陶鬲（分为卷缘鬲和翻缘鬲）和大口尊为例，对各期、段、组的断代标准陶器进行了特征说明。如果说长篇论文《试论夏文化》是学术专著《夏商周考古学论文集》的核心，那么该书第 113 页的这张"商文化第一、二期断代标准陶器图"（图 6-48）实际上又是《试论夏文化》的核心。以陶器群核心器类的陶鬲向前追溯，早商文化的主脉来自冀西南地区的先商文化漳河型，由此获知二里头文化和先商文化漳河型是两支并行发展的考古学文化，这是考古学文化研究的经典范例。

由于铜爵、觚是最常见的青铜礼器，邹衡先生将其作为断代标准铜器，依次对夏文化第四段至商文化早商期第四段第Ⅷ组的各段、组特征进行了说明（图 6-49）。

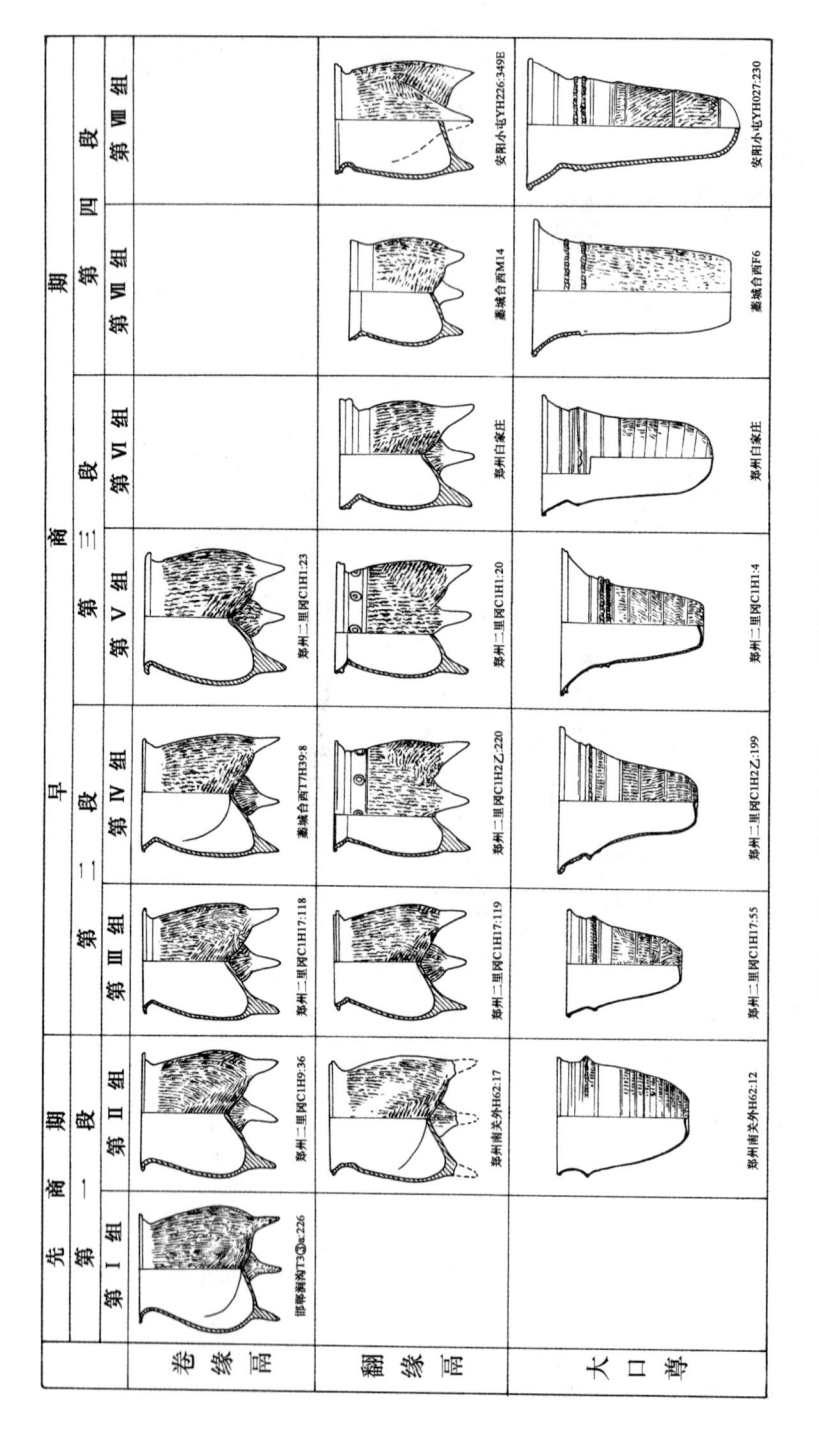

图 6-48 商文化第一、二期断代标准陶器图

（邹衡，1980）

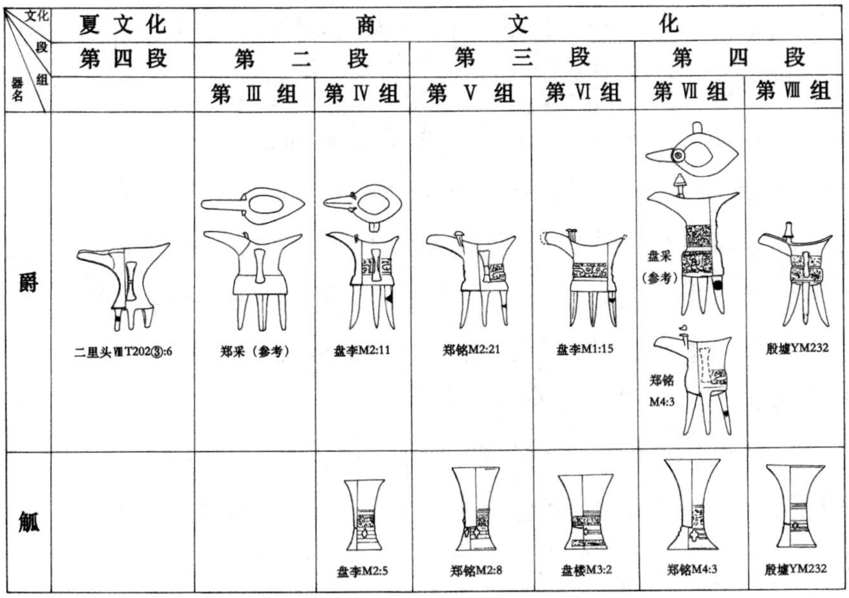

商系：商文化的分期和类型

文化段 器名组	夏文化 第四段	商 文 化					
		第 二 段		第 三 段		第 四 段	
		第Ⅲ组	第Ⅳ组	第Ⅴ组	第Ⅵ组	第Ⅶ组	第Ⅷ组
爵	二里头ⅧT202③:6	郑采（参考）	盘李M2:11	郑铭M2:21	盘李M1:15	盘采（参考） 郑铭M4:3	殷墟YM232
斝			盘李M2:5	郑铭M2:8	盘楼M3:2	郑铭M4:3	殷墟YM232

图 6-49 夏、早商断代标准铜器图

（邹衡，1980）

早商文化的地方类型

根据当时的考古材料，邹衡先生将早商文化分为了二里冈型、台西型、盘龙城型和京当型四个地方类型，分别居于二里冈文化分布区的中心、北部、南部和西部。

二里冈型以郑州商城为典型代表，分布范围最广，"大体包括了河南全省、山东省的大部、安徽省的西部、河北省的邢台地区和邯郸地区、山西省的西南部和东南部以及陕西省的东部和南部，东西约2000、南北约1300里"[①]。

---

① 邹衡：《试论夏文化》，《夏商周考古学论文集》，文物出版社1980年版，第123页。

二里冈型的青铜礼器普遍使用分范铸法，器形多模仿自陶器，器壁相对轻薄。青铜礼器的纹饰主要是兽面纹和云雷纹，一般不用地纹，也就是所谓的"单层花纹"。

通过对二里冈型陶器的分群研究可知，早商文化二里冈型"大规模地吸取夏文化的因素和其他文化因素。……大部分都是经过了改造和创新，从而形成独具风格的新产物。正因为如此，二里冈型和以往的先商文化、夏文化以及其他文化之间已经产生了一个飞跃。毫无疑问，这一飞跃正深刻地反映了当时社会上所发生的剧变"①。

台西型以河北藁城台西遗址为典型代表，其分布范围"最北已抵拒马河一带，最南已与邢台地区相邻，南北长约四、五百里"②。台西型陶器"最突出的特点就是缺乏圜底器，而多平底器，甚至连大口尊也作平底"③。由于本地原本处于先商文化漳河型的分布地域，陶器群"同先商文化漳河型有不少共同之点，说明它同后者的直接继承关系"④。由于地缘原因，台西型"在铜器和建筑以及墓葬上又同北方地区的夏家店下层文化和光社文化有某些相似之处，正反映了台西型和后者之间的文化交流情况"⑤。

盘龙城型以湖北黄陂盘龙城为代表，分布范围"主要是在湖北省的偏东部长江沿岸一带。最西已达江陵地区；最东直到皖、鄂交界的英山。……分布面可能延及安徽省的西南部和江西省的

---

① 邹衡：《试论夏文化》，《夏商周考古学论文集》，文物出版社1980年版，第125页。
② 邹衡：《试论夏文化》，《夏商周考古学论文集》，文物出版社1980年版，第126页。
③ 邹衡：《试论夏文化》，《夏商周考古学论文集》，文物出版社1980年版，第126页。
④ 邹衡：《试论夏文化》，《夏商周考古学论文集》，文物出版社1980年版，第126页。
⑤ 邹衡：《试论夏文化》，《夏商周考古学论文集》，文物出版社1980年版，第126页。

西北部，东西跨度或可达七、八百里"①。盘龙城发现了数量较多的铜器墓，从侧面反映出盘龙城型具有非常发达的青铜铸造业，器类较齐全，时代特征最早的甗、簋、卣等器类皆发现于盘龙城遗址。盘龙城的"硬陶和原始瓷器占的比例比较大。……圜底盛储器远比二里冈型少，而厚胎粗陶器却特别发达"②。

京当型以陕西扶风白家窑水库陶器群和岐山京当铜器群为典型代表。京当型的青铜礼器和陶器也具有一定的地方特征，但由于当时资料有限，只能初步判断其"大概是从二里冈型中分化出来的"③。

考古学文化之下的类型，通常是大同小异。"早商文化四个类型之间的共性，大大地超过了其个性。……二里冈类型分布范围最广，内涵最丰富，其所反映的生产水平也最高，它在早商文化中所起的主导作用是显而易见的。……二里冈型所反映的是早商王朝直接控制区的文化面貌，而其他三个类型的所在地也许只是早商王朝在其边区设立的统治据点。在这些据点上所建立的政权，对于早商王朝来说，应该有其相对的独立性的。"④

晚商文化分期

邹衡先生将殷墟文化第二期至第四期界定为"晚商文化"，属

---

① 邹衡：《试论夏文化》，《夏商周考古学论文集》，文物出版社1980年版，第126—127页。
② 邹衡：《试论夏文化》，《夏商周考古学论文集》，文物出版社1980年版，第127—128页。
③ 邹衡：《试论夏文化》，《夏商周考古学论文集》，文物出版社1980年版，第129页。
④ 邹衡：《试论夏文化》，《夏商周考古学论文集》，文物出版社1980年版，第129页。

于商文化晚商期的第五段至第七段，各段又可各分为两组，"绝对年代约自武丁至武庚"①。这里所说的"武庚"，是商王帝辛（也就是通常所说的殷纣王）之子。商王朝随着商王帝辛的自焚而倾覆，根据《史记·殷本纪》的记载，周武王"封纣子武庚禄父，以续殷祀，令修行盘庚之政。殷民大说"。

殷墟文化第二期至第四期相当于邹衡先生所划分晚商文化的早、中、晚期②（图6-50）。晚商文化的陶鬲通常是翻缘、方唇，饰粗绳纹，主要的变化特征是形体由方体演变为扁体，裆部逐渐降低直至近平，锥足逐渐变矮小直至消失。晚商文化早期流行旋纹簋，中期开始流行三角划纹簋，晚期的三角划纹簋出现一定程度的简化。晚商文化的陶觚、爵通常仅见于墓葬之中，变化规律非常明显，即由大变小。

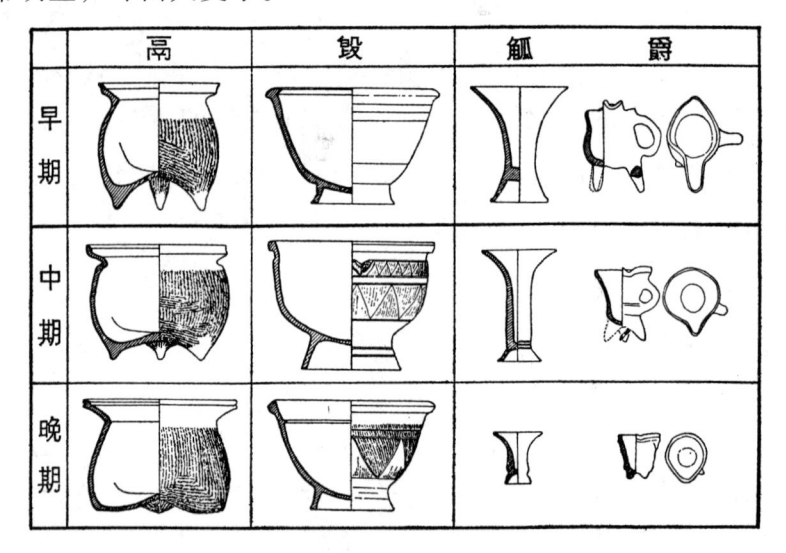

图6-50 殷墟商代后期陶器分期图表
（北京大学历史系考古教研室商周组，1979）

---

① 邹衡：《试论夏文化》，《夏商周考古学论文集》，文物出版社1980年版，第115页。
② 北京大学历史系考古教研室商周组：《商周考古》，文物出版社1979年版，第33—36页。

邹衡先生的商代青铜器分期具有开创意义（图 6 - 51）。"从北宋以来，金石学家们从未对商代铜器进行过分期研究，甚至连夏、商、周的铜器往往也分辨不甚清楚。近现代有的专攻铜器的学者干脆认为商代铜器不能分期。"① 通过十多年的钻探，邹衡先生终于找到了商代青铜器分期的研究方法，"这种方法仍然是属于考古学的，而且和陶器分期对应起来"②，以坚实的研究成果证实商代铜器并非不能分期。

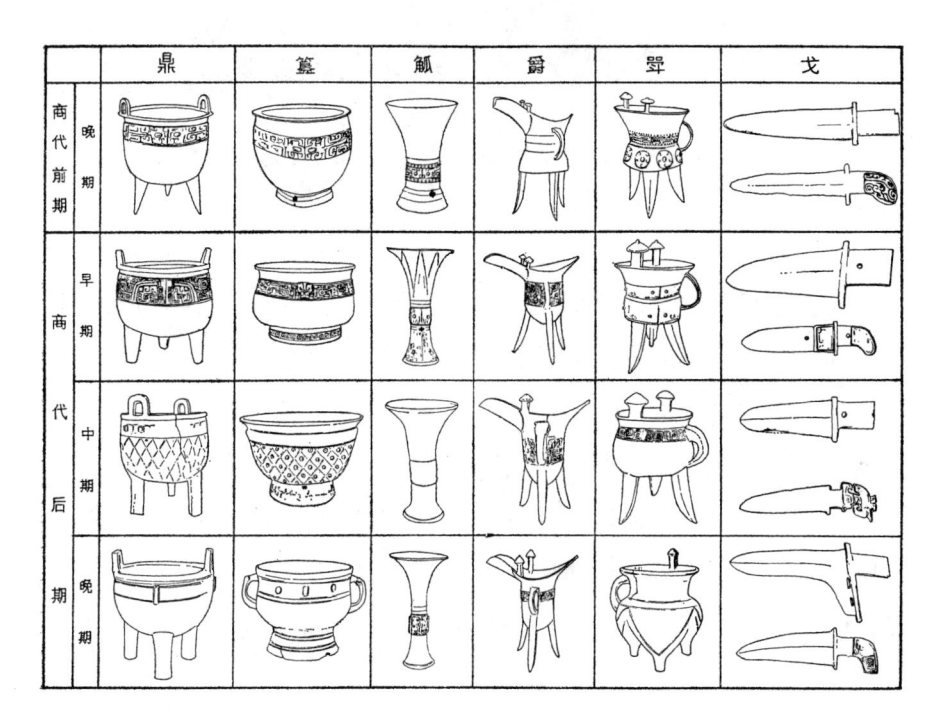

		鼎	簋	觚	爵	斝	戈
商代前期	晚期						
商代后期	早期						
	中期						
	晚期						

图 6 - 51　商代青铜器分期图表
（北京大学历史系考古教研室商周组，1979）

以商代青铜器最常见的兽面纹为例。早商文化的兽面纹的尾部多为上卷特征，而晚商文化的兽面纹尾部多为下卷特征（图 6 -

---

① 邹衡：《前言》，《夏商周考古学论文集（续集）》，科学出版社1998年版。
② 邹衡：《前言》，《夏商周考古学论文集（续集）》，科学出版社1998年版。

52），这是判断商代青铜器时代特征的重要标准之一。

图 6-52　早商文化和晚商文化的兽面纹对比
（北京大学历史系考古教研室商周组，1979）

根据殷墟遗址同层位出土甲骨卜辞、铜器铭文和其他文字资料，邹衡先生对殷墟文化第二期至第四期的绝对年代进行了估计[①]："殷墟文化第二期"大体相当于商王武丁、祖庚、祖甲在位时期；"殷墟文化第三期"大体相当于商王廪辛、康丁、武乙、文丁在位时期；"殷墟文化第四期"大体相当于商王帝乙、帝辛在位时期直至西周初年的武庚时期。

由于当时殷墟遗址以外的考古材料相对缺乏，邹衡先生并未对晚商文化划分地方类型。

[①] 邹衡：《试论殷墟文化分期》，《夏商周考古学论文集》，文物出版社1980年版，第83—87页；邹衡：《试论夏文化》，《夏商周考古学论文集》，文物出版社1980年版，第116页。

夏迹：夏文化的考古发现和历史地望

1959年夏，古史学家徐旭生先生踏访"夏墟"之行原本并未计划前往偃师。据高天麟先生回忆："徐老说，他本不想到偃师调查，但又觉得文献多处提到偃师为商汤西亳，故顺道作些调查。"① 根据东汉班固《汉书·地理志》的线索，徐旭生先生一行"由县文物干部高同志引导，寻找古亳遗址"②。当到达二里头遗址后，"在村南沿路沟两边，皆是灰层，转到村西南，当时的集体养猪场一带见到被翻起来的大片大片灰土，一种既不同于龙山文化，而与二里岗商文化也有一定差别的陶片俯拾即是，他们兴奋至极，预感到这或许与汤都西亳有一定联系"③。徐旭生先生随即指出，二里头遗址"在当时实为一大都会，为商汤都城的可能性很不小"④。二里头遗址与夏都的历史地位曾一度擦肩而过。

在1959—1977年的近二十年间，尽管有不少学者倾向于二里头遗址的偏早阶段可能相当于夏代，但并未展开具体讨论。随着二里头遗址一号基址的发掘，多数学者将目光集中在了这座"早

---

① 张立东、任飞编著：《手铲释天书：与夏文化探索者的对话》（高天麟先生访谈），大象出版社2001年版，第301页。
② 徐旭生：《1959年夏豫西调查"夏墟"的初步报告》，《考古》1959年第11期。
③ 张立东、任飞编著：《手铲释天书：与夏文化探索者的对话》（高天麟先生访谈），大象出版社2001年版，第301页。
④ 徐旭生：《1959年夏豫西调查"夏墟"的初步报告》，《考古》1959年第11期。

商宫殿"① 之上。直至 1977 年，邹衡先生在登封会议上通过长达六小时的学术发言，论述了二里头文化一至四期是夏文化的学术观点，二里头遗址才重新成为探索夏文化的重要对象。

1980 年出版的学术专著《夏商周考古学论文集》收录了邹衡先生的第三篇长文《试论夏文化》，对夏文化进行了全面系统的考古学论证，还在该书所收的第五篇长文《夏文化分布区域内有关夏人传说的地望考》中，"从历史地理的角度进一步验证考古学上的夏文化问题和夏王朝统治的范围"②。

二里头遗址分期和夏文化分期

在古史学家徐旭生先生赴豫西踏访"夏墟"后，偃师二里头遗址随即得到了高度重视，自此成为"中国科学院考古研究所的重点发掘地点之一"③。六十余年来，二里头遗址始终是考古研究所④的田野考古工作重点，所辖二里头工作队常年专职负责二里头遗址的考古发掘与研究工作（图 7-1；图版叁），是夏文化考古研究的中坚力量。

通过 1959 年秋季的考古试掘，在圪垱头村一带"找到了从龙山晚期到商代早期连续发展的三层文化堆积。……早期当属河南龙山文化晚期，但与常见的河南龙山文化还不能衔接起来，尚有

---

① 中国科学院考古研究所二里头工作队：《河南偃师二里头早商宫殿遗址发掘简报》，《考古》1974 年第 4 期。
② 邹衡：《夏文化分布区域内有关夏人传说的地望考》，《夏商周考古学论文集》，文物出版社 1980 年版，第 220 页。
③ 中国科学院考古研究所二里头工作队：《河南偃师二里头早商宫殿遗址发掘简报》，《考古》1974 年第 4 期。
④ 中国社会科学院成立于 1977 年，前身为中国科学院哲学社会科学部。考古研究所成立于 1950 年，原属中国科学院，1977 年改属中国社会科学院。

夏迹：夏文化的考古发现和历史地望

图 7-1　二里头工作队驻地

(作者拍摄，2010)

缺环；中期虽仅留有若干龙山文化因素，但基本上接近商文化；晚期则是洛达庙类型商文化"①（图 7-2）。

1960 年，二里头遗址发现了"第一号宫殿建筑基址"。通过大面积揭露，"台基上面的灰坑和灰层中出的陶器，比之于二里头遗址三期（即晚期，以下简称三期）的陶器有比较大的变化，和郑州二里岗期的陶器也有显著的区别"②（图 7-3），据此从过去的"晚期"中又分离出了相对年代更晚的"二里头遗址四期"，自此确立二里头遗址的四期分期方案。

---

① 中国科学院考古研究所洛阳发掘队：《1959 年河南偃师二里头试掘简报》，《考古》1961 年第 2 期。
② 中国科学院考古研究所二里头工作队：《河南偃师二里头早商宫殿遗址发掘简报》，《考古》1974 年第 4 期。

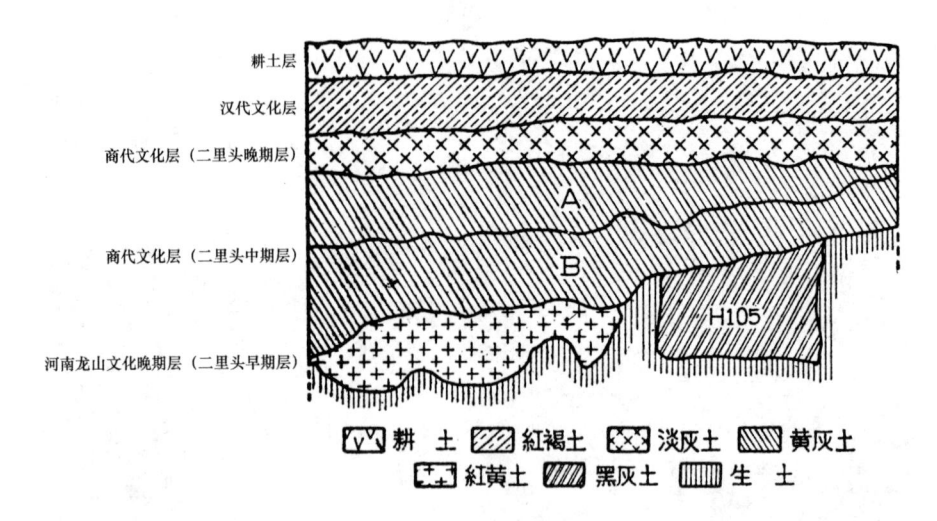

图 7-2 二里头遗址 YLⅡT102 南壁剖面

(中国科学院考古研究所，1961)

邹衡先生在《试论夏文化》中，以二里头遗址分期为基础，参照洛阳东干沟[1]、郑州上街[2]、临汝煤山[3]、渑池鹿寺[4]、陕县七里铺[5]等遗址的考古材料，将夏文化（二里头文化）分为两大期四小段（图 7-4）。

二里头文化拥有一套独具特色的陶器群，邹衡先生选取了扁足鼎、深腹罐、圆腹罐、盆（甑）、研磨器、豆、大口尊、罍、器盖等九种变化最为敏感的器类对夏文化分期进行了说明。

二里头文化最为常见的炊煮器是深腹罐和圆腹罐（图 7-5）。

---

[1] 中国科学院考古研究所洛阳发掘队：《1958 年洛阳东干沟遗址发掘报告》，《考古》1959 年第 10 期。

[2] 河南省文化局文物工作队：《郑州上街商代遗址的发掘》，《考古》1960 年第 6 期；河南省文化局文物工作队：《河南郑州上街商代遗址发掘报告》，《考古》1966 年第 1 期。

[3] 洛阳博物馆：《河南临汝煤山遗址调查与试掘》，《考古》1975 年第 5 期。

[4] 河南省文化局文物工作队：《河南渑池鹿寺商代遗址试掘简报》，《考古》1964 年第 9 期。

[5] 黄河水库考古工作队河南分队：《河南陕县七里铺商代遗址的发掘》，《考古学报》1960 年第 1 期。

深腹罐（夹砂中口罐）"犹如商文化中的陶鬲一样，乃是夏文化中最常见的一种炊器"①，二里头文化第二期至第四期的深腹罐皆流行圜底。圆腹罐（束颈小圆罐）"因为早期者口缘外往往有一周附

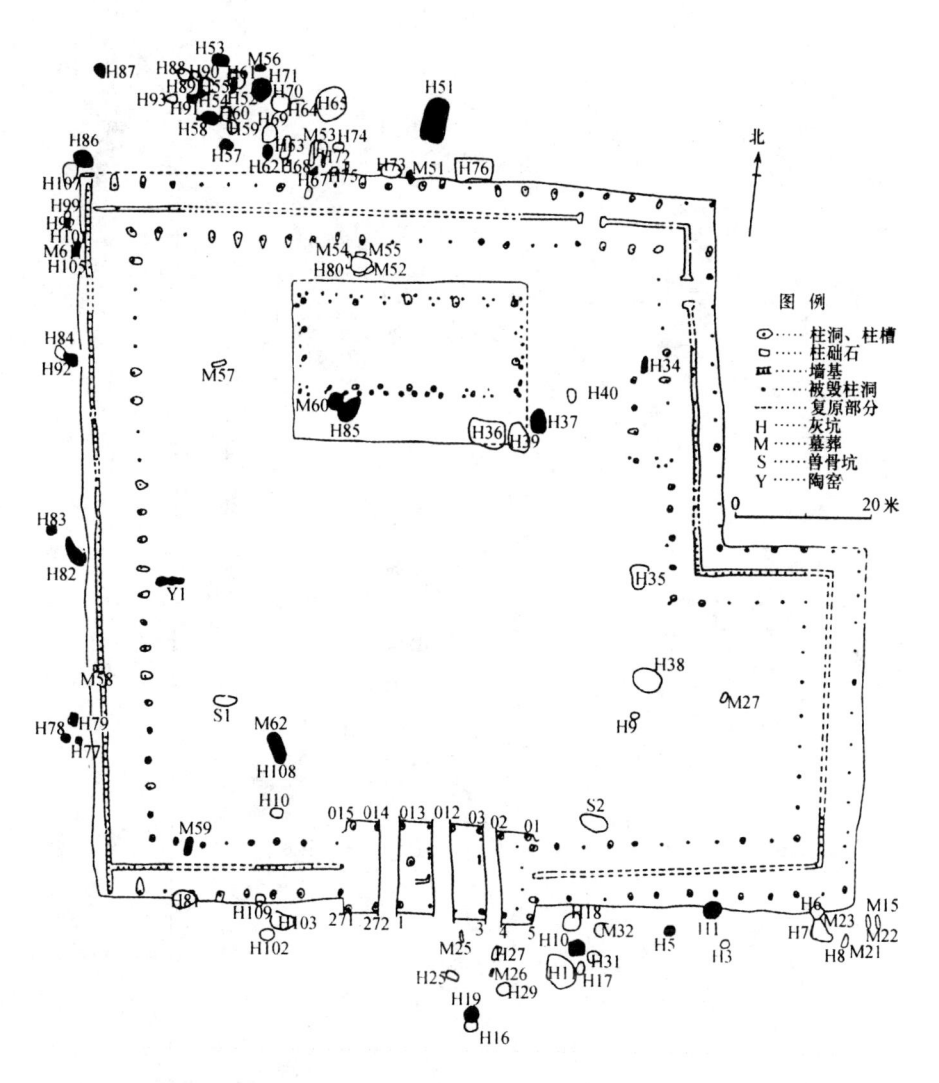

图 7-3　二里头遗址一号宫殿之上的二里头四期遗存

（杜金鹏，2005）

---

① 邹衡：《试论夏文化》，《夏商周考古学论文集》，文物出版社 1980 年版，第 131 页。

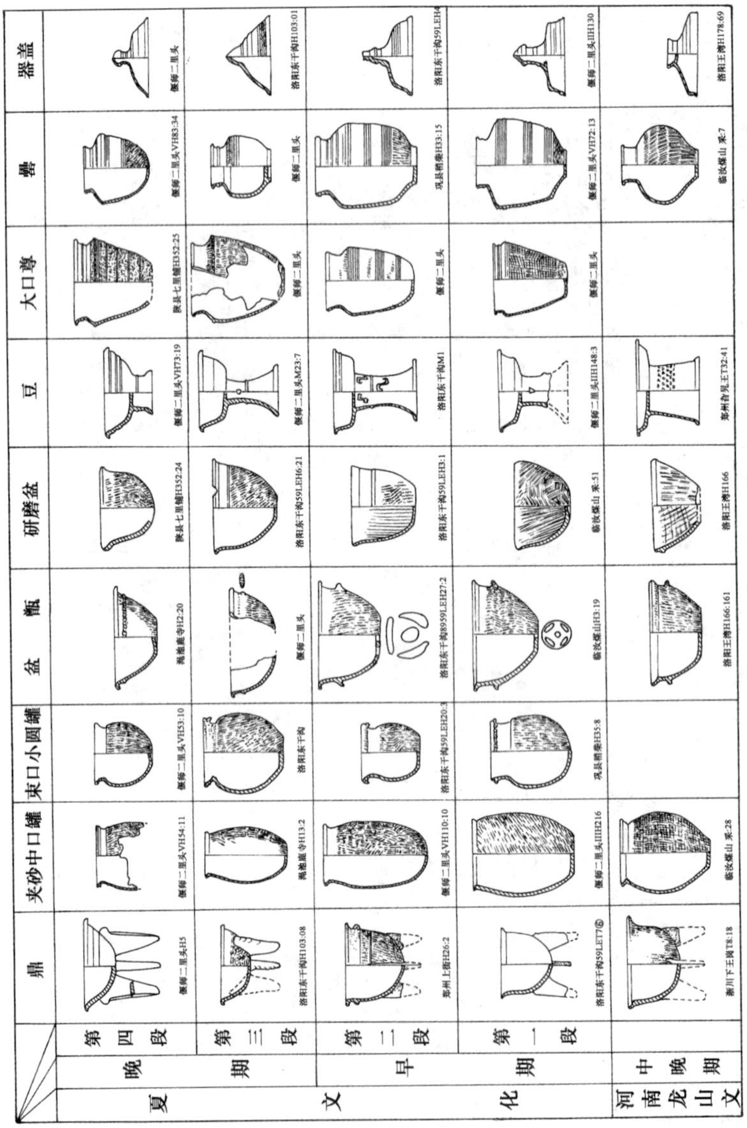

图 7-4 夏文化分期图表

（邹衡，1980）

加堆纹，或者捺上绳切纹，好像镶上了花边，我们在田野中常称之为花边小罐"①，花边口的圆腹罐主要流行于二里头文化第二期，也被称为"花边罐"。

图7-5 二里头文化深腹罐和圆腹罐
（中国社会科学院考古研究所，2014）

二里头文化的陶器具有一些非常鲜明的自身特色（图7-6）。除花边口沿特征外，还流行在扁足鼎的片足外侧用手指捏出成排的按窝，盆、甑类器之上常常附加"鸡冠鋬"（形似鸡冠的鋬手），还常见器表装饰密集成行的箍状堆纹。这些特征在二里冈文化中已基本被淘汰。

---

① 邹衡：《试论夏文化》，《夏商周考古学论文集》，文物出版社1980年版，第131—132页。

图 7-6　二里头文化特色陶器

（中国社会科学院考古研究所，1995、2014；中国科学院考古研究所，1961）

邹衡先生划分的夏文化第一段至第四段大体相当于二里头遗址一至四期，"第一、二段之间和第三、四段之间彼此交错的现象都较多，变化不十分显著；而第二、三段之间交错现象较少，变化比较显著。……再从铜器、玉器来看，第三、四段发现多，而第一、二段较少"[①]，"从二里头文化晚期第三段开始，绳纹陶和

---

① 邹衡：《试论夏文化》，《夏商周考古学论文集》，文物出版社1980年版，第133页。

圜底器大量增加；从二里头文化晚期第四段开始，陶鬲也比较多起来"①。因此，邹衡先生将夏文化第一段和第二段合并为夏文化早期，第三段和第四段合并为夏文化晚期。

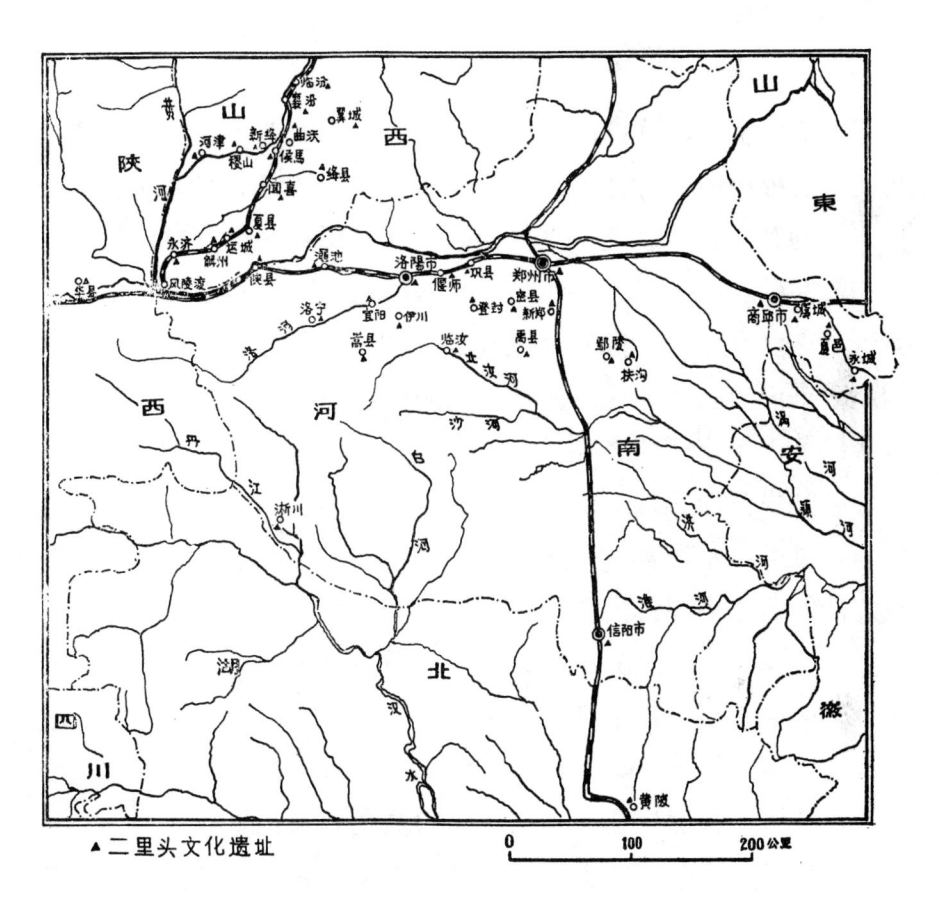

图 7-7 二里头文化遗址分布图
（北京大学历史系考古教研室商周组，1979）

二里头文化的主要分布地域在河南省中西部和山西省南部，这一范围与传世文献记载的夏王朝统治地域相符。在陕西东部、河南东部、南部和湖北境内也发现了二里头文化遗存。可见，二

---

① 邹衡：《试论夏文化》，《夏商周考古学论文集》，文物出版社 1980 年版，第 181 页。

里头文化是一支广域分布的考古学文化（图 7-7）。

有夏之居

邹衡先生通过对传世文献的梳理，指出豫西地区是有关夏人传说的主要区域，"大体来说，是以伊、洛、颍、汝四水为主，而以嵩山为其中心"①。这一区域恰好是《逸周书·度邑解》所说的"有夏之居"的范围，即中岳嵩山周邻地域，"北有黄河，南有伊、洛；北有太行（豫北）或霍山（晋南），南有三涂山。……围绕着洛阳的这一地区，是夏文化的中心分布区，尤其是偃师二里头（伊、洛交汇处之西不远）和巩县稍柴（伊、洛交汇处）两遗址，其规模都是纵横数里，且地近嵩山，正是所谓'洛汭'之地。可见考古发现和'有夏之居'的记载是能契合的。……'有夏之居'正是中国古代文明最重要的策源地"②（图 7-8）。

关于鲧、禹的传说和夏后启、孔甲、皋、桀等的史迹，均分布在"有夏之居"的范围内。

嵩山南麓的登封境内不仅发现了东周秦汉时期的阳城，"又在五渡河与颍河交汇处发现了一座龙山文化晚期的城堡。……为进一步探寻夏代甚至夏以前的都邑提供了极其重要的线索"③，这就是著名的登封王城岗遗址。④

---

① 邹衡：《夏文化分布区域内有关夏人传说的地望考》，《夏商周考古学论文集》，文物出版社 1980 年版，第 220 页。
② 邹衡：《夏文化分布区域内有关夏人传说的地望考》，《夏商周考古学论文集》，文物出版社 1980 年版，第 221 页。
③ 邹衡：《夏文化分布区域内有关夏人传说的地望考》，《夏商周考古学论文集》，文物出版社 1980 年版，第 224 页。
④ 河南省文物研究所、中国历史博物馆考古部：《登封王城岗与阳城》，文物出版社 1992 年版。

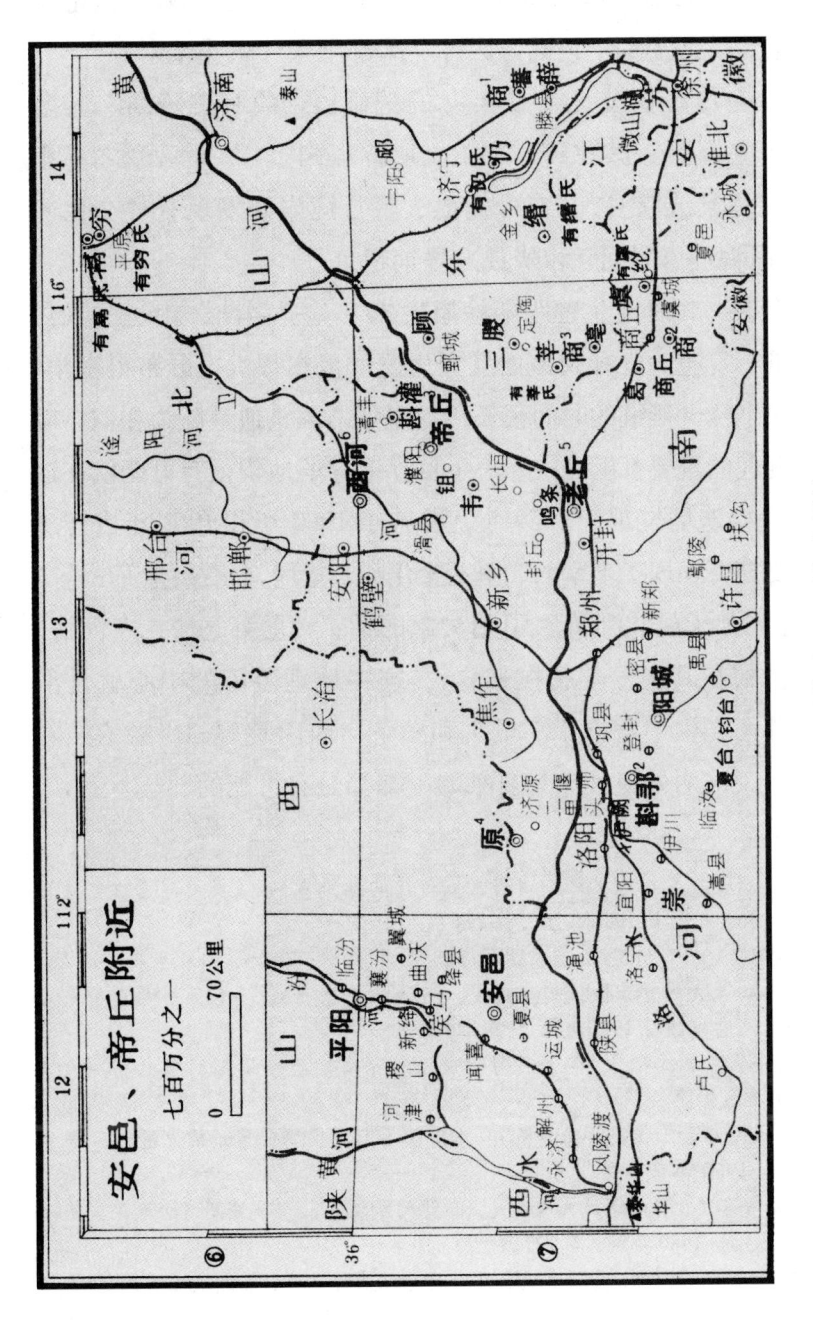

图 7-8 夏代中心区域及邻境
(谭其骧,1991)

登封邻境的禹县（今禹州市）"现已在吴湾发现大范围夏文化遗址，禹居阳翟之说，或可得到考古上的证明"①。禹州瓦店遗址发现了龙山晚期大型遗址，② 成为探讨"禹都阳翟"的重要对象。

根据《左传·僖公三十二年》的记载："殽有二陵焉。其南陵，夏后皋之墓也；其北陵，文王之所辟风雨也。"夏后皋之墓相传在河南渑池县或陕县，"在今渑池、陕县境内都发现有夏文化遗址"③，即渑池鹿寺遗址④和陕县七里铺遗址。⑤

1962年夏，邹衡先生曾跟随徐旭生先生对"洛汭"附近的巩县稍柴遗址进行复查，"看到该处夏文化遗址范围很大，分布很密集，文化堆积很丰富，延续的时间很长，与偃师二里头遗址颇为相似，应该同样是夏代的重要都邑之一。……夏都斟寻的地望很有可能就在这一带"⑥。稍柴遗址发现于1959年，并曾于1960年和1963年进行过两次考古发掘，发现了丰富的二里头文化和二里冈文化遗存。⑦

《史记·孙子吴起列传》引用吴起的话："夏桀之居，左河济，右泰华，伊阙在其南，羊肠在其北。"这一地理范围的中心就是洛阳盆地。邹衡先生"曾立于二里头和稍柴向西南眺望，伊阙依然隐约可见。……这两处遗址作为夏桀的王都都是有可能的"⑧。

---

① 邹衡：《夏文化分布区域内有关夏人传说的地望考》，《夏商周考古学论文集》，文物出版社1980年版，第224页。
② 河南省文物考古研究所：《禹州瓦店》，世界图书出版公司2004年版。
③ 邹衡：《夏文化分布区域内有关夏人传说的地望考》，《夏商周考古学论文集》，文物出版社1980年版，第228页。
④ 河南省文化局文物工作队：《河南渑池鹿寺商代遗址试掘简报》，《考古》1964年第9期。
⑤ 黄河水库考古工作队河南分队：《河南陕县七里铺商代遗址的发掘》，《考古学报》1960年第1期。
⑥ 邹衡：《夏文化分布区域内有关夏人传说的地望考》，《夏商周考古学论文集》，文物出版社1980年版，第227页。
⑦ 河南省文物研究所：《河南巩县稍柴遗址发掘报告》，《华夏考古》1993年第2期。
⑧ 邹衡：《夏文化分布区域内有关夏人传说的地望考》，《夏商周考古学论文集》，文物出版社1980年版，第229页。

昆吾之居

根据传世文献的记载，昆吾是祝融的后代，在夏桀时期是夏伯。根据《诗经·商颂·长发》所载商汤灭夏"韦顾既伐，昆吾夏桀"的作战路线和《史记·殷本纪》中"当是时，夏桀为虐政淫荒，而诸侯昆吾氏为乱。汤乃兴师率诸侯，伊尹从汤，汤自把钺以伐昆吾，遂伐桀"的记载，昆吾是灭夏之前的最后一道障碍。

邹衡先生通过对传世文献的梳理，认为昆吾应该在郑韩故城附近，并指出新郑孟家沟遗址、密县曲梁遗址特别值得注意："这两个夏属邑聚的存在，对成汤所居的亳城来说，无疑是很大的威胁。……成汤向西征夏，必先占领此二邑聚，可以说，这是入夏的门户，而与'韦顾既伐，昆吾夏桀'的作战路线也是正好相合的。"①

密县（今新密市）曲梁遗址在1988年被选为北京大学考古系商周组的本科毕业实习地点，发现了丰富的二里头文化和二里冈文化遗存。②

新郑孟家沟遗址就是考古界熟知的新郑望京楼遗址。望京楼遗址曾于1964年出土二里头文化青铜爵（图7-9）和二里冈文化大型铜钺，③ 1974年再次发现青铜容器和玉器，④ 引起了考古学界的重点关注。

---

① 邹衡：《夏文化分布区域内有关夏人传说的地望考》，《夏商周考古学论文集》，文物出版社1980年版，第232页。
② 北京大学考古文博学院：《河南新密曲梁遗址1988年春发掘报告》，《考古学报》2003年第1期。
③ 邹衡：《夏文化分布区域内有关夏人传说的地望考》，《夏商周考古学论文集》，文物出版社1980年版，第231页。
④ 新郑县文化馆：《新郑望京楼出土一批商代铜器和玉器》，《中原文物》1980年第1期；新郑县文化馆：《河南新郑县望京楼出土的铜器和玉器》，《考古》1981年第6期。

图 7-9　新郑望京楼遗址出土二里头文化青铜爵
（中国青铜器全集编辑委员会，1996）

1996 年，河南省文物考古研究所对望京楼遗址开展了小规模考古发掘，"邹衡先生曾现场考察遗址，认为此地应该有城址，可能与夏代方国昆吾有关，并提醒发掘人员注意寻找城墙，让以上发现的高规格青铜、玉器有一个归属"①。2010—2012 年，郑州市文物考古研究院通过大规模的考古发掘，果然在望京楼遗址发现了城址，②表明这是一处重要的夏商时期城邑，荣获 2010 年度全国十大考古发现。

---

① 郑州市文物考古研究院：《新郑望京楼：2010—2012 年田野考古发掘报告》，科学出版社 2016 年版，第 9 页。
② 郑州市文物考古研究院：《新郑望京楼：2010—2012 年田野考古发掘报告》，科学出版社 2016 年版。

夏文化二里头型

二里头类型是二里头文化的主体，是分布范围最广的一个类型。邹衡先生将其称为夏文化二里头型，以偃师二里头遗址为典型代表。二里头型的分布范围"主要在河南省黄河以南地区；其西延及陕西省东部，其南或已至湖北省东部长江以北地区，最东可能达到安徽省西边，纵横均约千里左右……而以伊、洛、颍、汝四流域为其中心"①。这一地区"不仅是夏人活动的大本营，而且是夏王朝统治的中心地区，夏王朝建都在此是没有什么问题的"②。

二里头文化属于青铜文化，镶嵌绿松石铜牌饰在二里头文化第二期已出现。1981年，在二里头遗址Ⅴ区发掘的M4出土了一件目前所知年代最早的青铜牌饰81YLⅤM4：5③（图7－10）。这件牌饰由青铜铸造框架结构，再将绿松石按照兽面纹的形状粘嵌于其上，做工巧妙，造型精致，是中国早期青铜艺术的精品之作。

进入二里头文化第三期，出现了迄今最早的青铜容器——爵。1973年，在二里头遗址一号宫殿基址西北约150米处发现1件青铜爵（图7－11），根据随后的考古发掘判断其属于二里头文化第三期。"在宫殿遗址西北不远出土的铜爵，是我国迄今发掘出土的最早的一件青铜容器"④，也是二里头遗址首次发现的

---

① 邹衡：《试论夏文化》，《夏商周考古学论文集》，文物出版社1980年版，第133—134页。
② 邹衡：《夏文化分布区域内有关夏人传说的地望考》，《夏商周考古学论文集》，文物出版社1980年版，第250页。
③ 中国社会科学院考古研究所二里头工作队：《1981年河南偃师二里头墓葬发掘简报》，《考古》1984年第1期。
④ 中国科学院考古研究所二里头工作队：《河南偃师二里头遗址三、八区发掘简报》，《考古》1975年第5期。

图 7-10　二里头遗址出土青铜牌饰

(中国社会科学院考古研究所，2010)

青铜容器。

在随后的 1974 年和 1975 年，二里头遗址又先后发现了 4 件青铜爵，① 其中 1975 年四角楼村民取土发现的一件铜爵（图 7-

---

① 中国科学院考古研究所二里头工作队：《河南偃师二里头遗址三、八区发掘简报》，《考古》1975 年第 5 期；中国科学院考古研究所二里头工作队：《偃师二里头遗址新发现的铜器和玉器》，《考古》1976 年第 4 期；偃师县文化馆：《二里头遗址出土的铜器和玉器》，《考古》1978 年第 4 期。

图 7 - 11 二里头遗址出土的第一件青铜爵
（中国青铜器全集编辑委员会，1996）

12），通高 22.5 厘米，由流至尾的横向长度达 31.5 厘米，① 是二里头文化青铜爵的精品之作。

二里头遗址出土青铜酒器数量最多的是爵，此外还发现了铜盉②和铜斝③（图 7 - 13）。至二里头文化第四期，已步入初步繁荣的青铜文化发展阶段。

---

① 偃师县文化馆：《二里头遗址出土的铜器和玉器》，《考古》1978 年第 4 期。
② 中国社会科学院考古研究所：《考古精华——中国社会科学院考古研究所建所四十周年纪念》，科学出版社 1993 年版。
③ 中国社会科学院考古研究所二里头工作队：《1984 年秋河南偃师二里头遗址发现的几座墓葬》，《考古》1986 年第 4 期。

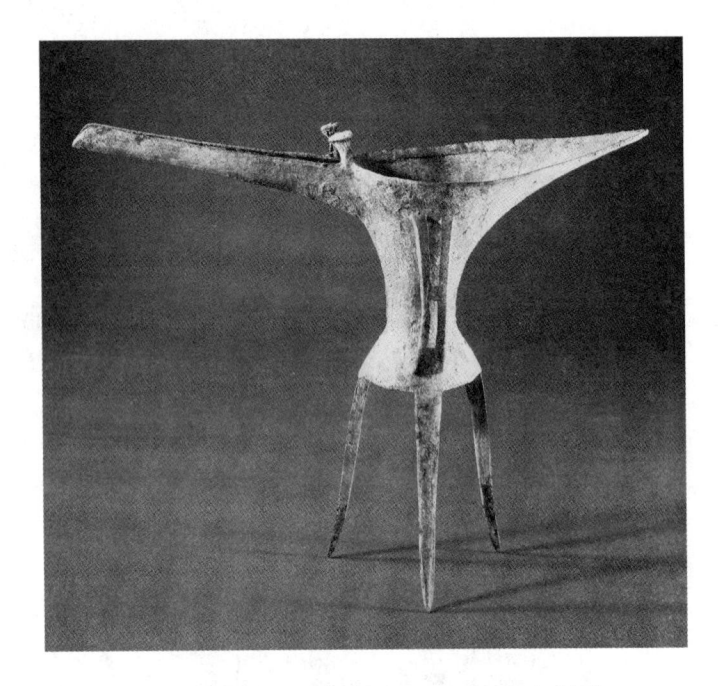

图 7-12　二里头遗址 1975 年出土铜爵
(中国青铜器全集编辑委员会，1996)

图 7-13　二里头遗址出土铜盉和铜斝
(中国社会科学院考古研究所，1993)

根据二里头遗址铸铜作坊出土的纹饰陶范①（图 7 - 14），可知二里头文化的青铜铸造水平远高于我们目前所见的考古发掘品。

图 7 - 14 二里头遗址出土陶范
（廉海萍等，2011）

夏墟

黄河是山西和陕西两省的界河。山西在南流黄河的东岸，因此也被称为"河东"。秦晋两省间南流黄河峡谷的出口位于山西省河津市西北，相传是大禹开凿，因此被称为"禹门口"（图 7 - 15；图版陆）。黄河自此进入广阔的平原地带，河道由窄变宽。南流黄河至风陵渡向东折去，又成为山西、河南两省的界河。

《左传·定公四年》提及"分唐叔以大路、密须之鼓、阙巩、沽洗，怀姓九宗，职官五正。命以《唐诰》而封于夏虚，启以夏政，疆以戎索"。《史记·吴太伯世家》又说："是时周武王克殷，求太伯、仲雍之后，得周章。周章已君吴，因而封之。乃封周章弟虞仲于周之北故夏虚，是为虞仲，列为诸侯。"传世文献中两次

---

① 廉海萍、谭德睿、郑光：《二里头遗址铸铜技术研究》，《考古学报》2011 年第 4 期。

图 7-15　"禹门口"附近地理景观

（Google Earth，2020）

提及的"夏墟"均位于黄河两面环绕的晋西南地区，"所谓的'夏墟'，大概同'殷墟'一样，不一定专指某一地点，而是指某一地区"①，"而以山西省西南部的涑水和汾水下游为其中心"②。

关于唐叔的始封地，《史记·晋世家》记载的是"唐在河、汾之东，方百里"。邹衡先生通过文献考证和考古调查发掘，证实山西省翼城县和绛县交界处的天马—曲村遗址是西周晋国都邑之所在。③

西周晋国都邑地望的确定，为寻找"夏墟"提供了重要的前提基础，"解放以来在临汾、翼城、襄汾、绛县、新绛、曲沃、侯

---

① 邹衡：《夏文化分布区域内有关夏人传说的地望考》，《夏商周考古学论文集》，文物出版社1980年版，第236页。
② 邹衡：《夏文化分布区域内有关夏人传说的地望考》，《夏商周考古学论文集》，文物出版社1980年版，第234页。
③ 北京大学考古学系商周组、山西省考古研究所编著，邹衡主编：《天马—曲村：1980—1989》，科学出版社2000年版。

马等地,都发现了夏文化遗址,直接说明了夏人在这一地区活动的情况。看来,这里属于夏墟的范围是不会有什么疑问了"①。尽管晋南地区并未发现二里头文化的都邑级聚落,但"由于传说较多,夏文化遗址分布也比较普遍,可以确定这里至少是夏王朝的重要统治区"②。

夏文化东下冯型

邹衡先生划分的夏文化东下冯型,以山西夏县东下冯遗址为典型代表,其分布范围主要在山西省西南部(图7-16)。自1959年起,中国科学院考古研究所山西工作队"在涑水流域和盐池、伍姓湖周围、汾河下游和它的支流浍河、滏河流域,做过较为详细的调查,共发现古文化遗址三百多处,其中属于'二里头文化'的遗址有35处"③,其中最为典型的遗址就是夏县东下冯遗址。

邹衡先生根据1980年之前所见东下冯遗址的考古发掘材料,将该遗址的分期与夏文化(二里头型)的分期进行了对应:"第一期约相当于二里头型夏文化早期第二段偏晚;第二、三期约相当于二里头型夏文化晚期第三、四段。……就是说,东下冯夏商文化第一至三期属于夏文化。"④

夏文化东下冯型与二里头型存在一定的差异(图7-17)。如

---

① 邹衡:《夏文化分布区域内有关夏人传说的地望考》,《夏商周考古学论文集》,文物出版社1980年版,第236页。
② 邹衡:《夏文化分布区域内有关夏人传说的地望考》,《夏商周考古学论文集》,文物出版社1980年版,第251页。
③ 中国社会科学院考古研究所山西工作队:《晋南二里头文化遗址的调查与试掘》,《考古》1980年第3期。
④ 邹衡:《试论夏文化》,《夏商周考古学论文集》,文物出版社1980年版,第136页。

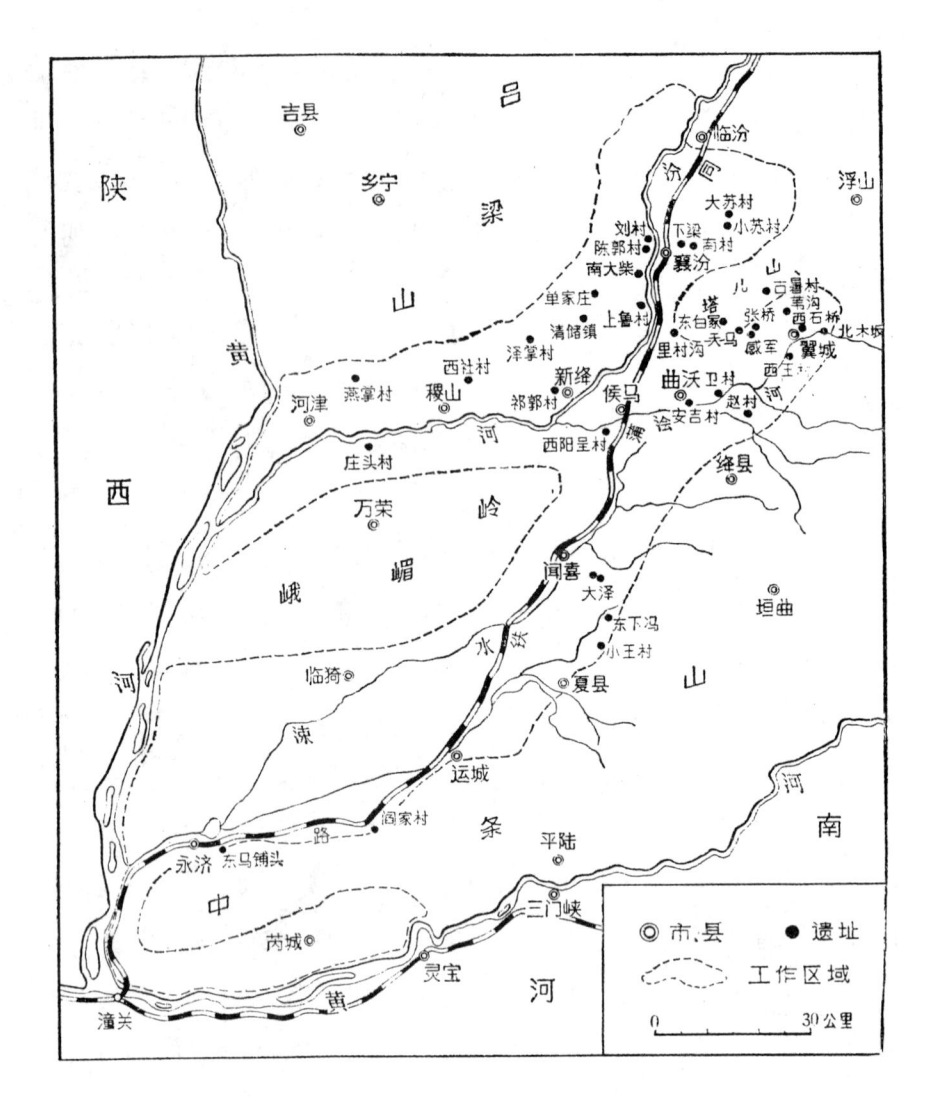

图 7-16 晋南二里头遗址分布
(中国社会科学院考古研究所山西工作队,1980)

东下冯型的炊煮器包括陶鬲、甗,但陶鬲在二里头型中并非主流,且罕见甗;又如东下冯型常见三足瓮,而二里头型则罕见。但总体而言,"两者的陶器群相同的是主要的,区别是次要的"①。

---

① 邹衡:《试论夏文化》,《夏商周考古学论文集》,文物出版社 1980 年版,第 137 页。

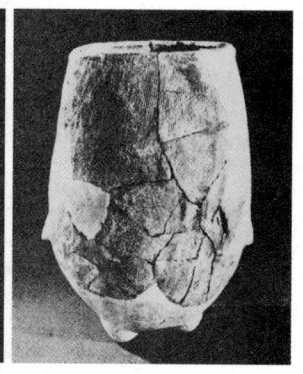

图 7-17　东下冯遗址出土陶鬲、甗和三足瓮
（中国社会科学院考古研究所等，1988）

覃怀

豫西北的黄河以北、太行山以南和沁水以西的区域，在《尚书·禹贡》中被称为"覃怀"。这片区域向南与洛阳盆地隔河相望，向西北与晋西南地区相通。古本《竹书纪年》所载"帝宁居原"的"原"，便被认为是济源市的西关汽车站—庙街遗址。①

刘绪先生通过对卫怀地区的考古调查和修武李固、武陟赵庄、温县北平皋等遗址的考古发掘，指出大体以沁河为界，沁河西南是二里头文化的分布区，沁河东北是"李固—潞王坟类型"的分布区②（图7-18）。这表明"覃怀"地区属于二里头文化分布区。

---

① 杨肇清：《原城考》，《河南省文物考古论文集》，河南人民出版社1996年版；陈彦堂：《原城遗址的发掘与夏都原城》，《中国文物报》1999年11月10日；杨贵金、齐文举：《关于原城的新发现及研究》，《焦作工学院学报》（社会科学版）2001年第2卷第3期。
② 刘绪：《论卫怀地区的夏商文化》，《纪念北京大学考古专业三十周年论文集1952—1982》，文物出版社1990年版。

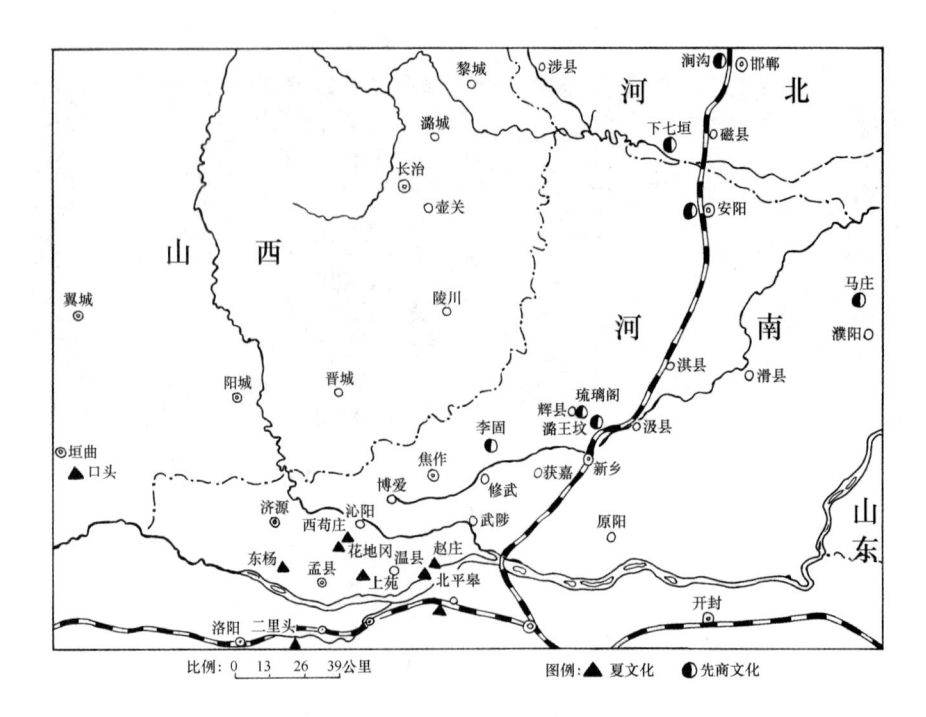

图 7-18　卫怀地区夏商文化遗址分布示意图

(刘绪，1990)

豫东的二里头文化

河南郑州处于邙山余脉的终结处，从郑州以东是一望无际的低地平原。古本《竹书纪年》有"帝宁居原，自原迁于老邱"的记载，"老邱"被认为在今开封县的陈留镇北。

开封地区也是西周初年安置夏代遗裔的杞国之所在。《列子》记载了一则很有名的故事——杞人忧天。这个故事讲的是杞国有人担心"天崩地坠"，实际上是没有必要担心的事情。这个杞国就在如今的豫东杞县。

《史记·陈杞世家》记载："杞东楼公者，夏后禹之后苗裔也。殷时或封或绝。周武王克殷纣，求禹之后，得东楼公，封之于杞，以奉夏后氏祀。"这个杞国尽管延续的是夏后氏的香火，但在周代诸国之中实在是太不起眼了，司马迁对于杞国的记载仅有一个粗疏的世系，还总结道："杞小微，其事不足称述。"《论语》同样记载了孔夫子的话："夏礼，吾能言之，杞不足征也。殷礼吾能言之，宋不足征也。文献不足故也，足则吾能征之矣。"

虽说文献不足征，但可以通过考古工作在杞县寻找夏文化。为何要将夏后氏的后裔分封于杞，自然是考古界关心的热点。郑州大学考古专业在20世纪80年代末至90年代初在杞县展开了一系列的考古工作，在杞县牛角岗[①]、朱岗[②]、段岗[③]等遗址发现了丰富的二里头文化遗存。特别是牛角岗遗址出土深腹罐的器表饰坑窝纹独具地方特色，是龙山文化方格纹的后续变体。二里头遗址也曾发现相同风格的坑窝纹深腹罐（图7-19），暗示两地存在地域间的文化交流。西周初年将东楼公安置于杞"以奉夏后氏祀"，或许有着一定的历史渊源。

从杞县所属的开封市再向东，就是现在的商丘市。这里在西周初年是安置殷商遗裔所分封的宋国，也是传说中商人在建国前的"商丘"之所在。"丘"者，"墟"也。言"商丘"，犹如言"商墟"。既然是"商丘"，本应是商人的核心地域，而非夏人的活动地域。但古本《竹书纪年》有"帝相即位，处商丘"的记载，也就是说夏后相曾经居于商丘。

根据西晋皇甫谧和《史记·殷本纪》正义的说法，商汤自"南亳"迁往"西亳"，那么"西亳"（二里头遗址）的"商文化"（二里头三、四期遗存）应当来自豫东地区的"南亳"。

---

① 郑州大学历史系考古专业、开封市博物馆考古部、杞县文物保管所：《河南杞县牛角岗遗址试掘简报》，《华夏考古》1994年第2期。
② 郑州大学考古专业、开封市博物馆、杞县文物保管所：《河南杞县朱岗遗址试掘报告》，《华夏考古》1992年第1期。
③ 郑州大学文博学院、开封市文物工作队：《豫东杞县发掘报告》，科学出版社2000年版。

稽古夏朝：解读《试论夏文化》

图 7-19　牛角岗和二里头遗址出土坑窝纹深腹罐
（郑州大学历史系考古专业，1994；中国社会科学院考古研究所，1995）

1977年，中国社会科学院考古研究所河南二队为了寻找二里头三、四期遗存的来源，曾在传世文献记载"南亳"所在的商丘县坞墙集进行考古发掘，发现了"二里头文化一期"陶器。① 天津博物馆藏的一件二里头文化青铜爵（图7-20），也据传出自商丘。

1978年，中国社会科学院考古研究所河南二队将工作重心转移至周口地区。出人意料地发现，周口地区简直是"未经考古发掘的一处地下文化宝库"②。在当年5月23日至6月9日的很短时间内，考古调查共发现了16处二里头文化遗址（图7-21），年

---

① 商丘地区文物管理委员会、中国社会科学院考古研究所河南二队：《河南商丘县坞墙遗址试掘简报》，《考古》1983年第2期。
② 中国社会科学院考古研究所河南二队、河南省周口地区文物管理委员会：《河南周口地区考古调查简报》，《考古学集刊》第4集，中国社会科学出版社1984年版。

图 7-20　天津博物馆藏传出商丘的二里头文化铜爵
（中国青铜器全集编辑委员会，1996）

代跨越二里头一期至三期。这表明周口地区是二里头文化的重要分布地域之一。

开封、商丘和周口等地的考古发现表明，豫东地区"有关夏人活动的传说虽不甚多，但有夏文化遗址的分布，应该属于夏王朝的统治地域"[①]。

---

① 邹衡：《夏文化分布区域内有关夏人传说的地望考》，《夏商周考古学论文集》，文物出版社1980年版，第251页。

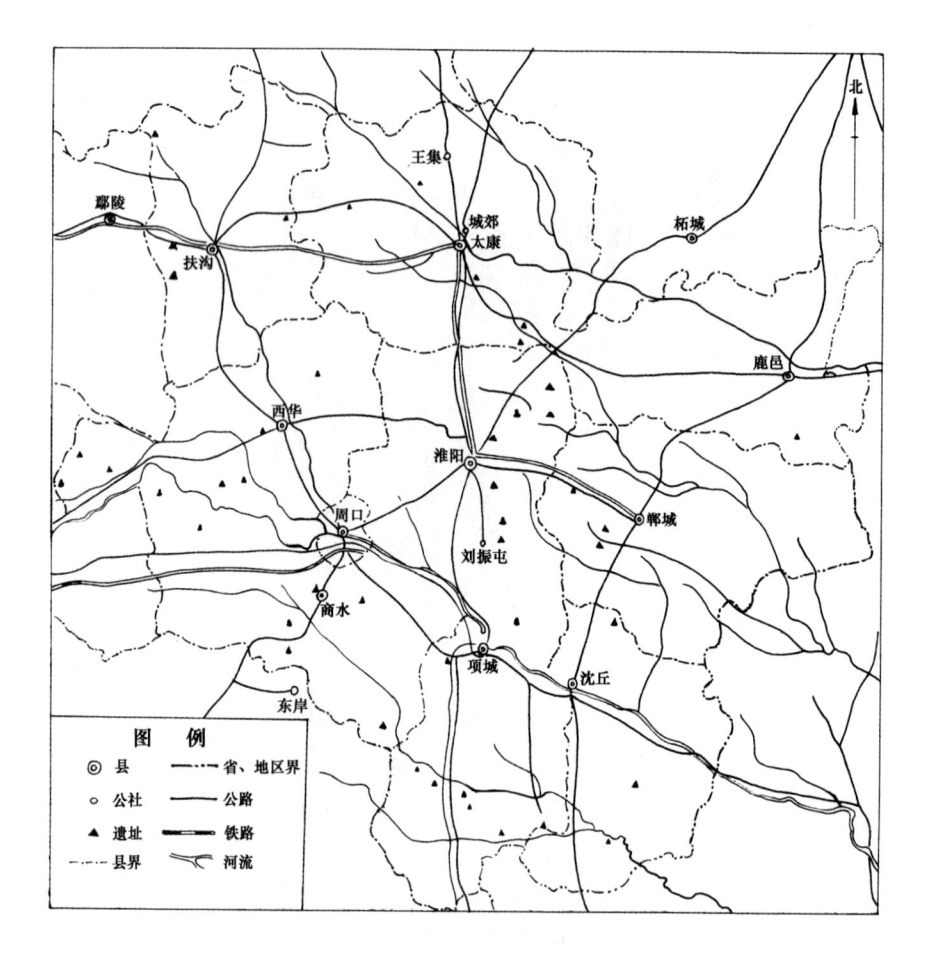

图 7-21　周口地区古文化遗址分布

（中国社会科学院考古研究所河南二队等，1984）

安徽与夏文化探索

周口地区处于淮河诸支流的上游，顺流而下很容易到达安徽江淮地区，这里已不是二里头文化的分布地域。

1982年，北京大学考古学系为安排79级部分学生毕业实习，与安徽省文物工作队合作，在霍邱、六安和寿县展开考古调查和试掘工作，初步建立当地先秦时期考古学文化发展序列。① 通过对寿县斗鸡台遗址的发掘，确定当地在相当于二里头文化时期分布着一支面貌独特的考古学文化，"斗鸡台文化以当地文化因素为主，而深受岳石文化影响，并吸收了一些二里头文化因素的早期青铜文化"②。

图 7-22　安徽肥西出土二里头文化青铜斝和铃
（安徽大学等，2014）

尽管并不属于二里头文化分布范围，安徽江淮地区确曾受到二里头文化较为强烈的影响，不仅在陶器群面貌上体现出鲜明的二里头文化因素，更在二里头文化分布区以外罕见地发现了二里头文化特征的青铜礼器。1972 年，安徽肥西县大墩孜遗址曾发

---

① 北京大学考古系商周组、安徽省文物工作队：《安徽省霍邱、六安、寿县考古调查试掘报告》，《考古学研究（三）》，科学出版社 1997 年版。
② 王迅：《东夷文化与淮夷文化研究》，北京大学出版社 1994 年版。

现 2 件青铜斝和 1 件青铜铃①（图 7-22）。近年来，为了配合引江济淮工程，考古工作者在肥西三官庙遗址又发现了重要的文化遗存，②再次表明安徽肥西附近具有非常重要的历史地位。

邹衡先生曾指出："讨论夏文化，安徽应占有一定的地位。……夏文化从广义上讲是夏族本身和四方各部落共同创造的文化。……有关夏朝的轶事，非常有趣，一头一尾都在安徽。一头传说，即禹娶涂山女；一尾传说即夏桀放于南巢。"③

关于涂山，邹衡先生指出："涂山即汉之当涂在今怀远县境，恰在淮河边。沿淮河上溯就到了河南，也就是夏文化探讨的中心地区——登封县境、或伊洛平原。淮河有许多支流都在河南，古人多据水流域活动的。这样把两者联系在一起，不能说没有一点依据。……涂山之说，多少与夏是有联系的。"④ 通过考古发掘，在涂山脚下的禹会村遗址发现了龙山时代的重要文化遗存。⑤

关于南巢，邹衡先生指出："南巢这个地方在安徽无可争议。南巢不是一个地点，也许是一个很大的范围，巢县属于南巢这个大范围也有可能。……桀亡南巢的传说确有其事吗？就我个人意

---

① 安徽省博物馆：《遵循毛主席的指示，做好文物博物馆工作》，《文物》1978 年第 8 期；李朝远：《关于二里头文化的青铜斝——从上博藏一件青铜残斝谈及相关问题》，《二里头遗址与二里头文化研究：中国·二里头遗址与二里头文化国际学术研讨会论文集》，科学出版社 2006 年版；安徽大学、安徽省社会科学院、安徽省文物考古研究所：《安徽江淮地区商周青铜器》，文物出版社 2014 年版。
② 秦让平：《安徽肥西三官庙遗址发现二里头时期遗存》，《中国文物报》2019 年 8 月 23 日第 8 版；秦让平、陈小春、张永新：《安徽肥西三官庙遗址二里头时期遗存》，《2019 中国重要考古发现》，文物出版社 2020 年版。
③ 邹衡：《大城墩遗址与江淮地区的古代历史的关系》，《安徽省考古学会会刊》第八辑，1984 年。
④ 邹衡：《大城墩遗址与江淮地区的古代历史的关系》，《安徽省考古学会会刊》第八辑，1984 年。
⑤ 中国社会科学院考古研究所、安徽省蚌埠市博物馆：《蚌埠禹会村》，科学出版社 2013 年版。

见,这种传说不应被否定。夏桀打败后,沿着淮水支流逃到安徽是有可能。安徽虽不是夏朝的大本营,但夏王朝与这里有着密切的关系,所以桀就跑来了。"①

---

① 邹衡:《大城墩遗址与江淮地区的古代历史的关系》,《安徽省考古学会会刊》第八辑,1984年。

比较：夏文化与商文化的区分

古史学家徐旭生先生在赴豫西调查"夏墟"之前，曾对传世文献进行系统梳理，① 并提出了探索夏文化的重要方法论——用文化间的同异来做比较。② 邹衡先生指出："夏文化在考古学上的确定，是从年代明确、特征显著的商文化中比较出来的。我们认为，只有用这个比较法，才能找出夏文化来。"③

在对商文化和夏文化分期和类型划分的基础上，邹衡先生从年代、分布地域、文化特征、文化来源和社会发展阶段五个方面，对夏文化和商文化展开了细致的比较。

年代的不同

考古学研究的基础是年代分期。如果相对年代不清楚，便有可能闹出"关公战秦琼"的笑话。

通过文化内涵的对比，商文化先商期第一段第Ⅰ组大体相当于夏文化晚期第三、四段之间（即二里头文化第三、四期之际），商文化先商期第一段第Ⅱ组大体相当于夏文化第四段（即二里头

---

① 徐旭生：《中国古史的传说时代（增订本）》，科学出版社1960年版。
② 徐旭生：《1959年夏豫西调查"夏墟"的初步报告》，《考古》1959年第11期。
③ 邹衡：《试论夏文化》，《夏商周考古学论文集》，文物出版社1980年版，第180页。

文化第四期)(图 8-1)。这表明，先商文化和夏文化"曾经是同时并行发展的"①。

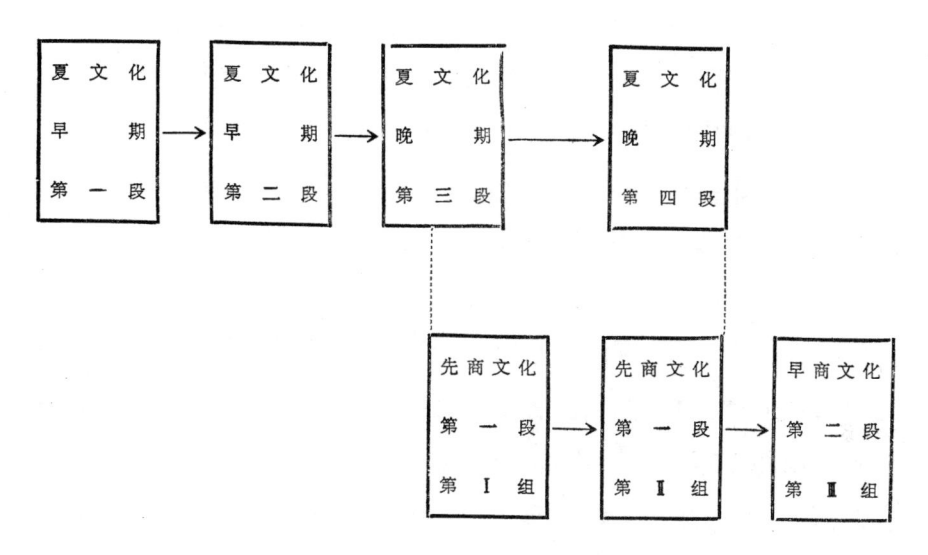

图 8-1　夏文化与商文化的相对年代顺序
(邹衡，1980)

当豫西和晋南的夏文化进入晚期之时，冀西南地区的先商文化已经兴起，并以步步为营之势向黄河南岸进发。"夏文化和商文化在年代上的这种相互交错而又相互衔接的现象，正好是历史文献所载夏商两族相互消长和夏商两朝相互交替的反映。"②

分布地域的不同

夏文化与先商文化并行发展的格局，缘自两者分别处在不同

---

① 邹衡：《试论夏文化》，《夏商周考古学论文集》，文物出版社1980年版，第138页。
② 邹衡：《试论夏文化》，《夏商周考古学论文集》，文物出版社1980年版，第138页。

的文化分布地域。

夏文化的主要分布地域是豫西、晋南和豫东地区。先商文化的分布地域远小于夏文化，主要分布地域在太行山东麓的冀西南地区，直至先商文化的最晚阶段才抵达黄河南岸。太行山东麓地区在传世文献中也罕见关于夏人的传说，"尤其是在漳河及其以北，根本找不到有关夏人的记载。……这就清楚地说明，先商文化的分布地域，不是夏人活动的范围，而是商人的老家"[①]。

《吕氏春秋》记载了商汤灭夏之后，"尽有夏商之民，尽有夏商之地，尽有夏商之财"。在考古学文化的格局上看，二里冈文化的分布地域"大体包括了今天河北省中南部、山东省大部、河南全省、山西省东部与西南部、陕西省西南部、湖北省大部及湖南省北部、江西省西北部和安徽省西部"[②]。不仅完全覆盖了原先的二里头文化分布区，还向外大范围拓展，"其版图之大，已远非夏王朝可比"[③]。《诗经·商颂·殷武》所形容的"商邑翼翼，四方之极"，正是商王朝广阔地域的真实写照。

先商文化与夏文化的特征比较

邹衡先生指出，夏文化和商文化"二者泾渭分明，断然是两种不同的文化"[④]（图8-2）。

[①] 邹衡：《试论夏文化》，《夏商周考古学论文集》，文物出版社1980年版，第139页。
[②] 邹衡：《试论夏文化》，《夏商周考古学论文集》，文物出版社1980年版，第140页。
[③] 邹衡：《试论夏文化》，《夏商周考古学论文集》，文物出版社1980年版，第140页。
[④] 邹衡：《试论夏文化》，《夏商周考古学论文集》，文物出版社1980年版，第140页。

文化性质	类型	主要文化特征			
		灰坑	炊器	盛储器	成套酒器
夏	二里头	以浅穴为主，四期出现深窖	少鬲少甗	早期多平底，晚期多圜底，多瓦足皿	盉、爵、封口盉、斝极少见
	东下冯	以窖形为特征，晚期出现深窖	有鬲多甗	平底圜底并存，有瓦足皿	盉(?)、爵、封口盉、斝少见
先商	漳河	锅底形与深窖并存	多鬲多甗	几乎都是平底，无瓦足皿	盉(?)、爵、斝、无封口盉
	辉卫	以深窖为主	多鬲多甗	平底圜底共存，无瓦足皿	盉、爵、斝、无封口盉
	南关外	以深窖为主	多鬲多甗	平底圜底共存，无瓦足皿	盉、爵、斝、无封口盉
早商	二里岗	以深窖为主	多鬲多甗	少平底而多圜底，无瓦足皿	盉、爵、斝、少封口盉
晚商	殷墟	以深窖为主	多鬲少甗	多平底而少圜底，无瓦足皿	盉、爵、斝、少封口盉

图 8-2 夏商文化的主要特征对比

(邹衡，1979)

由于先商文化与夏文化是两支并行的文化，两者的比较属于文化类型之间的横向比较。

在先商期，商文化尚处于较为落后的发展阶段，迄今尚未发现宫殿基址和青铜礼器。二里头文化中的鸡彝等陶礼器也未见于先商文化漳河型。

先商文化漳河型的陶器群最为常见的器类是陶鬲，"用陶鬲作为最主要的炊器，乃是商文化的最突出的特点"[①]。但在二里头文化中，仅在晚期遗存中发现陶鬲，而且并不是最主要的炊器，器物特征与商文化陶鬲存在显著差别。

陶甗是先商文化漳河型中仅次于陶鬲的炊器，但陶甗在二里头文化中极为罕见。橄榄形深腹罐（橄榄状夹砂罐）也是先商文化漳河型比较常见的特色器型，却不见于二里头文化。陶甗和橄榄形深腹罐在商文化先商期第Ⅰ组的邯郸涧沟遗址商文化下层均已出现。瓦足皿是二里头文化的特色器物，但不见于先商文化漳河型。先商文化漳河型和二里头文化陶豆的形制也存在显著差别。

---

① 邹衡：《试论夏文化》，《夏商周考古学论文集》，文物出版社1980年版，第141页。

盛储器方面，先商文化漳河型陶器的突出特点是"几乎没有圜底器和圈足器，而都是平底器"①。这样的文化传统在冀西南地区一度延续至二里冈上层向殷墟文化第一期的过渡阶段，"台西遗址陶器最突出的特点就是盛行平底器而缺乏圜底器，甚至连大口尊和圈足簋多半也是平底"②。二里头文化的盛储器却与之恰恰相反，"多圜底器，尤其是晚期，几乎占了一半，甚至大部分的圈足器和少数的三足器也作圜底"③。

邹衡先生例举陶壶对夏文化的圜底陶器进行了说明（图8-3）。《说文解字》对于"壶"的解释是"昆吾圜器也，象形"。传世文献中有"昆吾作陶"的记载，而二里头文化的陶壶确实是圜底器。邹衡先生还将其与甲骨文、金文和小篆的"壶"字进行对比，进一步说明圜底器是二里头文化陶器的特色之一。

《前》5.5.5.　《番匊生壶》铭文　《说文》

图8-3　二里头文化陶壶与甲骨文、金文、小篆"壶"字

(邹衡，1980)

---

① 邹衡：《试论夏文化》，《夏商周考古学论文集》，文物出版社1980年版，第142页。
② 苏秉琦、邹衡：《序》，《藁城台西商代遗址》，文物出版社1985年版。
③ 邹衡：《试论夏文化》，《夏商周考古学论文集》，文物出版社1980年版，第142页。

二里头文化中常见的篮状堆纹在先商文化漳河型中并不流行。"究其原始，显然仿自编制器，尤其可能仿自竹篾器，这同夏文化二里头型邻近多竹的南方也许有些关系。"①

夏文化东下冯型与先商文化漳河型由于分布地域相对靠近，因而相比二里头型具有更多的共性，但两者的文化特征差异也是非常明显的。尽管东下冯型和漳河型多见陶鬲和陶甗，但先商文化漳河型所出者"乃以极细之绳纹、薄胎、灰陶居多……夏文化东下冯型则反是。……尤其是两者的甗很不相像"②。夏文化二里头型中大量存在的圜底器在东下冯型中同样存在，但先商文化漳河型普遍流行平底器。从这些情况看，东下冯型与二里头型的陶器群属于同一文化，而与先商文化漳河型存在较大差异。

早商文化与夏文化的特征比较

早商文化与夏文化属于先行后续的取代关系。早商文化继承了先商文化的特质因素，又吸取了夏文化的先进因素，整合为"融合夏、先商两种文化而形成的一种新型的商文化"③。

来自先商文化的特质因素有深窖穴，其传统可上溯至河北龙山文化涧沟型。用于农业收割的工具仍然以石镰为主，骨匕仍然比较常见。陶鬲、甗在早商文化中仍然是最重要的炊煮器，尤其以陶鬲数量最多，最为常见。早商文化的大部分平底器来自先商文化漳河型。

---

① 邹衡：《试论夏文化》，《夏商周考古学论文集》，文物出版社1980年版，第143页。
② 邹衡：《试论夏文化》，《夏商周考古学论文集》，文物出版社1980年版，第144页。
③ 邹衡：《试论夏文化》，《夏商周考古学论文集》，文物出版社1980年版，第144页。

沿袭自夏文化的先进因素有夯土建筑，并有所发展。扁足陶鼎在早商文化中仍然存在，但已明显减少，扁足外侧也不再流行按压指窝。早商文化中"圜底的盛贮器占了绝大多数。这些器类如大口尊、罍、大口盆、直腹或鼓腹盆、研磨盆以及各种瓮等等，无疑地都是直接或间接来自夏文化，其形制花纹也大都与夏文化的相同或相似"①。

夏文化墓葬均未发现腰坑，但早商文化墓葬常见腰坑，特别是高规格墓葬基本上都有腰坑。夏文化的铜钺为长条形，早商文化的铜钺为宽刃形，两者存在明显差别。夏文化的陶豆为细长柄，早商文化的陶豆为粗短柄。夏文化的卜骨通常使用羊、猪、牛的肩胛骨，均不加修治，不用钻凿，早商文化大量使用修治和有圆钻的牛肩胛骨，并开始使用龟甲。夏文化的直内铜戈和瓦足皿不见于早商文化。在夏文化和先商文化中常见的扁平磨光石铲已不见于早商文化之中。

九鼎

相传大禹曾经铸造九鼎。《史记·秦本纪》正义："禹贡金九牧，铸鼎于荆山下，各象九州之物，故言九鼎。历殷至周赧王十九年，秦昭王取九鼎，其一飞入泗水，余八入于秦中。"《史记·秦始皇本纪》记载了事情的后续："始皇还，过彭城，斋戒祷祠，欲出周鼎泗水。使千人没水求之，弗得。"这就是著名的"泗水捞鼎"的故事，在汉代画像石、画像砖上也有所反映：正当铜鼎在众人合力即将从泗水中捞出时，水中突然蹿出一条巨龙将绳索咬

---

① 邹衡：《试论夏文化》，《夏商周考古学论文集》，文物出版社1980年版，第146页。

断，铜鼎复入泗水之中，捞鼎之事以失败告终（图8-4）。

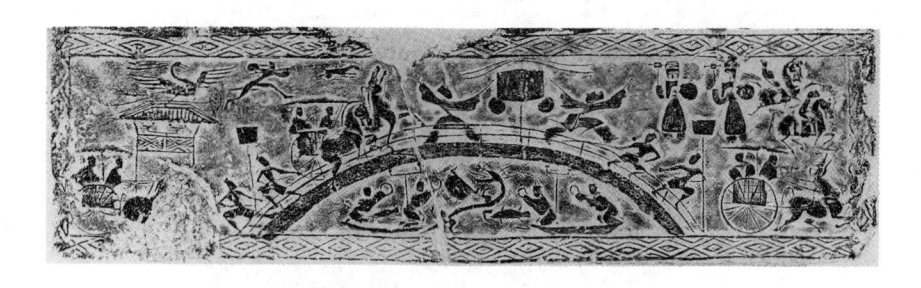

图8-4 汉画像砖"泗水捞鼎"拓片
（《中国画像砖全集》编辑委员会，2005）

实际上，汉代画像石、画像砖上的铜鼎乃是当时铜鼎的样式，并不是早期铜鼎的样式。二里头文化目前为止仅发现了1件铜鼎①（图8-5），1987年春在二里头遗址Ⅴ区东缘取土所得，原本应出自一座墓葬。器物由公安追回，一同追回的还有1件铜斝。

这件铜鼎为青铜圆鼎，编号87YLⅤM1∶1（87代表1987年，Y代表偃师，L代表二里头遗址，Ⅴ代表Ⅴ区，M1代表一号墓，冒号后的数字代表编号第1号）。双耳、斜折沿、唇缘加厚，主体为盆形、鼓腹、平底，腹部饰较大的网格纹，三足上部中空，横截面呈四棱形。一鼎耳与一鼎足上下对应，如果由上向下看，两个鼎耳和三个鼎足处在四个点上，这就是郭宝钧先生所言的"耳足四点配列式"②。器体轻薄，壁厚仅0.15厘米，这是早期青铜器的特点。通耳高25—26厘米，口径15.3厘米。铜鼎的发现"给二里头遗址的铜器增添了新的品种。它也是我国有明确出土地的最早的铜鼎"③。

---

① 中国社会科学院考古研究所二里头工作队：《河南偃师二里头遗址发现新的铜器》，《考古》1991年第12期。
② 郭宝钧：《商周铜器群综合研究》，文物出版社1981年版，第5页。
③ 中国社会科学院考古研究所二里头工作队：《河南偃师二里头遗址发现新的铜器》，《考古》1991年第12期。

稽古夏朝：解读《试论夏文化》

图 8-5　二里头遗址出土青铜鼎
(中国青铜器全集编辑委员会，1996)

　　这件铜鼎发现于 1987 年，因此邹衡先生在发表《试论夏文化》时难以提前获知。但邹衡先生眼光独到之处就在于能够从文化的视角审视二里头文化的礼器："令人惊异的是，在偃师二里头夏文化早期第二段陶器中居然出现了方鼎，高约 25 厘米。……若与新近郑州杜岭街发现的二铜方鼎相比，则陶方鼎只是没有双耳和饕餮纹等，铜方鼎作圆锥状足，陶方鼎作方锥状足，但两者的外形是非常相似的。"①（图 8-6）

---

① 邹衡：《试论夏文化》，《夏商周考古学论文集》，文物出版社 1980 年版，第 147 页。

图 8-6 二里头遗址出土陶方鼎和郑州杜岭铜方鼎
（中国社会科学院考古研究所，1999；中国青铜器全集编辑委员会，1996）

二里头文化的陶方鼎"本身可能是一种玩具，或是模型，但是其造型必定是仿自较大的陶方鼎甚至铜方鼎。夏文化中既然出现了这种较大的陶方鼎，也就意味着夏文化早期已经开始铸造铜方鼎了"①。

鸡彝

二里头文化的陶酒礼器有觚、爵、鬶、盉（图 8-7；图版肆）等，其中陶鬶主要流行于二里头文化早期，陶盉流行于二里头文化晚期。二里冈文化流行陶质或青铜材质的觚、爵、斝，盉相对少见。邹衡先生根据酒礼器的组合差异，认为"觚、爵、盉

---

① 邹衡：《试论夏文化》，《夏商周考古学论文集》，文物出版社 1980 年版，第 147 页。

与斝、爵、斚这两种不同的组合,应该是代表了夏、商两种文化不同的礼俗"①,并针对《礼记·明堂位》中"灌尊,夏后氏以鸡彝,殷以斚,周以黄目"的记载展开了讨论。

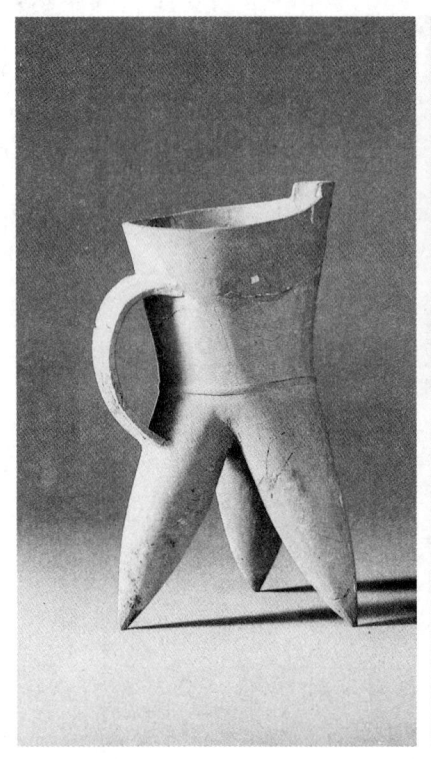

图 8-7 夏文化鸡彝
(中国社会科学院考古研究所,1995)

自汉代以来,学者一直并不清楚"鸡彝"究竟为何物,究其原因乃是对于古物知识的缺乏。邹衡先生指出:"鸡彝这种灌器就是夏文化中的封口盉,也是龙山文化中常见的陶鬶。"②(图 8-8;图版肆)原因其实很简单,"如果我们看看山东龙山文化中常见的

---

① 邹衡:《试论夏文化》,《夏商周考古学论文集》,文物出版社1980年版,第148—149页。
② 邹衡:《试论夏文化》,《夏商周考古学论文集》,文物出版社1980年版,第149页。

红陶鬶，不用解释，就会想到这件陶器活像一只伸颈昂首、伫立将鸣的红色雄鸡。其实不独鬶如此，夏文化中常见的封口盉又何尝不像一只黑色或灰色的雄鸡！原来他们可能都是由共同的祖型——大汶口文化的鸡彝发展而来"①。

图 8-8　山东潍坊姚官庄遗址出土龙山文化红陶鸡彝
(邹衡，1980)

二里头文化流行的陶鬶和封口盉，均能在龙山时代的考古学文化中找到来源（图 8-9）。江苏徐州高皇庙下层出土陶鬶与二里头遗址出土陶鬶均为尖圆流。陕西临潼姜寨出土的卷流陶鬶更加值得关注，其流部卷为近管状，是管状流的前身，器物顶部仅留小口用以注入液体，形制已非常接近二里头文化的封口盉。

---

① 邹衡：《试论夏文化》，《夏商周考古学论文集》，文物出版社 1980 年版，第 149 页。

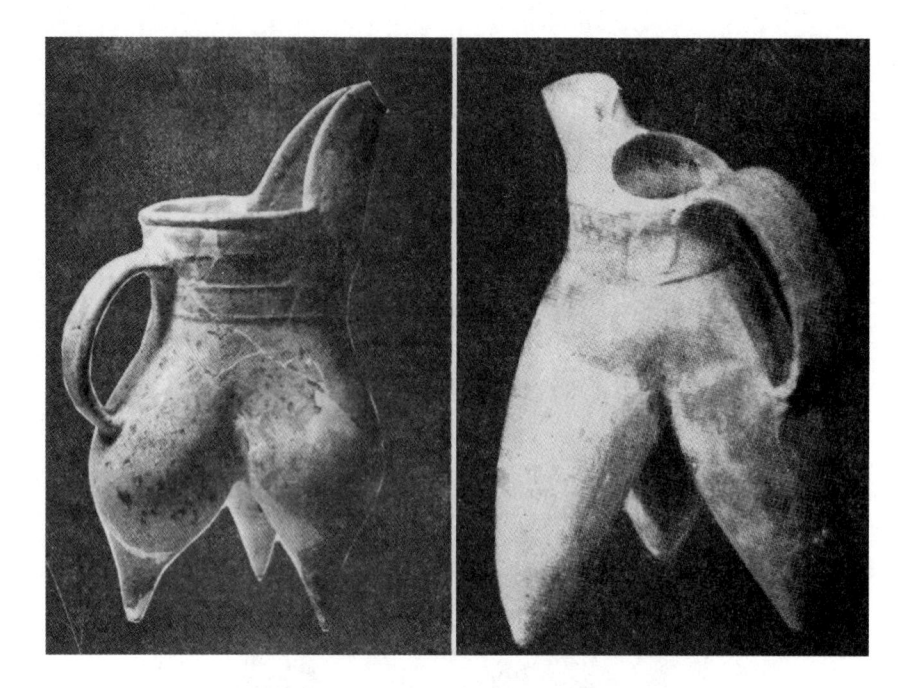

图 8-9　徐州高皇庙下层和临潼姜寨出土陶鸡彝

（邹衡，1980）

关于二里头文化的封口盉，邹衡先生认为其与自名为"盉"的西周青铜盉并非同类器物，"前者流从口以下出，后者流在口以上出"①，二里头文化的封口盉应该叫作"鸡彝"。

关于"鸡彝"之名的由来，"不论是敞流的所谓'鬶'，还是筒流的所谓'盉'，其外形都像鸡，因此得'鸡'名。……正因为它产生在东方，而在古代的东夷地区又曾经特别流行，因此它同时又有了'夷'名。……无论鬶还是封口盉，都与觚或瓠、爵配套同出于墓葬，可见它们又是礼器。又因为古人迷信，常常举行祭祀时用它，所以又有了'彝'名"②。

---

① 邹衡：《试论夏文化》，《夏商周考古学论文集》，文物出版社1980年版，第153页。
② 邹衡：《试论夏文化》，《夏商周考古学论文集》，文物出版社1980年版，第152—153页。

所谓的"彝器"是青铜礼器的泛称。直至近代，容庚先生仍然使用"彝器"一词来指代青铜器，所著《商周彝器通考》是商周青铜器研究的经典之作。之所以采用"彝"作为青铜礼器的代称，并非平白无故，而是具有深厚的文化渊源。从西周金文"彝"字的字形（图8-10）可以看到，"都是像将鸡翅膀用绳索捆绑，左边落下血滴，标示在后用双手捧送供神之状。……正因为红色雄鸡是用于祭祀的牺牲品，而红色陶鬶是用于祭祀的'彝'器，两者的关系不是再清楚没有吗？"①

图8-10 西周金文"彝"字

（游国庆，2012）

---

① 邹衡：《试论夏文化》，《夏商周考古学论文集》，文物出版社1980年版，第153—154页。

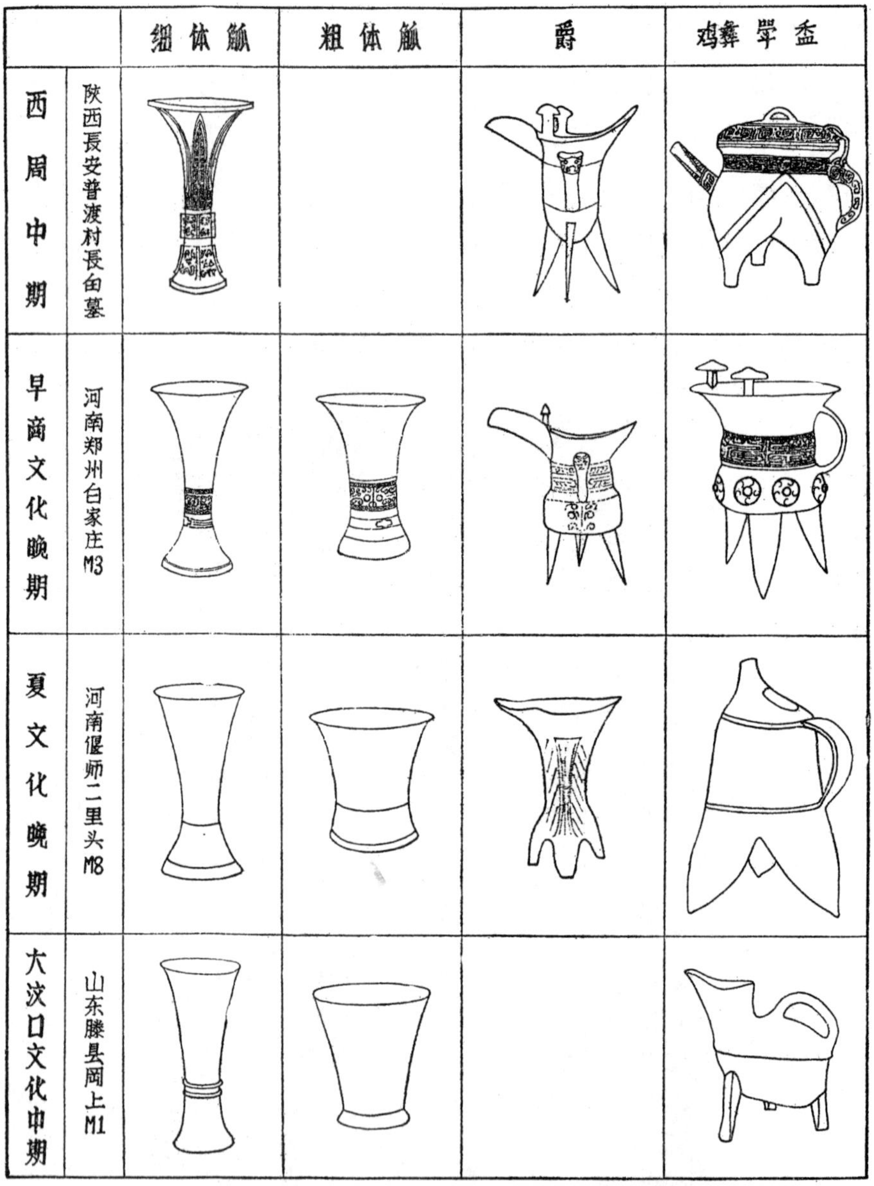

		细体觚	粗体觚	爵	鸡彝斝盉
西周中期	陕西长安普渡村长甶墓				
早商文化晚期	河南郑州白家庄M3				
夏文化晚期	河南偃师二里头M8				
大汶口文化中期	山东滕县岗上M1				

图8-11 夏商周礼器（酒器）基本组合比较图
(邹衡，1980)

进入商代早期，陶质鸡彝已基本不见。青铜鸡彝仍然存在，甚至到商代晚期仍然存在。"但是，在商代铜礼器中最常见的灌尊还是斝,若与斝相比,鸡彝的出土数量就显得太少了。到西周青铜礼器中已经完全绝迹。"① 将商代与西周随葬酒礼器的组合进行对比,"觚、爵、盉的配套乃是周人的礼俗,而与商人用觚、爵、斝配套是有所不同的。显然,周人的用灌器盉犹如商人的用灌器斝"②。

由此可见,夏商西周时期的觚、爵属于一脉相承,鸡彝、斝和盉(黄目)属于三代前后相继的灌器(图8-11)。"灌器中夏器鸡彝的认定,对于在考古学上夏文化的确定自然是一项有力的证据。"③

商文化溯源

在《试论夏文化》中,最早的商文化是以邯郸涧沟遗址商文化下层为代表的商文化先商期第一段第Ⅰ组。文化面貌和时代特征相近的还有磁县下七垣遗址商文化下层(第三层)。④

1979年第2期的《考古学报》刊发了磁县下七垣遗址的发掘报告,⑤ 压在第三层之下的第四层"约相当于二里头文化第二、三段之间"⑥。邹衡先生不同意发掘者将下七垣遗址第四层归为二里头文化,"从第四层的文化全貌来看,因其绝大部分因素均不同于二里头型和东下冯型,显然不能称为二里头文化,而应该归之

---

① 邹衡:《试论夏文化》,《夏商周考古学论文集》,文物出版社1980年版,第152页。
② 邹衡:《试论夏文化》,《夏商周考古学论文集》,文物出版社1980年版,第156页。
③ 邹衡:《试论夏文化》,《夏商周考古学论文集》,文物出版社1980年版,第157页。
④ 邹衡:《试论夏文化》,《夏商周考古学论文集》,文物出版社1980年版,第106页。
⑤ 河北省文物管理处:《磁县下七垣遗址发掘报告》,《考古学报》1979年第2期。
⑥ 邹衡:《试论夏文化》,《夏商周考古学论文集》,文物出版社1980年版,第181页。

为先商文化漳河型；惟其年代（主要指其 T7④）乃稍早于漳河型第Ⅰ组，与第Ⅰ组同样受到二里头文化的影响"①。

再向前追溯，"漳河地区，在先商文化层之下是河北龙山文化涧沟型。我们若把两者进行比较，则可看出前者的有些因素是承袭后者而来的。……毫无疑问，河北龙山文化涧沟型应该是先商文化漳河型的主要来源之一"②（图 8 – 12）。

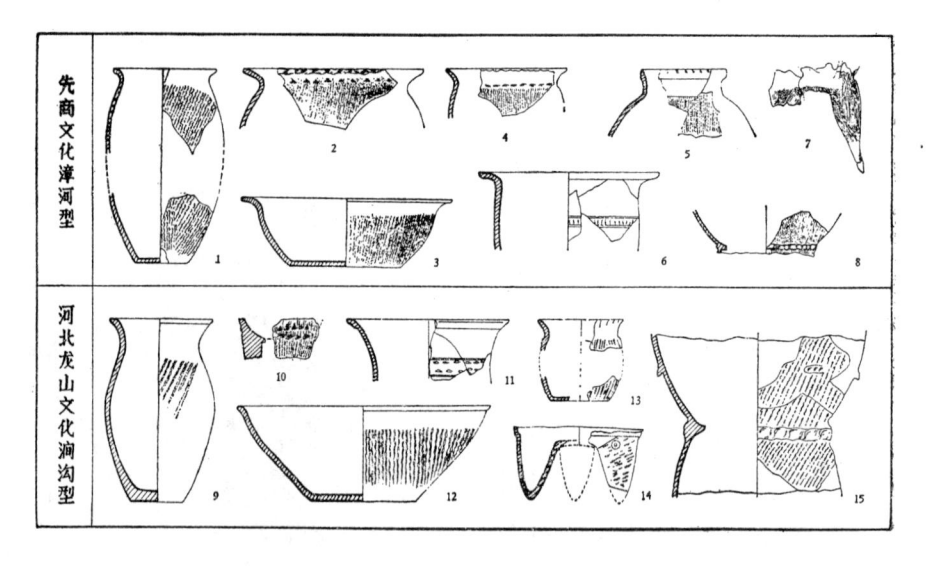

图 8 – 12　先商文化漳河型与河北龙山文化涧沟型陶器比较
（邹衡，1980）

通过文化因素分析，河北龙山文化许坦型、夏文化东下冯型也是先商文化漳河型的主要文化来源，而夏文化二里头型和山东龙山文化是次要文化来源。"三个主要来源中，有两个属于河北龙山文化，在这个意义上可以说，先商文化漳河型来源于河北龙山

---

① 邹衡：《试论夏文化》，《夏商周考古学论文集》，文物出版社1980年版，第182页。
② 邹衡：《试论夏文化》，《夏商周考古学论文集》，文物出版社1980年版，第157页。

文化。但若就地区而言，这三个主要来源中，有两个在山西省，因此在另一意义上又可以说，先商文化漳河型中的不少因素是从山西省来的。"①

夏文化溯源

20世纪70年代初，苏秉琦先生在河南息县东岳公社唐陂"五七干校"下放。当地建校盖房时发现古文化遗址，其中包含二里头早期文化层，"文化特征同偃师二里头遗址下部堆积相似，出土大量'哈密瓜'式的夹砂陶罐，缺乏空足（袋足）类陶器。……在这处遗址现已暴露出来的最下层内，已经看到有如二里头遗址早期的篮纹'哈密瓜'形腹砂陶罐，推测它的真正最底层可能还有早于二里头下层的阶段。这就给我们一个有力的启示，看来探索'二里头文化'的渊源问题，最有希望的途径应该是沿着淮河主要支流，例如汝河（包括南北两支）走向去找"②。

邹衡先生指出："夏文化的早期遗址比较集中在以嵩山为中心的伊、洛、颍、汝地区。毫无疑问，夏文化的发祥地应该就在这里。"③ 在环嵩山地区，早于二里头文化的是河南龙山文化，也就是现在所说的王湾三期文化（图8-13）。王湾三期文化与二里头文化不仅年代相接，而且在遗存特征方面也存在较多的承袭关系，因此"可证明夏文化二里头型是直接继承河南龙山文化来的。也

---

① 邹衡：《试论夏文化》，《夏商周考古学论文集》，文物出版社1980年版，第159页。
② 苏秉琦：《中国文明起源新探》，《苏秉琦文集（三）》，文物出版社2009年版，第299页。
③ 邹衡：《试论夏文化》，《夏商周考古学论文集》，文物出版社1980年版，第161页。

就是说，河南龙山文化是夏文化的主要来源"①。

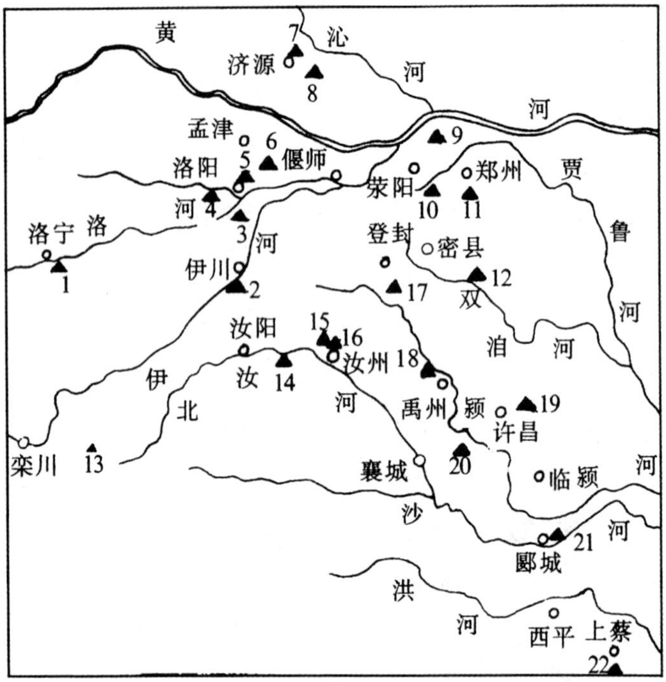

图 8-13　王湾三期文化重要遗址分布示意图
（韩建业等，1997）

尽管如此，两者之间也存在着很大的差异，"河南龙山文化晚期并未直接过渡为夏文化二里头型早期，它们仍然属于不同性质的文化。就是说，尽管两者的年代已接近，后者又直接继承了前者的大部分文化因素，但仍然是两种文化"②，"河南龙山文化晚期尽管是二里头文化（即夏文化）最主要的来源，但两者仍然是两个文化，还不能算是一回事。至少可以说，从前者到后者发生了质变。这个质变也许反映了当时氏族、部落或部族之中的巨大

---

① 邹衡：《试论夏文化》，《夏商周考古学论文集》，文物出版社1980年版，第162页。
② 邹衡：《试论夏文化》，《夏商周考古学论文集》，文物出版社1980年版，第163页。

分化，或者反映了它们之间的剧烈斗争"①。

二里头文化是八方辐辏的文化因素有机大融合的产物。

仍以礼器为切入点，邹衡先生指出："爵最早的形态，也是从鸡彝（即所谓'鬶'）中分化出来的。……今所见夏文化的陶爵，多有划纹似羽毛状者，正因为爵是禽类，而象禽类之爵最早应该是东方传来的。"②

陶盉在大汶口文化中已出现，并存在粗、细两体。二里头文化中的粗、细两体陶盉与大汶口文化中晚期陶盉非常近似，"从东方传来是无可置疑的"③。

另有一类"瓦足皿"（图8-14），是"夏文化中最具特征性

图 8-14　二里头遗址出土瓦足皿

（中国社会科学院考古研究所，1995）

---

① 邹衡：《试论夏文化》，《夏商周考古学论文集》，文物出版社1980年版，第181页。
② 邹衡：《试论夏文化》，《夏商周考古学论文集》，文物出版社1980年版，第164—165页。
③ 邹衡：《试论夏文化》，《夏商周考古学论文集》，文物出版社1980年版，第165页。

的器皿之一，其形制显然是由浅腹平底盆加上了三片瓦足"①。浅腹平底盆是华北平原地区龙山时代考古学文化普遍流行的器型，但添加三足的瓦足皿在河南地区比较罕见，"瓦足皿的分布，主要在东方和北方，夏文化中从早到晚普遍地存在瓦足皿，说明夏文化和东、北方面的龙山文化有着密切的文化交流关系"②。

由此可见，鸡彝、爵、觚、瓦足皿等器类均是来自东方。"此四器是夏文化中最主要的礼器，它们的存在，应该体现了夏朝的部分礼制。这里就提出了一个值得注意的问题：所谓'夏礼'，至少其中有一部分是从东方来的。"③

宗庙建筑群

二里头遗址一号宫殿建筑基址的考古发掘，在二里头遗址的考古发掘史上占据了举足轻重的地位，也是夏商文化研究最为关注的研究对象之一。邹衡先生指出："这一廊庑形式的建筑群是由堂、庑、门、庭等单体建筑所组成，布局严谨，主次分明，基本上具备了宫殿建筑的特点和规模，从而开创了我国宫殿建筑的先河，这在我国建筑史上是极为重要的发现。"④

一号宫殿的主殿面阔八间，进深三间。主殿之前是宽阔的广场，可能是古代文献记载的"庭"，比如《尚书·盘庚》里所说

---

① 邹衡：《试论夏文化》，《夏商周考古学论文集》，文物出版社1980年版，第163页。
② 邹衡：《试论夏文化》，《夏商周考古学论文集》，文物出版社1980年版，第164页。
③ 邹衡：《试论夏文化》，《夏商周考古学论文集》，文物出版社1980年版，第165页。
④ 邹衡：《试论夏文化》，《夏商周考古学论文集》，文物出版社1980年版，第168页。

的"王命众,悉至于庭"的所在。建筑群的外围是一周廊庑,将主殿和中庭封闭起来,南侧廊庑的中部是"门塾",也就是宫殿基址的大门。通过门塾步入中庭,眼前便是主殿。

清代学者戴震所著《考工记图》中的宗庙复原图,竟然与二里头遗址一号宫殿的平面布局非常近似(图8-15)。更为令人惊讶的是,"殿堂后面的廊庑北墙距东北拐角不远处找出了一座角门,而戴氏《宗庙》图所绘'闱门'恰好也在东北角。这大概不会是偶然的巧合吧"[1]。清代学者并不懂得现代考古学的发掘方法,当然不可能挖出先秦时期的夯土建筑基址。戴震的宗庙复原图竟然能与现代考古学发掘的夯土建筑基址如此吻合,显然不是巧合,而是历史的真实,说明"二里头夏文化宫殿基址应该就是这一类的宗庙建筑遗存"[2],"由于二里头夏文化宗庙基址的发现,从而对于夏文化的确定也提供了直接的证据"[3]。

根据《汉书》的记载,汉高祖刘邦之后历代西汉皇帝的首要任务是"保宗庙"。先秦时期也是如此,宗庙是处理国事的重要场所,是古代政权的象征,"'失守宗庙',实际上就是失去政权;灭人之国,往往'毁其宗庙'。二里头夏文化遗址中出现了宗庙遗迹,确凿地证明了当时国家政权已经产生"[4]。

这样一座规模宏大的宗庙建筑,"仅仅是台基,其夯土的土方总量即达20000立方以上。今天如果完全用人工夯筑,至少也需要十余万个工作日,在三、四千年前的劳动条件下,更当数倍于

---

[1] 邹衡:《试论夏文化》,《夏商周考古学论文集》,文物出版社1980年版,第169页。
[2] 邹衡:《试论夏文化》,《夏商周考古学论文集》,文物出版社1980年版,第170页。
[3] 邹衡:《试论夏文化》,《夏商周考古学论文集》,文物出版社1980年版,第171页。
[4] 邹衡:《试论夏文化》,《夏商周考古学论文集》,文物出版社1980年版,第171页。

稽古夏朝：解读《试论夏文化》

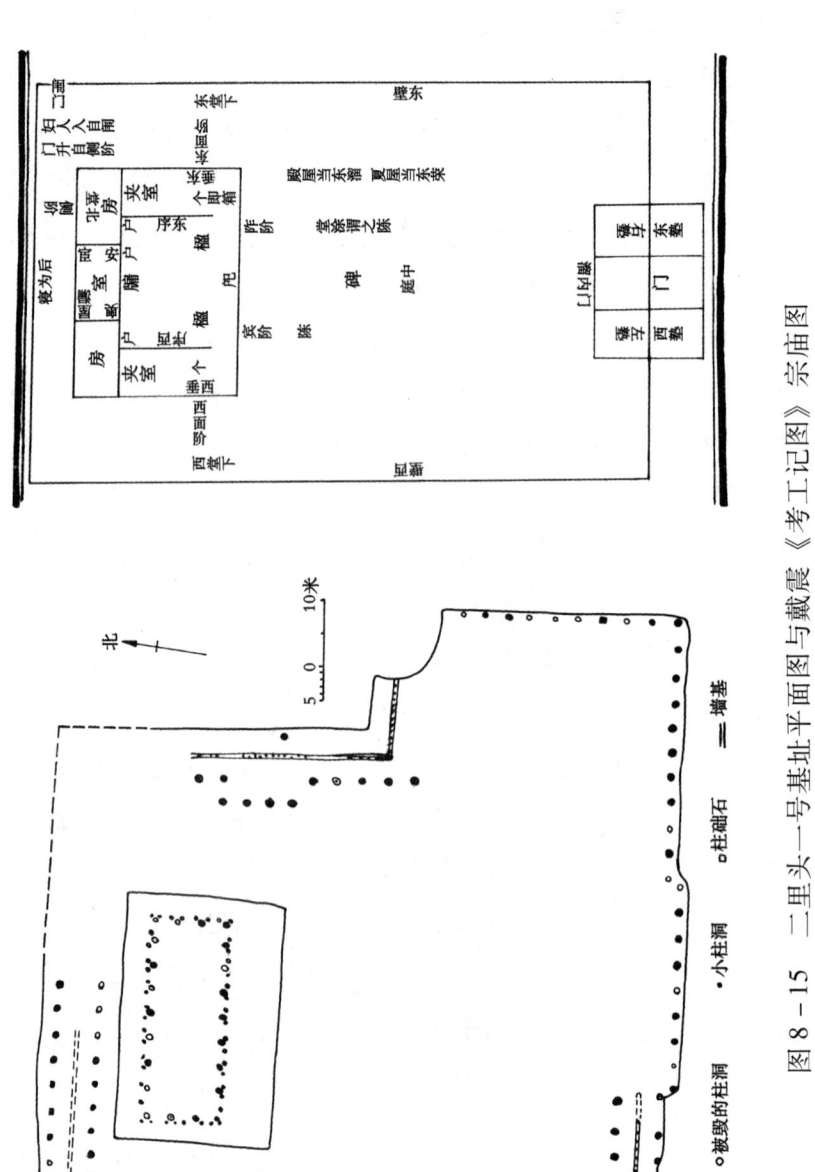

图 8-15 二里头一号基址平面图与戴震《考工记图》宗庙图
（邹衡，1980）

今日"①。如果没有强大的动员能力，如此工程量的宗庙建筑是很难建成的，其背后的支持显然来自早期国家的强大社会动员力。

郑州商城的营建

社会发展阶段的进步，突出反映在郑州商城（图 8-16）的营建上。郑州商城的周长将近 7 公里，东、南、西、北四面城墙的长度分别约为 1700 米、1700 米、1870 米、1690 米，共有 11 个缺口。城墙的平均底宽 20 米、顶宽 5 米、高 10 米。"这样巨大的建筑物出现在距今三千五、六百年前的早商时代，不能不算是人类早期历史上的一个奇迹。"②

郑州商城城墙的夯土量远超二里头遗址一号基址。"郑州商城共有夯土量约 87 万平方米，即相当于二里头夏文化宗庙基址的 40 多倍。在当时的劳动条件下，若按取土、运土、夯筑 1 立方米需要 15 个劳动日计算，修筑全部城墙，总共约需要 1300 万个工作日。……郑州商城的出现，也直接说明了早商的国家机器比夏文化时期更有所发展。……郑州商城之所以有如此规模，就是因为它是商代早期的政治、经济和文化中心，它高峻的城墙，就是用来保卫王室贵族，用来维护其统治的。"③

郑州商城内的东北部发现了密集的商代夯土建筑基址。"其中有一座房基东西长 61 余米，宽 14 米，其上有两排柱础，已知有 27 个，础穴长 1.30—1.80 米，宽 0.80 米，柱洞直径为 0.30—0.40 米。其建

---

① 邹衡：《试论夏文化》，《夏商周考古学论文集》，文物出版社 1980 年版，第 171 页。
② 邹衡：《试论夏文化》，《夏商周考古学论文集》，文物出版社 1980 年版，第 178 页。
③ 邹衡：《试论夏文化》，《夏商周考古学论文集》，文物出版社 1980 年版，第 179 页。

稽古夏朝：解读《试论夏文化》

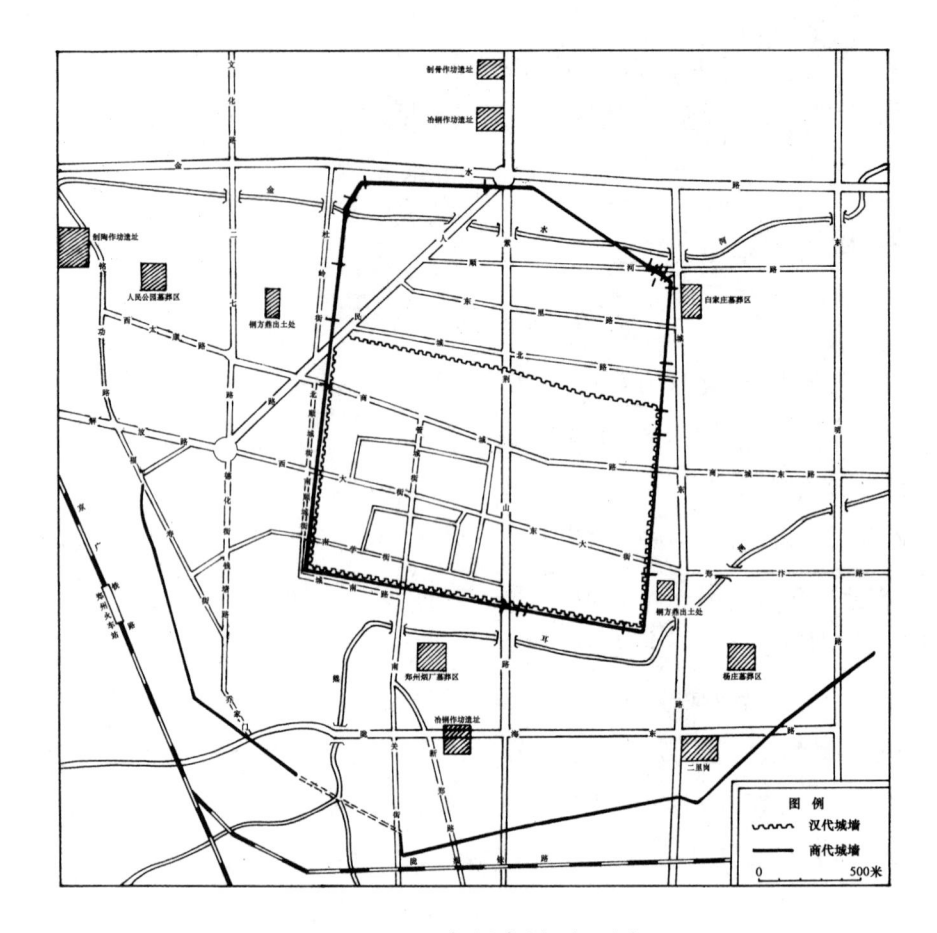

图 8-16　郑州商城平面图
（河南省文物考古研究所，2001）

筑面积约为二里头宗庙殿堂基址的两倍，其为早商时期的王宫无疑。"① 1976年，在河南省中医药研究所基建工地发现大型宫殿建筑基址C8F16（图8-17），发掘区仅揭露夯土建筑的一角，南北残长38.4米，东西残宽31.2米，残存柱础52个，排列为三排，柱坑之间的距离为1.2—1.7米，柱坑直径为0.95—1.6米，柱坑残深0.5—1.5米，木立柱的直径多为0.3—0.4米，"虽然该建筑

---

① 邹衡：《试论夏文化》，《夏商周考古学论文集》，文物出版社1980年版，第179页。

只剩下西南角部分，但从西南角柱础槽的分布之密和柱础槽形制之大与木立柱之粗，显然也应是一座规模相当大的商代二里岗下层二期的宫殿建筑基址"①。

图 8-17 郑州商城大型建筑 C8F16 考古揭露的一角
（河南省文物考古研究所，2001）

在郑州商城内城墙外的不远处，先后发现了张寨南街（杜岭）、向阳回族食品厂和南顺城街三处青铜器窖藏，② 皆出土青铜方鼎这样的国之重器，其中张寨南街出土的"杜岭一号"青铜方鼎通高达 1 米。南顺城街出土的 4 件青铜方鼎尺寸由大及小，形成迄今发现最早的一套"列鼎"（图 8-18）。

---

① 河南省文物考古研究所：《郑州商城：1953—1985 年考古发掘报告》，文物出版社 2001 年版，第 283—284 页。
② 河南省文物考古研究所、郑州市文物考古研究所：《郑州商代铜器窖藏》，科学出版社 1999 年版。

图 8-18　南顺城街铜器窖藏出土青铜列鼎

(河南省文物考古研究所等，1999)

在郑州商城内城以外，还分布着同时期的聚邑。这其中包括南关外的铸铜作坊、铭功路西的制陶作坊、紫荆山北的铸铜作坊和制骨作坊（图 8-19），形成了郑州商城的外郭区。

《吴越春秋》说："筑城以卫君，造廓以守民。"在外郭区的外围，还发现了圈占范围更为广阔的外城墙。实际上，20 世纪 50 年代在郑州二里冈发现的夯土城墙就是外城墙的一部分。通过进一步的考古发掘与验证，郑州商城的外城墙及城壕主要分布在遗址的南部和西部，[①] 遗址东北部以圃田泽[②]作为天然屏障，从而构成郑州商城的外郭体系。

[①] 河南省文物考古研究所：《郑州商城外郭城的调查与试掘》，《考古》2004 年第 3 期；袁广阔、曾晓敏：《论郑州商城内城和外郭城的关系》，《考古》2004 年第 3 期；刘彦锋、吴倩、薛冰：《郑州商城布局及外廓城墙走向新探》，《郑州大学学报》（哲学社会科学版）2010 年第 43 卷第 3 期；袁广阔：《略论郑州商城外郭城墙的走向与年代》，《中原文物》2018 年第 3 期。
[②] 黄富成、王星光：《先秦到秦汉"圃田泽"环境变迁与文化地理关系考略》，《农业考古》2014 年第 1 期。

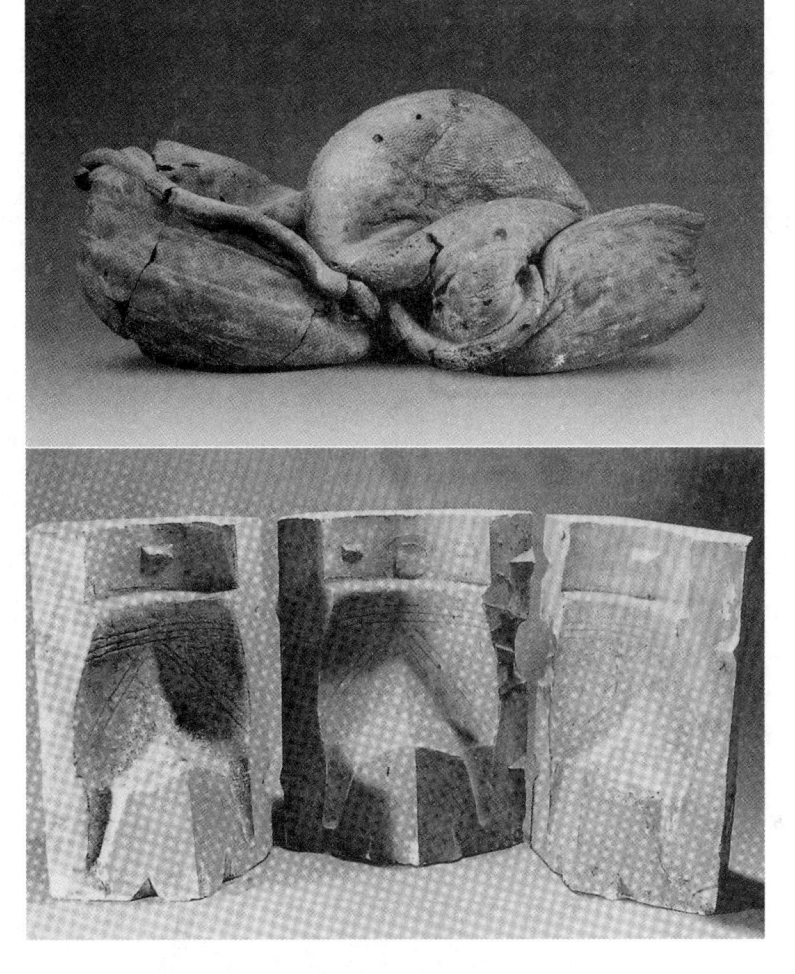

图 8 – 19　铭功路西制陶作坊的烧流陶盆和
南关外铸铜作坊的铜鬲陶范
（河南省文物考古研究所，2001）

由此可见，"早商时期所处的社会、经济发展阶段，确实比夏文化晚期大大地前进了一步……这一推断同夏、商两朝的历史事实大体是能相符的"①。

---

① 邹衡：《试论夏文化》，《夏商周考古学论文集》，文物出版社1980年版，第180页。

余波：围绕夏文化和郑亳说的学术论战

"余波"是杨育彬先生发表《国家文物局在登封召开告成遗址发掘现场会》这篇会议纪要时所使用的笔名，① 一方面考虑"余波"是"豫博"（即河南省博物馆）的谐音，另一方面也兼顾了此次会议将产生后续的"余波"②。1977年登封会议的召开和1980年《夏商周考古学论文集》的出版，确实在考古学界掀起了层层余波，从而开启了关于夏商文化的学术论战。

两篇摘要

邹衡先生在1977年11月召开的登封告成遗址发掘现场会上，已通过约六小时的发言，将《试论夏文化》的主要观点进行了论述，即二里头文化一至四期是夏文化。我们已经无法还原会议上的发言场景，只能通过1978年第1期的《河南文博通讯》刊发的发言摘要③了解其要旨。

---

① 余波（杨育彬）：《国家文物局在登封召开告成遗址发掘现场会》，《河南文博通讯》1978年第1期。
② 杨育彬：《探索夏文化的里程碑》，《走近考古：杨育彬回忆录》，科学出版社2017年版，第107页。
③ 邹衡：《关于探索夏文化的途径》，《河南文博通讯》1978年第1期；邹衡：《关于探索夏文化的途径——1977年11月在"河南登封告成遗址发掘现场会"上的发言摘要》，《夏商周考古学论文集（续集）》，科学出版社1998年版。

摘要指出，二里头文化可分为二期四段，"在年代上是相互衔联的，在文化面貌上，它既不同于早商文化，也不同于河南龙山文化，而有其自成一系的独特风格，因此，从第一段至第四段全属同一文化，不能从中割开"①。

二里头文化是夏文化的学术观点直接关联到了商汤亳都问题。邹衡先生道破了独家新观点："郑州商城就是成汤的亳都。从东周以来的文献记载和解放以来的考古材料都可以证明这一点。我们早有专篇论证，现已收入拙著《夏商文化研究》一书，因为篇幅太长，在此不便一一征引。"② 这里所说的《夏商文化研究》，就是1980年出版的学术专著《夏商周考古学论文集》的第二部分。

对于夏文化的辨识，基于对商文化分期与类型的系统研究。"商文化基本上弄清楚了，才有可能辨认出夏文化。如果不能确认先商文化和早商文化，要在考古学上确定夏文化是不可能的。我们之所以确定二里头早、晚期都是夏文化，就是首先认定了商文化。"③

这一摘要完成于1977年11月的"郑州旅次"。在摘要结尾，邹衡先生写道："以上只是我个人多年以来一些很不成熟的看法，荒唐之处，幸勿见笑，但愿读者提出批评。"④

由于未能在这篇摘要中对汤都郑亳的问题展开具体论述，邹衡先生于1978年初又发表了《郑州商城即汤都亳说》一文。这是随后收录于《夏商周考古学论文集》的第四篇长文《论汤都郑亳及其前后的迁徙》的摘要。《郑州商城即汤都亳说》提出了"文献所见郑地之亳""郑州商城出土陶文证明东周时期郑州商城名亳""汤都亳的邻国及其地望与郑州商城相合"和"商文化遗址发现的情况与成汤都郑亳相合"四条论据，并指出"亳都地望的

---

① 邹衡：《关于探索夏文化的途径》，《河南文博通讯》1978年第1期。
② 邹衡：《关于探索夏文化的途径》，《河南文博通讯》1978年第1期。
③ 邹衡：《关于探索夏文化的途径》，《河南文博通讯》1978年第1期。
④ 邹衡：《关于探索夏文化的途径》，《河南文博通讯》1978年第1期。

确定，就为我们研究早商文化（成汤灭夏以后）、先商文化（成汤灭夏以前），并进一步论证二里头文化是夏文化打下了坚实的基础，其在学术上的重大意义是不言而喻的"①。

旧西亳说

之所以在"西亳说"之前冠以"旧"字，是为了体现西亳说的前后变化。② 在1983年之前，二里头三、四期被认为是商代早期，最重要的原因是二里头遗址一号基址修建于二里头三期，被认为是商汤亳都的宫室建筑。

早在二里头遗址1959年试掘简报的结语中，发掘者已明确提出二里头晚期可能是"西亳"③。在第二篇简报的结语中，发掘者更加强调："二里头遗址是商汤都城西亳的可能性是很大的。"④由于二里头遗址考古发掘的初衷是探索汤都西亳，因此并未对二里头遗址内早于商汤建都时期的文化遗存展开过多讨论，仅仅笼统地采用了"商汤建都以前"和"早于商汤的建都时期"等措辞对其时代进行说明。

当二里头遗址一号基址的考古发掘取得阶段性成果后，发掘者进一步明确指出："确定了遗址中部的夯土台基是一座商代早期的宫殿建筑，为汤都西亳提供了有力的实物证据。"⑤ 由于二里头

---

① 邹衡：《郑州商城即汤都亳说》，《文物》1978年第2期。
② 刘绪：《夏商文化分界探讨的思考》，《考古学研究（五）：庆祝邹衡先生七十五寿辰暨从事考古研究五十年论文集》，科学出版社2003年版。
③ 中国科学院考古研究所洛阳发掘队：《1959年河南偃师二里头试掘简报》，《考古》1961年第2期。
④ 中国科学院考古研究所洛阳发掘队：《河南偃师二里头遗址发掘简报》，《考古》1965年第5期。
⑤ 中国科学院考古研究所二里头工作队：《河南偃师二里头早商宫殿遗址发掘简报》，《考古》1974年第4期。

遗址乃至一号基址均被贴上了"西亳"和"商汤"的标签，这就限定了一号基址下压的二里头文化早期遗存的年代只能早于商汤建都时期。发掘者虽未明说，但毋庸赘言当然是夏代了。

关于登封会议上的发言，邹衡先生曾回忆道："我发言（共两次，约六小时）之后，曾引起全会的震动，因为与会的先生们大都没有这样的思想准备，是大出他们意料之外的。听说当时考古所的先生们在会下说要组织反攻，可是继续发言的先生似乎并没有驳倒我的论点。"①

对于二里头文化年代和性质的专文论证接踵而至。

1978年第1期的《考古》杂志刊发了殷玮璋先生的论文《二里头文化探讨》。这篇论文是殷先生在登封会议之前应《考古》编辑部约稿，从登封返回北京后写出。②殷先生认为，考古学界对二里头文化年代和性质持不同看法，关键问题在于对其内涵的认识。殷先生指出，二里头文化"在文化面貌上还给人以经历着某种变革的印象。这种现象集中表现在第三期遗存中。……第三期遗存中开始出现的圜底器和鬲、斝等袋足器；在一些器形上表现为两种作风融合一体的现象，正是两种不同文化相遇后经历某种变化的反映。……新的这组文化因素的突然出现，显然是外来的因素，而且是一个强大的新因素。……这一文化的发展因另一种文化（商文化）的出现受到抑阻，并被融合。……二里头文化三期遗存中新出现的文化因素，其时代比商代二里冈期还早，如果是商文化，它是目前所知中原地区最早的商文化遗存。……结合汉以后关于偃师系汤都西亳的记载，二里头遗址与西亳说的地望是一致的。二里头三期遗存可能为汤都西亳的遗迹。……这个早

---

① 张立东、任飞编著：《手铲释天书：与夏文化探索者的对话》（邹衡先生访谈），大象出版社2001年版，第53页。
② 张立东、任飞编著：《手铲释天书：与夏文化探索者的对话》（殷玮璋先生访谈），大象出版社2001年版，第212页。

于商代、因商文化的出现而受阻以至被融合的、在传说夏人活动地域内发展起来的具有一定特征的二里头下层文化，有可能就是我们探索中的夏代文化，或可说是夏代后期文化"[1]。殷先生的这篇论文，成为"旧西亳说"的代表之作，自此明确奠定了二里头二、三期之间分界说。

1979年初，方酉生撰文《论汤都西亳——兼论探索夏文化的问题》，在文章标题上明确提及了汤都西亳问题，在文中也指出："偃师二里头遗址就是商汤建都的西亳。"[2] 除了引用传世文献以外，该文同样强调的是二里头文化早期和晚期之间的差别："二里头文化的第一、二期与第三、四期除分布的范围和堆积的厚薄有显著的区别外，从陶器的种类、形制和纹饰等方面来看，也是有一定差别的。……结合汤建都西亳之说，我们把二里头文化的第三期定为商汤建都西亳时期的早商文化。早于第三期的第一、二期文化则为夏代晚期的文化。"[3]

郑亳说商榷

对于《郑州商城即汤都亳说》的商榷也随之而来。

1980年第3期的《考古》杂志发表了一篇署名为"石加"的论文《"郑亳说"商榷》[4]。这位"石加"曾一度被猜测为中国社会科学院考古研究所的十位先生（十家）合作的笔名，后来才知道是邹衡先生的同门师弟、考古所二里头队郑光队长所起的笔名，

---

[1] 殷玮璋：《二里头文化探讨》，《考古》1978年第1期。
[2] 方酉生：《论汤都西亳——兼论探索夏文化的问题》，《河南文博通讯》1979年第1期。
[3] 方酉生：《论汤都西亳——兼论探索夏文化的问题》，《河南文博通讯》1979年第1期。
[4] 石加：《"郑亳说"商榷》，《考古》1980年第3期。

取自"驽马十驾,功在不舍"的"十驾"①。

《"郑亳说"商榷》针对邹衡先生"郑亳说"的四条论据一一反驳,并指出"前人关于'三亳'的说法,仍是我们寻找古亳的线索。寻找南亳和北亳的工作目前作得还很不够,也有些困难。……至于成汤灭夏后所居之西亳,目前发现了些可供参考的线索"②,但并未披露关于"西亳"的线索具体是什么。

针对来自石加的商榷,邹衡先生进行了答复:"我认为,古代文献不能不查,但毕竟是第二位的,而我们的立足点应该是考古实际。在古地理书中,同名异地的情况很多,往往弄得我们莫衷一是,成汤都城亳就是一个比较典型的例子。"③

二里头三、四期之间分界说的首次提出

自 1977 年登封会议之后,考古学界关于夏文化的探讨步入了"百家争鸣"的阶段。除了"旧西亳说"认为的二里头二、三期之间分界说,也即二里头遗址晚期是汤都西亳的主流观点外,还出现了另外一种既不同于"旧西亳说",也不同于《试论夏文化》的新观点。

1980 年第 6 期的《考古》杂志刊发了孙华先生的论文《关于二里头文化》。针对二里头二、三期之间分界说,孙华先生指出:"虽然,在三期遗存中,出现了陶鬲、斝、卷沿圈底盆、大口尊、簋等二里冈期商文化中常见的器物,但其数量很少,器物的形制也与二里冈期商文化相差甚大,有的器型完全可以在河南龙山文

---

① 张立东、任飞编著:《手铲释天书:与夏文化探索者的对话》(郑光先生访谈),大象出版社 2001 年版,第 434—435 页。
② 石加:《"郑亳说"商榷》,《考古》1980 年第 3 期。
③ 邹衡:《再论"郑亳说"——兼答石加先生》,《考古》1981 年第 3 期。

化晚期和二里头文化早期（一、二期）找到渊源。……各种现象表明，二里头三期是由二里头二期发展而来的，三期和二期的文化面貌并没有什么大的变化，看不出在二里头三期中，已有'新的一组文化因素的突然出现'。……在商人灭夏以前，我们不应该排除夏文化和商文化相互影响的可能。"①

孙华先生首次提出了二里头三、四期之间分界说。"二里头文化真正起了较大变化的是二里头四期。在这一期，文化面貌较之前三期迥然不同，那些在三期中仅偶尔可见的个别二里冈期常见器物，在四期已大量出现，出现了许多同二里冈期商文化相近的文化因素，并且这种新的文化因素已成为了该期的主流，前三期的文化正在被新的文化因素逐渐融合和代替……这座宫殿应该是

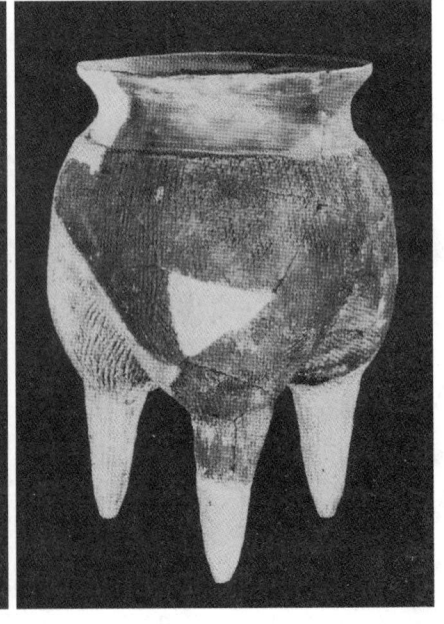

图9-1 二里头三期陶鬲

（中国社会科学院考古研究所，1999）

---

① 孙华：《关于二里头文化》，《考古》1980年第6期。

夏代后期的遗存，它的废弃也应与商灭夏的事件有关，压在宫殿台基上的四期遗存，可能就是商人灭夏以后的遗存。……二里头四期，可能就是夏商文化相互融合的阶段。"①

孙华先生充分意识到了二里头三期的陶鬲与商文化陶鬲存在明显的差异。对于陶鬲的认识，不能仅仅停留在器类层面，而是要考虑其具体的特征。二里头三期的陶鬲（图 9-1）呈现束颈、鼓腹、粗大锥足、器表饰粗麦粒状绳纹的特征，与商文化陶鬲存在迥然差异。

二里头遗址二号宫殿的发掘

在登封会议召开的前一个月，也即 1977 年 10 月，二里头遗址开始了又一处宫殿基址的发掘。赵芝荃先生在登封会议的发言中对其曾有简要介绍。② 二号宫殿的发掘工作于 1978 年底结束，简报发表于 1983 年第 3 期的《考古》杂志。③ 这篇简报将此前发掘的"早商宫殿"编号为"一号宫殿"，而将新发掘的宫殿编号为"二号宫殿"（图 9-2）。

二里头遗址二号宫殿同样是一处封闭的院落，东、南、西三面有廊庑，南墙中部偏东处有门塾，长方形院落内靠后的位置有三间主殿，主殿之后有一座所谓的"大墓"M1，但实际上是一口水井。④

二号宫殿发现两处排水设施（图 9-3）。一处穿过东庑的东

---

① 孙华：《关于二里头文化》，《考古》1980 年第 6 期。
② 赵芝荃：《二里头考古队探索夏文化的回顾与展望——在〈登封告成遗址发掘现场会〉上的发言》，《河南文博通讯》1978 年第 3 期。
③ 中国社会科学院考古研究所二里头队：《河南偃师二里头二号宫殿遗址》，《考古》1983 年第 3 期。
④ 许宏：《二里头遗址"1 号大墓"学案综理》，《中原文物》2017 年第 5 期。

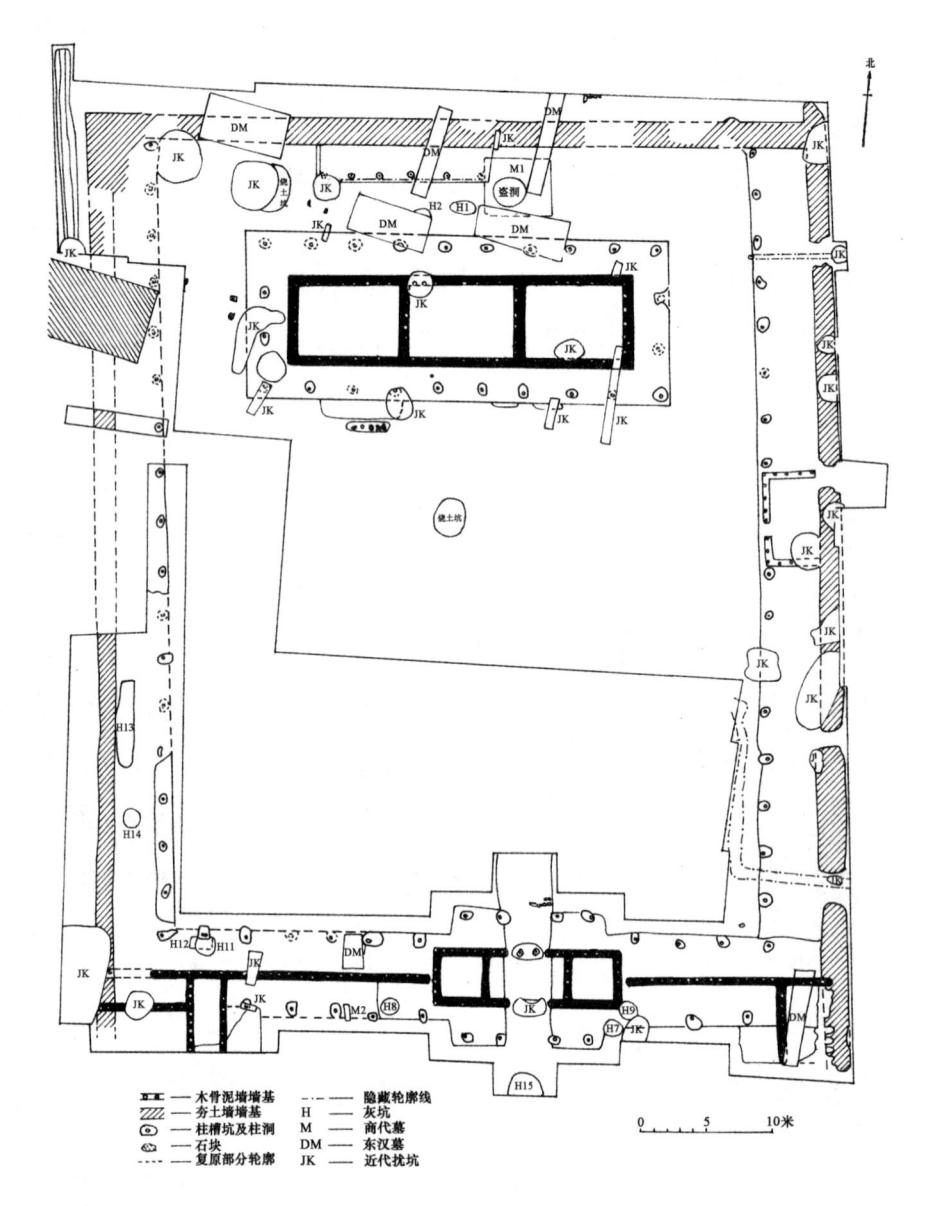

图 9-2　二里头遗址二号宫殿

（中国社会科学院考古研究所二里头队，1983）

北部基址，以陶水管相套连通，西高东低，可将院落内的积水排至宫殿东墙（即后来发现的宫城东墙）以外。另一处发现于院落东南部的东庑西侧，并折角向东延伸穿过东庑基址，由石板砌为排水暗沟，同样以西高东低之势，将庭院内的积水排至宫殿以外。

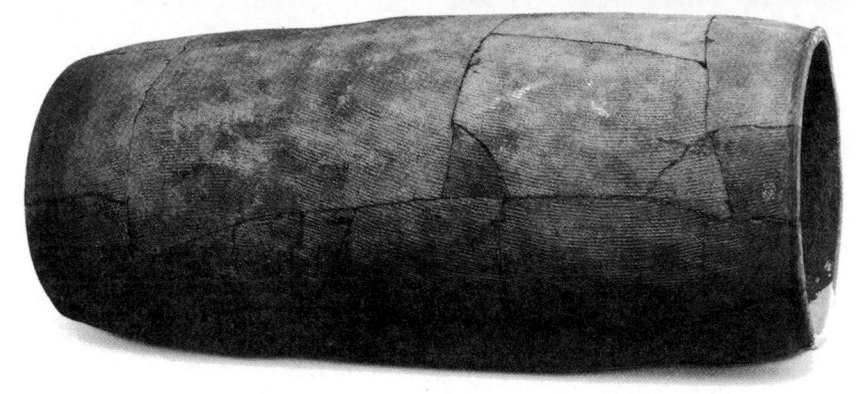

图 9-3　二里头遗址二号宫殿的排水设施和陶水管
（中国社会科学院考古研究所，1999；中华人民共和国科技部等，2009）

二里头遗址二号宫殿"建筑在二里头二期地层之上，它上面叠压有三期、四期的路土，及略晚于四期的地层"①。对于发掘者而言，一个意外的新收获是"下层夯土问题"。发掘者在清理二号宫殿时，发现了早于二号宫殿的大面积夯土建筑基址，"夯土内和

---

① 中国社会科学院考古研究所二里头队：《河南偃师二里头二号宫殿遗址》，《考古》1983 年第 3 期。

夯土面上所出陶片均为二里头二期……二期偏晚的灰层和灰坑打破下层夯土，而柱子坑又打破这些灰层或灰坑。由此证明被压在二号宫殿下的夯土是比本宫殿早的二期夯土"①。

下层夯土的发现，无疑令发掘者眼前一亮："二号宫殿基址下较大面积的二期夯土基址的首次发现，开阔了我们的思路，并向我们提出了这样的问题：夏代与商代的界限是否会有新的变化呢？这是个很重要的学术问题。"② 正是由于二里头二期夯土建筑基址的发现，促成了二里头一、二期之间分界说的提出。③

至此，夏商文化分界的主要观点均已提出。二里头文化被分为四期，这四期之间的三个分界点均被认为是夏代与商代的分界点，也即"一、二期分界说""二、三期分界说"和"三、四期分界说"。

正当考古学界对二里头文化和商汤亳都问题各抒己见时，一项意想不到的重大考古发现即将闪亮登场。

---

① 中国社会科学院考古研究所二里头队：《河南偃师二里头二号宫殿遗址》，《考古》1983年第3期。
② 中国社会科学院考古研究所二里头队：《河南偃师二里头二号宫殿遗址》，《考古》1983年第3期。
③ 郑光：《试论二里头商代早期文化》，《中国考古学会第四次年会论文集》，文物出版社1985年版；杨宝成：《二里头文化试析》，《中原文物》1986年第3期。

桐宫：尸乡沟商城的历史定位

1983年春，中国社会科学院考古研究所汉魏故城队在配合首阳山发电厂选址的考古勘察中，"在河南偃师城西的尸乡沟一带，发现商代早期的都城遗址，很可能是商汤所都'西亳'。这是近几年我国考古学上最重要的一项发现"①。偃师尸乡沟商城的发现，为如火如荼的学术论战增添了几分戏剧性，成为夏商文化研究的重要拐点。

尸乡沟商城与"新西亳说"

早在1959年，徐旭生先生赴偃师调查，是为了"寻找古亳遗址"②，指引徐先生的线索，乃是东汉班固在《汉书·地理志》提到的那句"偃师，尸乡，殷汤所都"。偃师县城一带"从很早的时候起，当地就广泛流传有关尸乡和西亳的传说，城郊各地还保留着多处与传说相关联的'遗迹'：城西嚇田砦村以东有所谓伊尹墓、田横塚；城南高庄村边地势隆起，人云是汤都西亳的'亳地'；城西南塔庄村北有一东西向低凹地带，老乡世代相承称之为尸乡沟"③。

---

① 本刊讯：《偃师尸乡沟发现商代早期都城遗址》，《考古》1984年第4期。
② 徐旭生：《1959年夏豫西调查"夏墟"的初步报告》，《考古》1959年第11期。
③ 中国社会科学院考古研究所洛阳汉魏故城工作队：《偃师商城的初步勘探和发掘》，《考古》1984年第6期。

偃师尸乡沟附近新发现城址（图 10-1）的主体文化堆积与郑州商城相同，显然属于商文化性质。"鉴于该城址紧靠偃师县城，我们称其为偃师商城。……商文化的二里冈期当是该城历史上的兴盛时期之一；在与二里冈上层相当的某段时间里，城墙曾作过修补；该城废弃的年代，约相当于二里冈上层晚期或更迟一些的时间。因此，可以说偃师商城是商代前期的城址。"①

图 10-1　尸乡沟商城遗址国保单位石碑
（王步云拍摄，2021）

这座商代城址很容易令人联想到传世文献中的汤都西亳。"当地所传'亳地'在其东；伊尹墓、田横塚在其西；尸乡沟则横贯

---

① 中国社会科学院考古研究所洛阳汉魏故城工作队：《偃师商城的初步勘探和发掘》，《考古》1984 年第 6 期。

城址中部"①,"现在偃师新发现的这座城址,年代属商代早期,规模如此宏大,而且恰好有一条名叫'尸乡'的沟横穿遗址,如此相符不可能是偶然的巧合,至少说明东汉学者公认的汤都就在这一带地方"②。

初步勘探和发掘表明,城址平面略呈刀把形,发现西、北、东三面夯土墙,推测南城墙已被洛河冲毁。③ 后经进一步考古工作,确定南城墙被压在塔庄村之下。④ 1996年,考古工作者在偃师商城原有城圈(后称大城)之内又发现了年代更早的小城。⑤ 偃师商城的营建次序乃是先筑小城,后增筑大城⑥(图10-2)。

宫殿区位于偃师商城小城的中部略偏南,历经三次增建,发现多处大型四合院式夯土建筑基址,北侧还发现了祭祀区和池苑遗迹(图10-3)。小城西南部和东墙外发现了可能是府库或武库的第Ⅱ、Ⅲ号建筑群,⑦ 彰显出这座城址较为浓厚的军事色彩。最近又在小城西北部发现了大型仓储区和囷仓类建筑基址。⑧

---

① 中国社会科学院考古研究所洛阳汉魏故城工作队:《偃师商城的初步勘探和发掘》,《考古》1984年第6期。
② 本刊讯:《偃师尸乡沟发现商代早期都城遗址》,《考古》1984年第4期。
③ 中国社会科学院考古研究所洛阳汉魏故城工作队:《偃师商城的初步勘探和发掘》,《考古》1984年第6期。
④ 刘忠伏:《偃师商城南城墙保存完好》,《中国文物报》1992年6月7日第1版。
⑤ 中国社会科学院考古研究所河南第二工作队:《河南偃师商城小城发掘简报》,《考古》1999年第2期。
⑥ 谷飞、陈国梁:《社会考古视角下的偃师商城——以聚落形态和墓葬分析为中心》,《中原文物》2019年第5期。
⑦ 中国社会科学院考古研究所洛阳汉魏故城工作队:《偃师商城的初步勘探和发掘》,《考古》1984年第6期;中国社会科学院考古研究所河南第二工作队:《偃师商城第Ⅱ号建筑群遗址发掘简报》,《考古》1995年第11期;王学荣:《河南偃师商城第Ⅱ号建筑群遗址研究》,《华夏考古》2000年第1期;中国社会科学院考古研究所:《偃师商城》第1卷,科学出版社2013年版;谷飞、陈国梁:《社会考古视角下的偃师商城——以聚落形态和墓葬分析为中心》,《中原文物》2019年第5期。
⑧ 陈国梁、曹慧奇、谷飞:《河南偃师商城遗址新发现大型仓储区及囷仓类建筑基址》,《中国文物报》2020年8月7日第8版。

稽古夏朝：解读《试论夏文化》

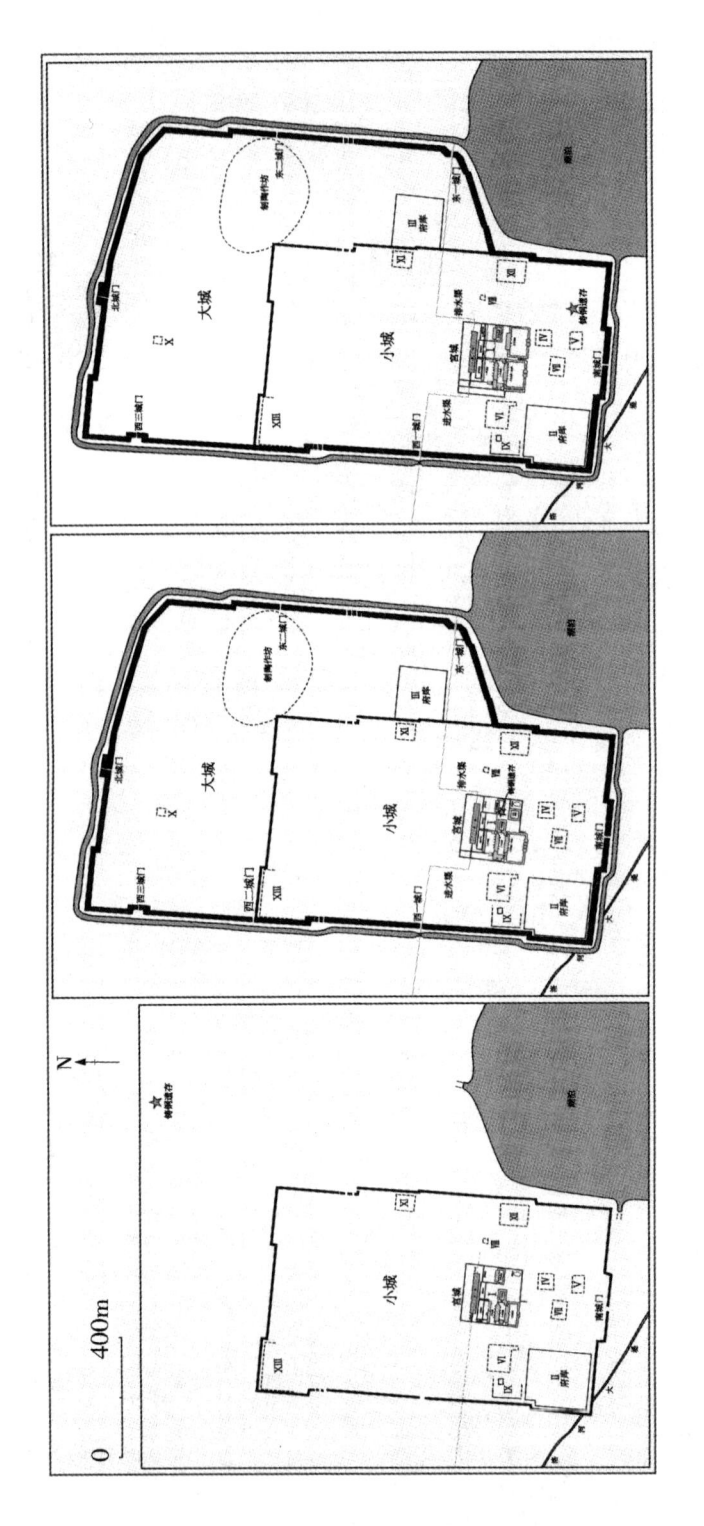

图 10-2 偃师商城布局变化
（谷飞等，2019）

· 248 ·

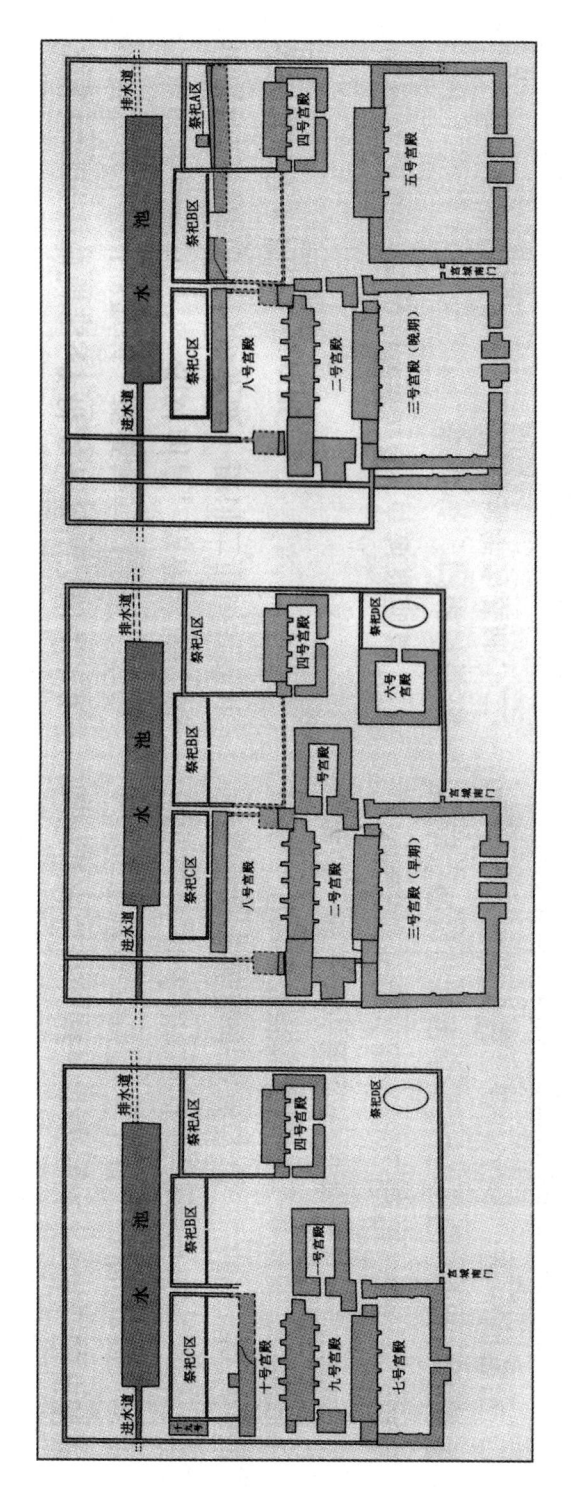

图 10-3 偃师商城宫城布局变迁
(谷飞等，2019)

商城周邻地域随后发现的唐代墓志也进一步证实了"尸乡"的具体地望。大城西北城角以外的杏园村李景由墓出土墓志记载:"(开元)廿六年十一月十五日合祔于偃师首阳原先茔之东……原深景亳,土厚尸乡。……"① 大城东北城角以外的偃师县磷肥厂唐严仁墓出土了唐代著名书法家张旭书写的墓志:"(天宝元年)十二月一日迁厝于土娄东五里新茔……留尸乡兮启胜铭……"②(图10-4)。这些唐代墓志的内容表明,商城附近地区确实是唐代人认为的"尸乡"之所在。

图10-4 唐张旭所书严仁墓志拓片

(樊有升等,1992)

---

① 中国社会科学院考古研究所:《偃师杏园唐墓》,科学出版社2001年版,第274—278页。
② 樊有升、李献奇:《河南偃师唐严仁墓》,《文物》1992年第12期。

偃师商城相比二里头遗址更加符合《汉书·地理志》所言"偃师,尸乡,殷汤所都"的地望,认为偃师商城是汤都西亳的"新西亳说"由此应运而生。①

回眸二里头

偃师商城位于洛河北岸,向西偏南方向约6公里的洛河南岸就是二里头遗址。如果偃师商城是"西亳",那么以往认为是"西亳"的二里头遗址又是哪座古代都会呢?这无疑是摆在"旧西亳说"学者面前的一道难题。

赵芝荃先生既曾是二里头遗址的主要发掘者,又被委派主持发掘偃师商城,如何对二里头遗址进行重新定位,成为了不可回避的问题。通过数年的思考,赵芝荃先生提出了新认识:"由于这座城址(即偃师商城——引者注)的年代属商代早期,它的发现无疑对于确定二里头遗址的性质问题提供了极为可靠的依据。现在我们有充足的理由推断,二里头遗址并非汤都西亳,而是夏代晚期的一处都邑遗址。"②

赵芝荃先生判断二里头遗址是夏代晚期都邑的主要依据有六项:"(一)二里头遗址的地理条件和形成的历史背景;(二)遗址的形制和发展过程;(三)遗址中的宫殿建筑、墓葬和出土遗物的特点;(四)遗址与二里头文化的关系和与偃师商城的比较;(五)年代方面的分析研究;(六)结合古代文献记载。"③

---

① 赵芝荃、徐殿魁:《河南偃师商城西亳说》,《全国商史学会讨论会论文集》(《殷都学刊》增刊),1985年;方酉生:《论偃师商城为汤都西亳》,《江汉考古》1987年第1期。
② 赵芝荃:《论二里头遗址为夏代晚期都邑》,《华夏考古》1987年第2期。
③ 赵芝荃:《论二里头遗址为夏代晚期都邑》,《华夏考古》1987年第2期。

尽管由"旧西亳说"转向了"新西亳说",赵芝荃先生却并未认同邹衡先生所提二里头一至四期皆为夏文化的观点,而是认为二里头一至三期属于夏代晚期,二里头四期属于商代。"一期之隔,竟有天渊之差,如不经历重大政治变动,似无可能。……一兴一废,偃师商城逐渐代替了二里头遗址。"① 之所以认为二里头四期进入商代早期,一方面是因为二里头四期原本就是从打破二里头遗址一号基址的遗存中辨析出来的,属于对这一重要建筑的破坏性遗存,另一方面是偃师商城的始建年代被发掘者定为相当于二里头四期,从而形成了一废一兴的交替局面。两处先行后续的都邑相距仅有约6公里(图10-5),很有可能是王朝更替的结果。

方酉生也改变了观点,将二里头遗址第三期遗存与"桀都斟鄩"联系在了一起。由于偃师商城的文化性质公认属于商文化,其年代上限又被发掘者定为相当于二里头四期,那么由此上推年代更早的二里头三期便是夏桀时期了,以往认为的"早商宫殿"也就变成了夏桀的宫殿。偃师商城的发现是导致其转向"新西亳说"的重要原因,"偃师尸乡沟商城的发现,为偃师二里头遗址第三期是桀都斟鄩,提供了无懈可击的旁证"②。

随着偃师商城的发现,一部分原本持"旧西亳说"的学者转向了"新西亳说",二里头遗址由此向前推为商王朝建立之前的另一处都邑。根据传世文献的记载,夏桀之居就在洛阳盆地,以二里头遗址一号基址为代表的二里头三期遗存,自此被认定为夏代晚期的文化遗存。

尽管"西亳说"的变化主要来自偃师商城的新发现,但从客观上说,由此得出二里头一至三期属于夏代的观点,与邹衡先生

---

① 赵芝荃:《论二里头遗址为夏代晚期都邑》,《华夏考古》1987年第2期。
② 方酉生:《偃师二里头遗址第三期遗存与桀都斟鄩》,《考古》1995年第2期。

桐宫：尸乡沟商城的历史定位

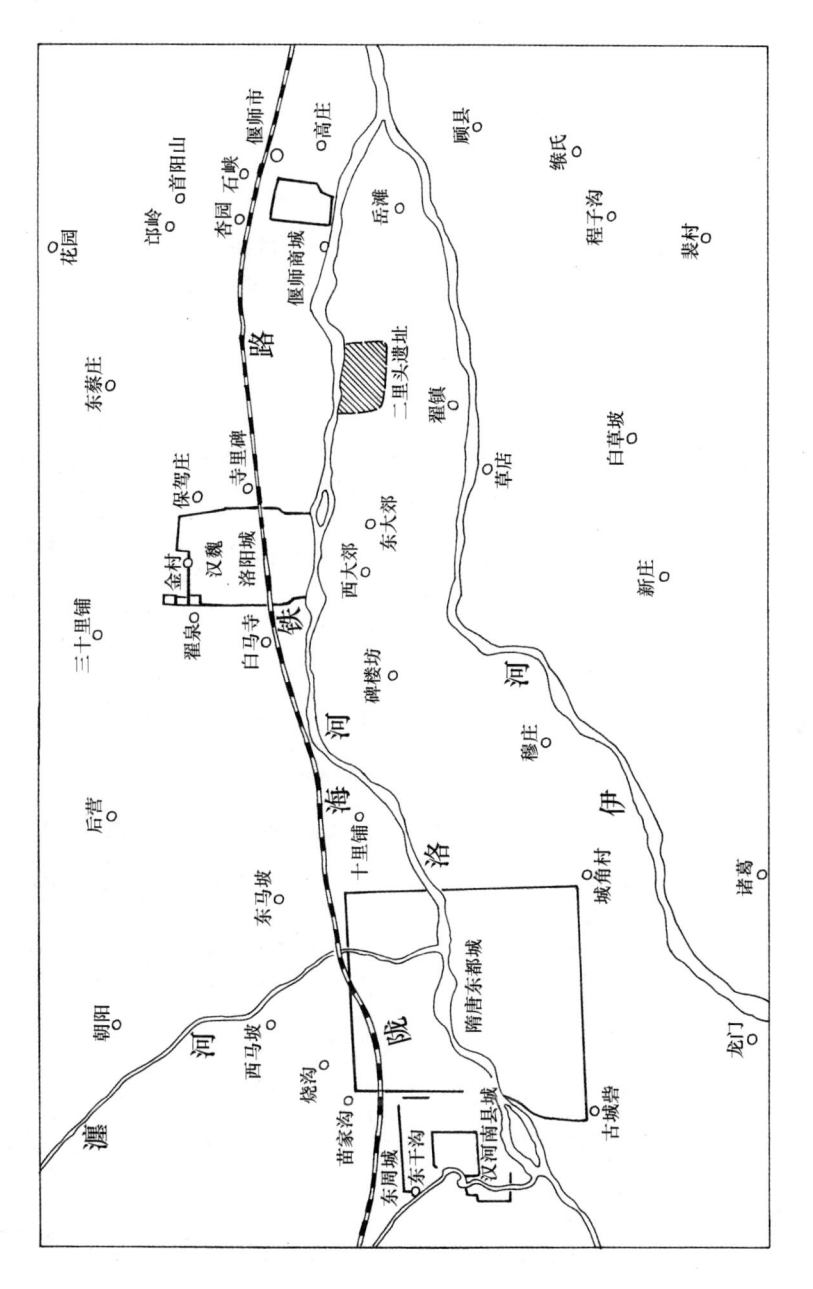

图 10－5 偃师商城和二里头遗址位置
（中国社会科学院考古研究所，2003）

所持观点的差距,已缩小到了仅有二里头四期是夏末还是商初的问题。

偃师商城即太甲桐宫说

在1983年之前的数年中,"郑亳说"与"旧西亳说"展开了热烈的学术讨论,"新西亳说"相比"旧西亳说"更有说服力,似乎能够确定偃师商城就是传世文献记载的"汤都西亳"。在不少人眼中,邹衡先生的学术体系也面临着考古新发现的检验,"郑州商城即汤都亳说"还能成立吗?对于偃师商城又如何定位?整个考古学界也在密切关注着邹衡先生的新动向。

据邹衡先生回忆:"偃师商城突然发现的消息的报导,对我来说,好像是很大的冲击。我的一些好心的朋友、老师都为我担心。北大历史系有些老教授纷纷劝我表态,干脆公开承认错误吧。……1984年4月,我带领几个研究生到偃师商城去参观,不久,甚至有人造出谣言:'邹衡参观偃师商城后都哭了。'"①

再次出人意料,邹衡先生很快提出了对偃师商城的性质认识:"最近在河南省偃师县城关镇西侧尸乡沟一带发现了一座商代早期都城遗址,即'偃师商城',论者皆以为汤都西亳。我却不以为然,该遗址实为太甲所放处桐宫,乃早商时期商王之离宫所在。"② 这就是著名的"偃师商城即太甲桐宫说"。后又经三稿及补校,邹衡先生对太甲桐宫说进行了详尽的论证,指出:"新近发现的偃师尸乡沟商城,乃早商别邑离宫,亦即太甲所放处的

---

① 张立东、任飞编著:《手铲释天书:与夏文化探索者的对话》(邹衡先生访谈),大象出版社2001年版,第59页。
② 邹衡:《偃师商城即太甲桐宫说(摘要)》,《北京大学学报》(哲学社会科学版)1984年第4期。

桐、或桐宫、桐邑，年代经久，讹传为成汤所都西亳。"①

邹衡先生将偃师商城认定为"太甲桐宫"的学术观点，源自"尸乡南有亳阪，东有城，太甲所放处也"（《晋太康地记》）、"洛州偃师县东六里有汤塚，近桐宫"（《括地志》）和"今尸乡有放太甲处，在偃师县界"（《元和郡县图志》）等记载。

不仅如此，邹衡先生还根据西汉董仲舒《春秋繁露·三代改制质文》中"汤受命而王，应天变夏作殷号……作宫邑于下洛之阳，名相官曰尹"的记载，揭示了"西亳说"的层累造成过程："东汉初，班固可能据此而说：'尸乡，殷汤所都'（《汉书·地理志》河南郡偃师条自注）。东汉末，郑玄所谓'亳'，今河南偃师县，有汤亭（《书·胤征》汤始居亳条孔《疏》引）又本自班固。及至西晋，皇甫谧乃创所谓成汤都西亳说"，"董仲舒和班固只言成汤作宫邑于洛水之北和尸乡殷汤所都，并未直言都亳，是偃师之亳都名乃后起，盖后人据文献而名之也"②。由此可见，偃师商城原本就是"下洛之阳"的宫邑，属于别邑离宫性质。

至于郑州商城与偃师商城的关系，邹衡先生重申了前者才是商汤亳都。判断偃师商城是别邑离宫，原因有三：

第一，郑州发现的商文化遗存早于偃师商城。"两座商城的年代是基本相同的。……在郑州商城以前，商文化在郑州已存在一段时间，比偃师商城稍早，这完全符合亳都和桐宫的年代关系。"③

第二，郑州商城的规模大于偃师商城。根据古代文献的记载，

---

① 邹衡：《西亳与桐宫考辨》，《纪念北京大学考古专业三十周年论文集》，文物出版社1990年版。
② 邹衡：《偃师商城即太甲桐宫说（摘要）》，《北京大学学报》（哲学社会科学版）1984年第4期。
③ 邹衡：《偃师商城即太甲桐宫说（摘要）》，《北京大学学报》（哲学社会科学版）1984年第4期。

先秦时期的城邑具有非常严格的规制，《左传·隐公元年》这样记载："先王之制：大都，不过三国之一；中，五之一；小，九之一。"偃师商城的面积仅相当于郑州商城的2/3，更何况郑州商城在外围还有更大规模的外郭城，"毫无疑问，国都应该大于离宫，更况此离宫又是太甲所放处，更不可能大于亳都"①。

第三，夏桀之都和商汤亳都并不在一处。既然承认偃师二里头遗址是夏都，商汤亳都不应也在偃师，因为在灭夏之前，商汤不可能把亳都建立在距离夏都仅有6公里的卧榻之侧。"当成汤伐桀以前（即先商时期），如果成汤所居之亳在偃师，则和夏桀处于同一地区了，显然是不可能的。当成汤伐桀以后（即早商时期），据《逸周书》、《书序》和《史记·殷本纪》所记，明明是又回到亳都去了，则此亳都断然也不可能是在偃师。"②

太甲桐宫说的提出，在学术界产生了很大的影响。据邹衡先生回忆："胡厚宣先生曾对我说，你真有办法，没想到你能提出桐宫之说。"③ 但实际上，太甲桐宫说并非邹衡先生针对偃师商城新发现的临时起意，而是在1973年就已经形成，④ "早年我曾研究过桐宫的所在地。……可是长期以来未在此做考古工作，当然也没有什么重要发现，因此我不敢提出此说。今既发现偃师商城，其地理位置又正合太甲所放之处，所以当偃师商城的消息公布不久，我就提出了此说"⑤。

---

① 邹衡：《偃师商城即太甲桐宫说（摘要）》，《北京大学学报》（哲学社会科学版）1984年第4期。
② 邹衡：《偃师商城即太甲桐宫说（摘要）》，《北京大学学报》（哲学社会科学版）1984年第4期。
③ 张立东、任飞编著：《手铲释天书：与夏文化探索者的对话》（邹衡先生访谈），大象出版社2001年版，第60页。
④ 李维明：《考古学家邹衡》，科学出版社2010年版，第113页。
⑤ 张立东、任飞编著：《手铲释天书：与夏文化探索者的对话》（邹衡先生访谈），大象出版社2001年版，第60页。

郑州商城始建年代的修订

郑州商城的发掘者认为，洛达庙期和南关外期的年代早于二里冈期。① 通过对城墙的解剖发掘，城墙之下叠压了洛达庙期遗存，并打破了南关外期遗存，但西城墙下压了一条二里冈下层时期的小沟，"沟内填红褐色土和淤土，包含有洛达庙期和二里冈期下层的盆、大口尊、罐等陶片和一些涂朱陶片，以及螺壳、木炭屑与草拌泥等"②。按照考古地层学的基本原理，由于城墙叠压二里冈下层小沟，西城墙的年代不能早于这条小沟的年代，这就意味着郑州商城的年代上限是二里冈下层时期。城墙夯土墙内包含的陶片"多为洛达庙期的，也有商代二里冈期下层的，没有发现比二里冈期下层再晚的遗物"③。

针对郑州商城的始建年代，陈旭④、郑杰祥⑤等学者提出了不同意见，认为发掘者将郑州商城的年代上限定为二里冈下层时期缺乏坚实可靠的证据，城墙的年代上限有可能早至南关外期。邹衡先生对此进行了补充修订，由于商文化先商期第一段第Ⅱ组既包含南关外中、下层，也包含二里冈下层以 C1H9 为典型单位的一类遗存，因此郑州商城的年代上限可以早到商文化先商期第一

---

① 河南省文物考古研究所：《郑州商城：1953—1985 年考古发掘报告》，文物出版社 2001 年版，第 40 页。
② 河南省博物馆、郑州市博物馆：《郑州商代城遗址发掘报告》，《文物资料丛刊》第 1 辑，文物出版社 1977 年版。
③ 河南省博物馆、郑州市博物馆：《郑州商代城遗址发掘报告》，《文物资料丛刊》第 1 辑，文物出版社 1977 年版。
④ 陈旭：《郑州商文化的发现与研究》，《中原文物》1983 年第 3 期。
⑤ 郑杰祥：《关于偃师商城的年代和性质问题》，《中原文物》1984 年第 4 期。

段第Ⅱ组，也就是南关外期。①

根据1983年发表的郑州商城宫殿区考古新材料，② 邹衡先生指出："C8T62中的夯土基址上面发现的完整陶器，同H9的很相似，基本上可以归入第Ⅱ组，即属南关外期。这些陶器应该是住在该基址上的人们所遗留的，所以可以决定该夯土基址的年代不能晚于陶器的年代，即不能晚于南关外期（第Ⅱ组），而应该是同时的。"③

根据《史记·殷本纪》的记载，在夏桀时期，也就是先商晚期，"伊尹去汤适夏。既丑有夏，复归于亳。入自北门，遇女鸠、女房，作《女鸠女房》"。伊尹从"西邑夏"返回"亳"，是从北门进入的，这显然表明亳都此时已经筑城，否则"北门"无从说起。郑州商城北门以内正是夯土基址分布最为密集的宫殿区。将郑州商城的始建年代调整为商文化先商期第一段第Ⅱ组更加符合历史事实。

偃师全靠大灰沟

这是北京大学考古文博学院商周组口耳相传的一首打油诗：

郑亳西亳几成仇，偃师全靠大灰沟。
前八后五今何在，东西二里不到头。

这其中谈到了一个非常重要的典型单位，就是偃师商城的一

---

① 邹衡：《西亳与桐宫考辨》，《纪念北京大学考古专业三十周年论文集》，文物出版社1990年版。
② 河南省文物研究所：《郑州商代城内宫殿遗址区第一次发掘报告》，《文物》1983年第4期。
③ 邹衡：《西亳与桐宫考辨》，《纪念北京大学考古专业三十周年论文集》，文物出版社1990年版。

条"大灰沟"。这条沟位于偃师商城的宫城北部,东西长约 120 米,南北宽约 14 米,四周围绕宽度约 1 米的夯土墙。大灰沟内发现了丰富的商文化遗存,发掘者根据层位关系和出土遗物,并结合其他地点的发掘材料,将偃师商城的商文化分为三期七段,建立起偃师商城的商文化分期。

在大灰沟的底层,发现了偃师商城内年代最早的商文化遗存,即偃师商城第一期第 1 段遗存,以探方 T28 的第 9 层、第 10 层和探方 T32 的第 9B 层、第 9C 层为代表。发掘者指出:"根据以往材料,二里岗期早商文化的最早遗存,以郑州二里岗 H9 为典型单位。根据我们对偃师商城和郑州商城有关考古材料的对比分析,认为郑州二里岗 H9 与偃师商城商文化以'大灰沟'T28⑧、大城东北隅 H8、H9 代表的第 2 段的文化面貌基本相同,二者年代应基本相当。如此,则叠压在'大灰沟'T28⑧之下的 T28⑨、⑩层所代表的偃师商城商文化第 1 段,在年代上超出了传统认识上的二里岗期商文化,是目前所知最早的商文化遗存。"①

为什么偃师商城大灰沟最底层的商文化遗存具有如此重要的学术意义呢?归根到底,还是偃师商城到底是不是亳都的问题。邹衡先生认为偃师商城是太甲桐宫的一条重要理由就是郑州的商文化遗存年代上限早于偃师商城。如果偃师商城发现的商文化遗存比郑州商城年代最早的商文化遗存还要早出一个阶段,那就意味着偃师商城才是"汤始居亳"之所在。既然偃师商城的年代更早,其规模小于后来兴建的郑州商城也就说得过去了。

然而,刘绪先生在 2013 年发表的论文中指出,偃师商城的"第一期第一段的遗存很简单,到目前为止,可以确定为第一段遗存仅限于宫城内'大灰沟'部分位置最下两层堆积。至于此时的

---

① 中国社会科学院考古研究所河南第二工作队:《河南偃师商城宫城北部"大灰沟"发掘简报》,《考古》2000 年第 7 期。

大型建筑等遗迹，因缺少直接证据，尚难确指"。尽管有学者认为大灰沟是营造宫殿时取土形成，沟内堆积是宫殿使用时期的遗物，但"'大灰沟'以南的整个宫殿区不见第一段遗物，就等于没有直接证据能证明有的宫殿一定建于第一段"①。

郑州商城的考古新发现

考古新材料往往是考古学研究取得进展的重要推动力。随着考古工作的持续展开，特别是夏商周断代工程提供的工作契机，郑州商城取得了一系列重要的考古新发现。

郑州商城东北部是夯土建筑基址最为密集的区域，历来被推测为商王室的居所，在郑州遗址分区中被划分为C8区。黄委会夯土墙、河务局T166M6和北大街宫殿基址的考古发掘，成为郑州商城的重要考古新收获。

河务局97：ZSC8ⅡT166M6（97是1997年，ZS是郑州商城，C8Ⅱ是郑州遗址C8区内划分的第Ⅱ区，T166是第166号探方，M6是第6号墓）是河南黄河河务局住宅楼基建工程中发现的一座重要墓葬（图10-6）。探方T166的第5层为商代文化层，该层之下是一条灰沟，编号G2，"规模较大，呈西北东南向，已发掘清理长度约30米。沟内填土呈灰褐色，质地疏松，包含陶片较多，主要器类有大口尊、卷沿鬲、盆、罐、鼎、豆等。沟的年代应相当于二里岗下层时期"②。河务局T166M6开口于这条二里冈下层时期的灰沟之下，墓口长2.4米，宽1.1米，方向110°，为

---

① 刘绪：《夏末商初都邑分析之一——二里头遗址与偃师商城遗存比较》，《中国国家博物馆馆刊》2013年第9期。
② 河南省文物考古研究所：《郑州商城新发现的几座商墓》，《文物》2003年第4期。

三人合葬，均为俯身葬，中间的男性骨架应是墓主，颈部戴着由93枚海贝和1枚绿松石串成的项饰，身上及身下铺洒了大量朱砂，在墓主左侧是一位女性，右侧是一位少年，少年的双手被交叉捆绑于头顶部，腰间发现1件铜戈、2件蚌镞和41件骨镞。

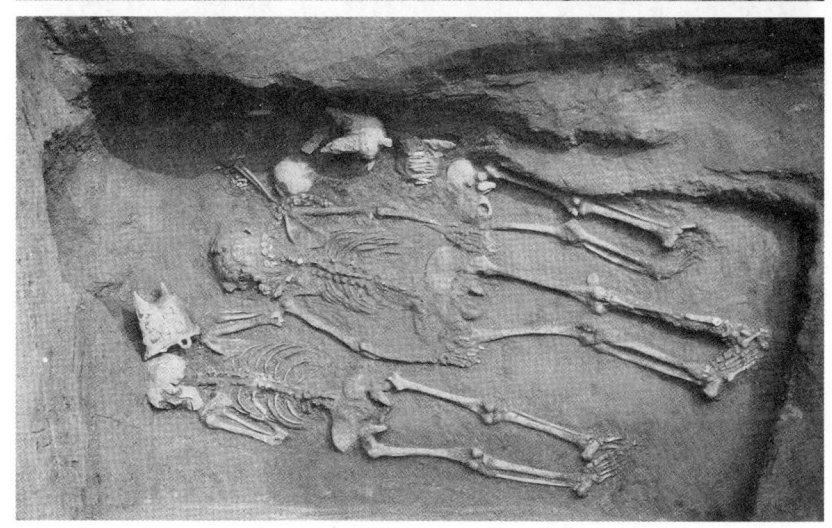

图 10-6　河务局 M6 发掘现场

（河南省文物考古研究所，2001、2003）

这座墓葬随葬了两件青铜礼器（图 10-7）。令人眼前一亮的是铜鬲，这是迄今考古发现年代最早的铜鬲，形制特征与商文化的陶鬲非常近似。商文化陶器群的核心是陶鬲，因此铜鬲的出现意义重大，表明商文化已能够铸造体现自身特质的青铜礼器，这很有可能是商汤灭夏之后控制了先进青铜礼器生产线的结果。另一件铜器是二里头文化传统的铜盉，不排除是灭夏战争中所获的战利品。铜盉旁还发现了玉柄形器和圆陶片，原本应存在一件漆觚。① 发掘者指出："从目前郑州商城发现的青铜器来看，此墓应是郑州商城内年代最早的一座商墓。……T166M6 大致可以排在洛达庙晚期晚段（即二里头四期偏晚阶段）。"② 从文化特征上看，河务局 T166M6 墓主葬式为俯身葬，墓中随葬铜鬲均属于商文化的典型特征，墓葬性质属于商文化迨无异议。更为关键的是，这座墓葬是郑州商城目前发现年代最早的铜器墓，年代很有可能早至夏商之际。

1985—1986 年，在水利部黄河水利委员会青年公寓大楼工程基建工地发现了丰富的二里冈文化和洛达庙类型遗存。③ 值得注意的是，在黄委会青年公寓的洛达庙期地层（以第 6 层为代表）发现了典型特征的薄胎细绳纹鬲和橄榄形深腹罐（图 10-8）。在青年公寓发掘区的西部还发现一道夯土墙，编号为 W22。

1998 年，水利部黄河水利委员会一号高层住宅楼的基建工地再次发现了方向相同的夯土墙，向北延伸，与此前在黄委会青年公寓大楼基建工地发现的夯土墙 W22 属于同一道墙。通过此次发掘，"打破夯土墙的两个灰坑 H56、H114 的出土物可能要早于二里岗下层，最晚可至二里岗下层偏早阶段 H9 的时期。……这两个

---

① 严志斌：《漆觚、圆陶片与柄形器》，《中国国家博物馆馆刊》2020 年第 1 期。
② 河南省文物考古研究所：《郑州商城新发现的几座商墓》，《文物》2003 年第 4 期。
③ 河南省文物研究所：《郑州黄委会青年公寓考古发掘报告》，《郑州商城考古新发现与研究 1985—1992》，中州古籍出版社 1993 年版。

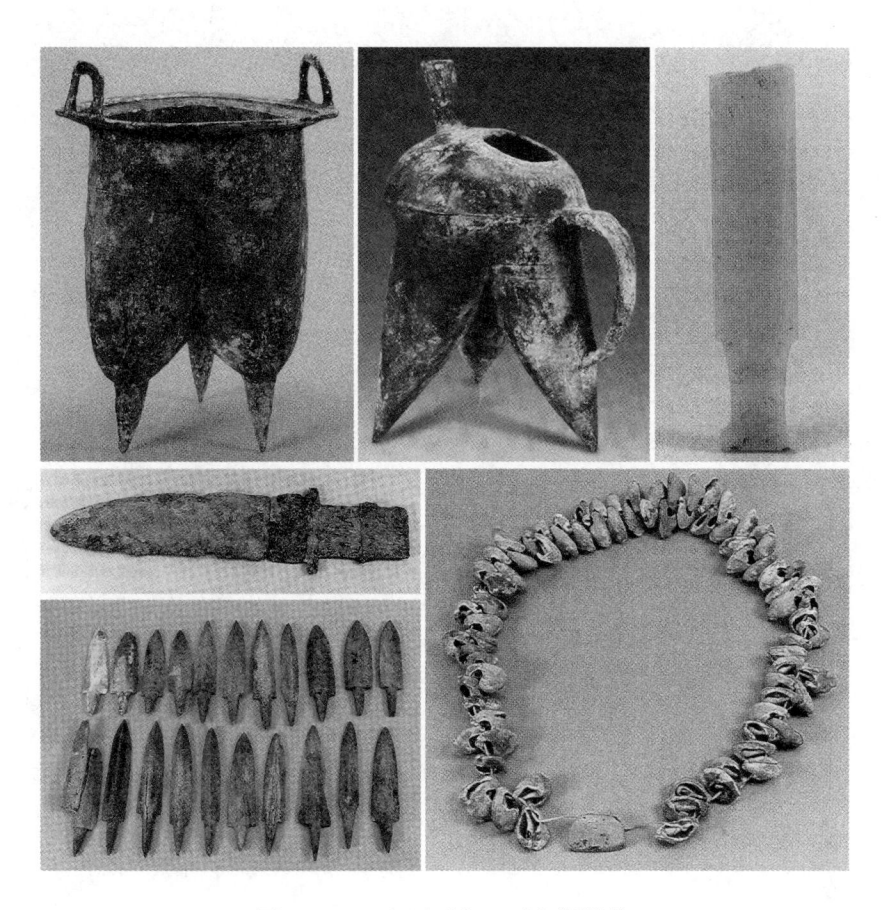

图 10-7　河务局 M6 随葬器物
（河南省文物考古研究所，2003）

灰坑打破的是夯土墙的基槽部分，H114 打破墙基的中部，表明在这个阶段这段城墙已完全废弃，否则这些灰坑就不可能坐落在墙基的中部"①。黄委会附近的两次考古发掘表明，郑州商城内城东北部也存在夏商之际的夯土墙。

更为重要的是，郑州商城范围内夏商之际文化遗存的面貌逐渐清晰起来。"夯土墙下面发现的陶窑和较多的灰坑，说明夯土墙

---

① 河南省文物考古研究所：《河南郑州商城宫殿区夯土墙 1998 年的发掘》，《考古》2000 年第 2 期。

图 10 – 8　黄委会青年公寓出土橄榄形深腹罐和薄胎细绳纹鬲
（河南省文物考古研究院，2015）

建造以前，这里已是一处具有相当规模的聚落遗址，因为同一时期的文化遗存在黄委会青年公寓大楼和河南黄河河务局等工地的发掘中均有发现。……近年来郑州商城特别是宫殿区内发现了不少稍早于或相当于二里岗下层 H9 时期的夯土建筑基址，而这些遗迹同夯土墙及下面的灰坑和陶窑一样，出土物文化面貌比较复杂，即在器物种类和形态方面包含有大量的二里头文化因素，同时又有一组如薄胎细绳纹卷沿鬲、橄榄形深腹罐等特征鲜明的商族文化典型器物，并有少量的岳石文化因素存在。这种具有典型特征的考古学文化的创造者在郑州地区存在了较长的时期，这个人们共同体具有较强大的生命力,这是否与商族势力在郑州的立足、与土著文化的融合和发展有关呢?"①

1998年9月至1999年5月,郑州商城内城东北部的北大街农业队居民住宅楼小区基建工地发现多处夯土建筑基址(图10-9)。夯土Ⅵ和夯土Ⅶ下压H230、H231、H232、H233等灰坑,根据出土遗物可知其年代为二里头文化第四期。夯土Ⅵ和夯土Ⅶ的包含物"除有一部分属于郑州洛达庙晚期遗物外,另有少量二里冈下层一期偏早的因素。……夯土中出土的各类遗物具有鲜明的早商文化特征,与这一时期商族势力到达郑州地区有关"②。

图10-9 郑州商城北大街基建工地发掘现场

(河南省文物考古研究所,2002)

---

① 河南省文物考古研究所:《河南郑州商城宫殿区夯土墙1998年的发掘》,《考古》2000年第2期。
② 河南省文物考古研究所:《郑州商城北大街商代宫殿遗址的发掘与研究》,《文物》2002年第3期。

河务局 T166M6 墓葬、黄委会 W22 夯土墙和北大街夯土Ⅵ、Ⅶ的考古发现表明，郑州商城内城东北部的高规格商文化遗存年代上限略早于二里冈下层偏早阶段。结合郑州商城的考古新发现，李伯谦先生撰文指出："W22 夯土墙、北大街 7 号夯土等建筑基址和 T166M6 等遗迹可能是'汤始居亳'时所见亳都遗存。"①

中国最早的"两京制"

多年的考古发掘与研究表明，郑州商城和偃师商城的主体堆积年代都是二里冈文化时期，两者在相当长的一段时间内是并存的。偃师商城"位于灭亡了的夏王朝的政治中心区，且与二里头宫殿遗址隔河相望，其性质显而易见，它应是商人灭夏以后在这里建立的一座重镇，用以巩固商初西部边防并镇压夏人的复辟。它可以称之为商王朝的别都，而类似于周人在灭商以后营造的东都洛邑"②。郑州商城的年代上限可早至先商时期，但偃师商城的商文化遗存却无论如何也早不到先商时期，所以"'汤复归于亳'的亳，从目前看，只有郑州商城才具备汤本国亳都的资格"③。

考虑到郑州商城和偃师商城的考古实际，许顺湛先生提出了中国最早"两京制"的观点："郑州商城是都城，偃师商城也是都城。郑亳说不否定偃师商城的时代，认为同是商代早期的城，只是把城的性质作为桐宫或陪都看待，这在时代上并不矛盾。……偃师商城和郑州商城，其繁荣期和衰败期基本相同这一事实，说明两城是并存的……郑亳是汤本国的亳。西亳是'始屋

---

① 李伯谦：《对郑州商城的再认识》，《古代文明研究通讯》2004 年总第 23 期。
② 郑杰祥：《关于偃师商城的年代和性质问题》，《中原文物》1984 年第 4 期。
③ 许顺湛：《中国最早的"两京制"——郑亳与西亳》，《中原文物》1996 年第 2 期。

夏社'的亳。……商代早期的郑亳、西亳并存，这是最早出现的'二京制'。"①

偃师商城与夏商文化分界

随着夏商周断代工程的展开，夏文化与商文化的分界问题再次成为考古学界关注的热点。自偃师商城发现后，考古学界关于夏商文化的分界问题，主要有两种最为流行的观点：一种是邹衡先生的学术观点，认为夏文化的下限是二里头文化第四期，另一种观点则是持"新西亳说"学者的观点，认为二里头遗址第四期已经进入了商代。

1998年第10期的《考古》杂志刊发了高炜、杨锡璋、王巍、杜金鹏先生联合署名的论文《偃师商城与夏商文化分界》，提出了"偃师商城为夏商王朝交替界标说"②。在对夏商文化界定问题进行学术史回顾后，论者指出："无论从陶器群所标识的物质文化面貌，还是从建筑朝向所反映的观念来看，都表明二里头遗址和偃师商城不是同一文化共同体早晚相承的两个发展阶段。换句话说，只能把它们看作两个不同族属的文化遗迹。……这座商代早期都址出现在夏王朝辅畿之内的事实本身，实际上成为发生于夏商之际的一次重大历史事变，即中国历史上的第一次王朝更迭——夏王朝灭亡和商王朝确立的标志。"③

具体而言，偃师商城"宫城北部灰沟底层出土的陶片，多数

---

① 许顺湛：《中国最早的"两京制"——郑亳与西亳》，《中原文物》1996年第2期。
② 高炜、杨锡璋、王巍、杜金鹏：《偃师商城与夏商文化分界》，《考古》1998年第10期。
③ 高炜、杨锡璋、王巍、杜金鹏：《偃师商城与夏商文化分界》，《考古》1998年第10期。

呈现二里头文化特征，少数属于典型的早商文化遗物。正是这些数量虽少但特征鲜明的商文化遗物，证明商人势力已在此立足。……偃师商城第一期遗存的年代，大致同郑州二里岗 H9 一类遗存为代表的二里岗下层文化一期相当；又同二里头遗址五区 H53 以及三区 H23 等单位为代表的二里头四期（晚段）遗存相当"①。相比以往认为二里头遗址第四期进入商代的观点，论者进一步指出："至迟在二里头文化四期晚段已经完成了夏、商王朝的更替。这段历史进程在考古学上集中表现为二里头遗址近旁偃师商城的平地崛起。"②

客观上说，此时持"新西亳说"的学者已基本认同二里头文化是夏文化的学术观点："二里头文化主体是夏文化，惟其第四期（至迟其晚段）已经进入商代早期。"这一观点与邹衡先生于 1977 年登封会议和 1980 年发表的《试论夏文化》所阐述的二里头文化第一期至第四期是夏文化的学术观点已非常接近，两者之间仅剩下考古学文化分期上的半个"期"的距离。

夏社与桐宫

赵芝荃先生在 2001 年发表了一篇题为《夏社与桐宫》的论文。在文章的开头，赵先生回顾了对于夏社和桐宫的思考历程："1977 年发掘二里头遗址第二号宫殿基址时，也就考虑到夏社的问题。……1983 年开始发掘偃师商城时，除去推断此城为商汤亳

---

① 高炜、杨锡璋、王巍、杜金鹏：《偃师商城与夏商文化分界》，《考古》1998 年第 10 期。
② 高炜、杨锡璋、王巍、杜金鹏：《偃师商城与夏商文化分界》，《考古》1998 年第 10 期。

都以外，也在考虑太甲桐宫的问题。"①

赵芝荃先生认为，二里头遗址二号宫殿就是传世文献中所说的夏社，"商王朝一方面保留夏社，另一方面则在夏人的统治中心地区建立自己的社稷，其所建立的新城必设'亳社'，后世称其为'西亳'，即偃师商城"②。偃师商城四号宫殿（图10-10）被赵芝荃先生推测为城内的"亳社"。

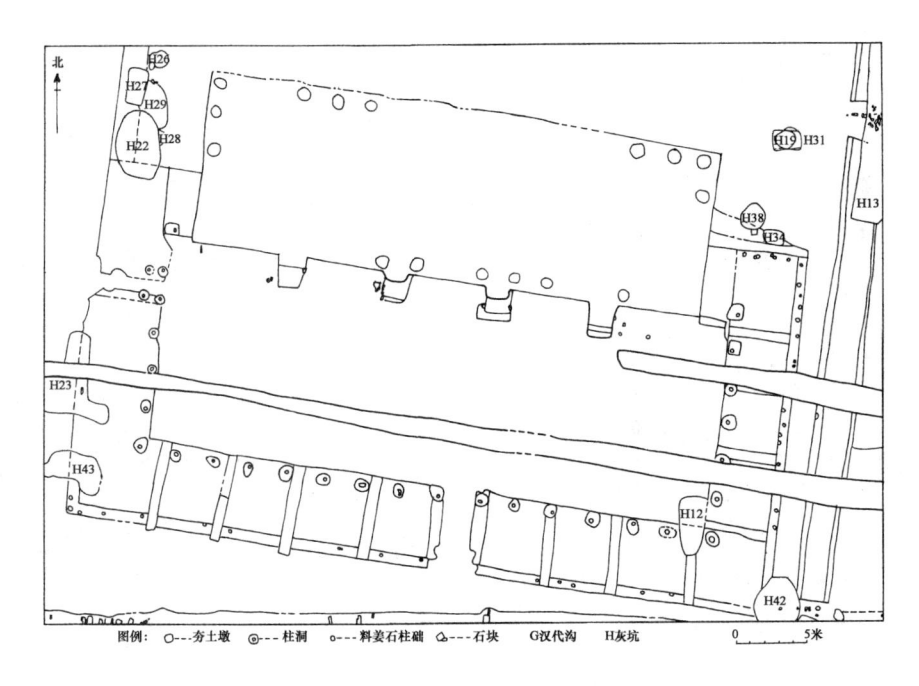

图 10-10 偃师商城四号宫殿基址
（中国社会科学院考古研究所河南二队，1985）

尽管赵芝荃先生仍然坚持偃师商城是"西亳"，但他对于邹衡先生提出的"桐宫"也保持着自己的思考。通过偃师商城宫殿区的考古发掘，"5下号宫殿基址"（即五号宫殿基址的下层基址，后被改编为六号宫殿基址）就是所谓的"桐宫"。这座宫殿"偏

---

① 赵芝荃：《夏社与桐宫》，《考古与文物》2001年第4期。
② 赵芝荃：《夏社与桐宫》，《考古与文物》2001年第4期。

居宫城一隅，南靠部分宫墙，四周庑室相围，坐西朝东，阴暗潮湿，给人以压抑拘束之感，很像是禁区，有可能是王室的一座狱宫，它建于偃师商城文化二期之初，使用一段时间之后即被平毁，在其上建造5上号大型宫殿"①（图10-11）。

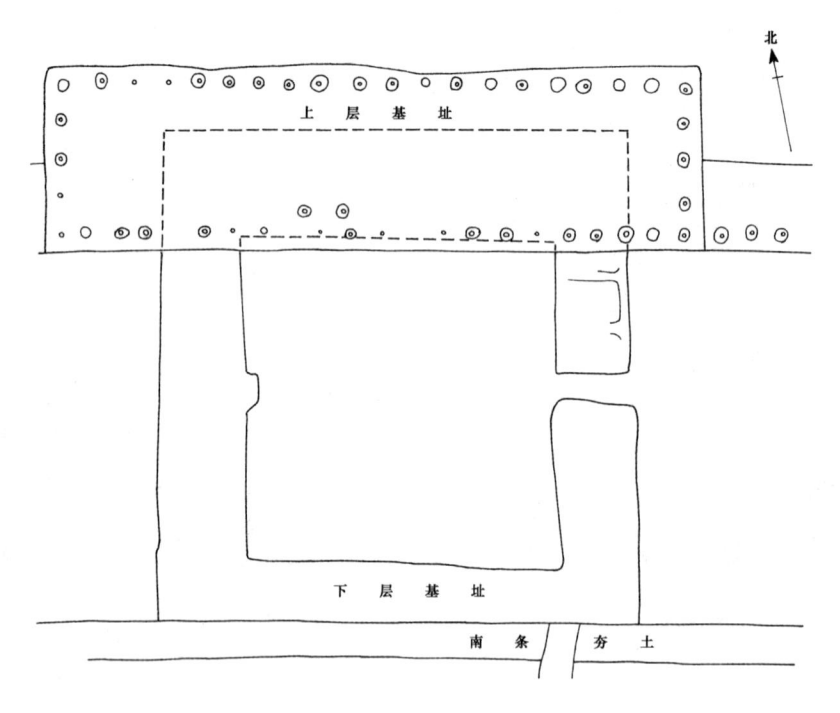

图 10-11　偃师商城五号宫殿基址

（赵芝荃，1998）

此外，李德方先生撰文指出："桐宫说者的桐宫应仅指偃师商城的宫城……偃师商城宫城第六号宫殿有可能是王室'狱宫'，与太甲所放的年代相当。"②

实际上，邹衡先生早在1998年发表的一篇论文中已经对"桐宫"究竟是偃师商城内的哪座宫殿有所考虑："偃师商城内曾发现

---

① 赵芝荃：《夏社与桐宫》，《考古与文物》2001年第4期。
② 李德方：《偃师商城之宫城即桐宫说》，《考古与文物》2006年第1期。

几座宫殿遗址，我曾怀疑其中或有一座宫殿名曰唐宫（即汤宫）或桐宫。"① 然而，既然古人所说的商王太甲乃是被伊尹所"放"，显然是被安置在与亳城有一定距离的地方，桐宫当然不可能在亳城之内，"偃师商城既为汤都，何以又是太甲所放处？如果太甲既居偃师商城，又怎曰放呢？"② 因此，只要偃师商城的宫城或其中的某一座宫殿名曰"桐宫"，这座城邑便不可能是亳城了，因为根据传世文献的记载，两者并不在一处。

---

① 邹衡：《桐宫再考辨——与王立新、林沄两位先生商谈》，《考古与文物》1998年第2期。
② 邹衡：《桐宫再考辨——与王立新、林沄两位先生商谈》，《考古与文物》1998年第2期。

首尾：夏文化的上限与下限

根据传世文献的记载，夏王朝建立于"天下为家"的夏后启，终结于令众人哀叹"时日曷丧？予及汝皆亡"的夏后桀。夏代的起始和覆亡有着明确的时间点。在考古学上探索夏文化，最重要的就是确定其首尾。

邹衡先生认为二里头文化第一期至第四期是夏文化，夏文化的上限是二里头文化第一期，下限是二里头文化第四期。自偃师商城发现后，持"西亳说"的学者对于二里头文化与夏文化之间关系的认识发生了变化，从"旧西亳说"的二里头二、三期之间分界，改变为"新西亳说"的二里头三、四期之间分界，后来又调整为二里头四期早、晚段之间分界，并承认二里头文化的主体属于夏文化。这实际上已与邹衡先生关于夏文化的观点非常接近。

通过多年的学术讨论，考古学界关于夏文化的两种主流观点均认为二里头文化是夏文化，关于夏文化的下限问题仅剩考古学文化分期上的"半期"之差。然而，关于夏文化的上限问题，考古学界还存在很大争议，突出表现在河南龙山文化晚期能否归入夏文化的问题。

煤山发掘

河南临汝县北刘庄西南有一处台地，因其表面全是灰黑土，被当地人称作"煤山"。1970年,因焦枝铁路工程动土,洛阳博物馆在煤山遗址展开基建发掘,发现了丰富的河南龙山文化和二里头文化遗存。通过此次发掘,"证实了'二里头类型文化'是由'河南龙山文化'直接发展而来的。……从文化面貌上看,煤山一期更接近于'二里头类型文化'的早期,那么这就为解决商代文化以前的'夏文化'与'河南龙山文化'的关系提供了一定的实物资料"①。

1975年,为了进一步探讨二里头文化和河南龙山文化之间的关系,中国科学院考古研究所二里头工作队在煤山遗址再次进行考古发掘,"找到了二里头第一期文化层、河南龙山晚期向二里头一期过渡的文化层、河南龙山晚期文化层相叠压的地层关系,为探讨河南龙山文化和二里头文化的关系问题找到了地层上的根据。……一方面可以看出二里头文化是继承河南龙山文化而发展起来的,一方面可以看出过渡期文化和二里头一期文化之间存在有较多的差异,这种较多的差异似乎是经历了重大的变化"②。

通过临汝煤山遗址的考古发掘,拉近了二里头文化与河南龙山文化之间的关系,但发掘者仍然认识到"煤山晚期文化与二里头早期文化之间尚有缺环"③。

"新砦期"的提出

1979年,赵芝荃先生根据密县(今新密市)文化馆提供的线

---

① 洛阳博物馆:《河南临汝煤山遗址调查与试掘》,《考古》1975年第5期。
② 赵芝荃:《二里头考古队探索夏文化的回顾与展望——在〈登封告成遗址发掘现场会〉上的发言》,《河南文博通讯》1978年第3期。
③ 张立东、任飞编著:《手铲释天书:与夏文化探索者的对话》(赵芝荃先生访谈),大象出版社2001年版,第103页。

索，意识到新砦遗址有可能发现填补河南龙山文化和二里头文化早期之间缺环的文化遗存。

通过考古试掘，新砦遗址的二里头文化第一期遗存是"介于河南龙山文化晚期和二里头文化一期之间的文化遗存"①，"新砦二里头早期文化含有浓厚的河南龙山文化因素，与现存的二里头早期文化不同，下限应早于二里头早期文化"②。发掘者赵芝荃先生因此提出了"新砦期二里头文化"的概念，将其置于河南龙山文化晚期和以往发现的二里头一期之间，作为二里头文化的最早阶段。

就其分布范围而言，赵芝荃先生指出，新砦期二里头文化"过去在洛阳东干沟、临汝柏树圪垯、登封王城岗和北庄、禹县瓦店和崔庄、新乡马小营等遗址都有发现。最近见到的郑州二七路的材料，也与新砦二里头文化十分相似，由此可见，其分布范围相当广泛"③。

新砦遗址考古突破

"新砦期"的提出在相当长一段时间内并未引起考古学界的重视。自1999年起，新砦遗址迎来了大规模考古发掘，取得了丰硕的成果。

通过1999—2000年的考古发掘，确认了新砦遗址的主体堆积分为三个阶段。第一期遗存属于王湾三期文化；第二期遗存属于以往所说的"新砦期二里头文化"遗存，发掘者将其称为"新砦期遗存"，并细分为早、晚两段；第三期遗存属于二里头文化。

---

① 赵芝荃：《略论新砦期二里头文化》，《中国考古学会第四次年会论文集1983》，文物出版社1985年版。
② 赵芝荃：《试论二里头文化的源流》，《考古学报》1986年第1期。
③ 赵芝荃：《试论二里头文化的源流》，《考古学报》1986年第1期。

发掘者对新砦期遗存陶器群（图11-1）的特征进行了再次界定："大量的直壁双层钮器盖，近直腹、小平底的深腹罐，深腹罐和盆宽折沿且沿边加厚的作风，厚壁的钵和碗，近底部和底部均饰镂空的深腹盆形甑，子母口瓮，饰数周附加堆纹的各类尊形瓮，折肩罐等是'新砦期'的典型陶器群。可以说，只要见到这

图11-1 新砦遗址出土陶器
（中国社会科学院考古研究所等，2016）

一陶器组合就可以肯定为'新砦期'。"①

发掘者还将新砦期遗存的分布范围重新划分为："主要集中分布在环嵩山地区的东半部……西边到不了登封、禹县，北不过黄河，东到郑州近左……主要分布在原王湾三期文化的东北部，与造律台类型的西界前沿和后岗二期类型的南部前沿地带相比邻。"② 发掘者对新砦期遗存分布范围的论述表明，所谓的"新砦期"并不是一个具有普遍意义的文化期，而是一类介于王湾三期文化和二里头文化之间的地方类型，将其称为"新砦类遗存"③更为合适。

新砦类遗存的陶器群存在数量较多的器盖，特别是在发掘者划分的新砦遗址第二期晚段，器盖在陶器群中所占比例高达28.79%，大量的器盖和子母口陶器的出现，是受到了来自东方王油坊类型的影响。④ 新砦遗址出土的龙纹器盖（图11-2）和造型特殊的猪首形陶器盖（图11-3）尤为引人注目。

在聚落考古技术路线的指引下，⑤ 新砦遗址的聚落考古取得了重大突破，发现内、中、外三重环壕，⑥ 内壕以内还发现了重要建筑的线索⑦（图11-4）。通过探沟解剖发掘可知，新砦遗址东部

---

① 北京大学震旦古代文明研究中心、郑州市文物考古研究院：《新密新砦——1999—2000年田野考古发掘报告》，文物出版社2008年版，第527页。
② 北京大学震旦古代文明研究中心、郑州市文物考古研究院：《新密新砦——1999—2000年田野考古发掘报告》，文物出版社2008年版，第527页。
③ 顾问（顾万发）：《"新砦期"研究》，《殷都学刊》2002年第4期；曹兵武：《学界首次聚会研讨早期夏文化》，《中国文物报》2008年7月23日第2版；方燕明：《"早期夏文化学术研讨会"纪要》，《中原文物》2008年第5期。
④ 北京大学震旦古代文明研究中心、郑州市文物考古研究院：《新密新砦——1999—2000年田野考古发掘报告》，文物出版社2008年版，第540页。
⑤ 赵春青：《新砦聚落考古的实践与方法》，《考古》2009年第2期。
⑥ 赵春青、张松林、张家强、谢肃：《河南新密新砦遗址发现城墙和大型建筑》，《中国文物报》2004年3月3日第1版。
⑦ 中国社会科学院考古研究所河南新砦队、郑州市文物考古研究院：《河南新密市新砦遗址浅穴式大型建筑基址的发掘》，《考古》2009年第2期。

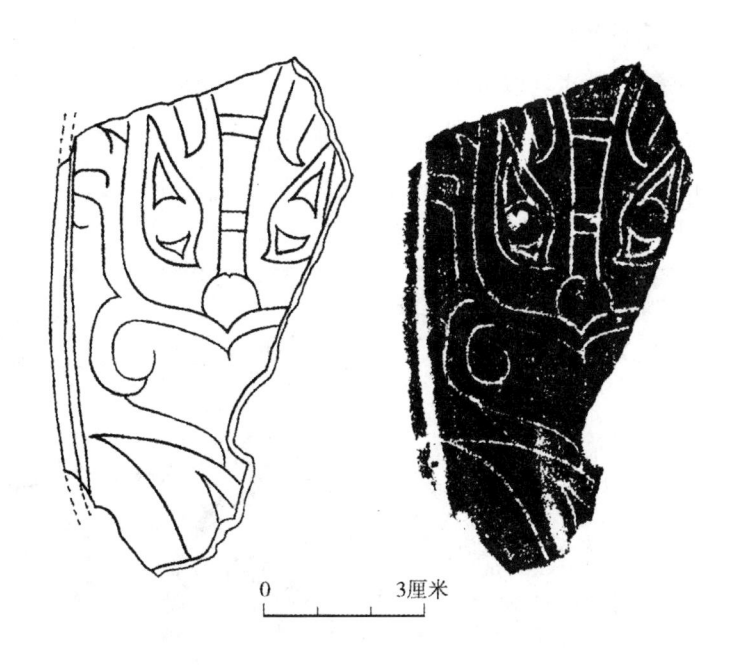

图 11 – 2 新砦遗址出土龙纹器盖残片
（北京大学震旦古代文明研究中心等，2008）

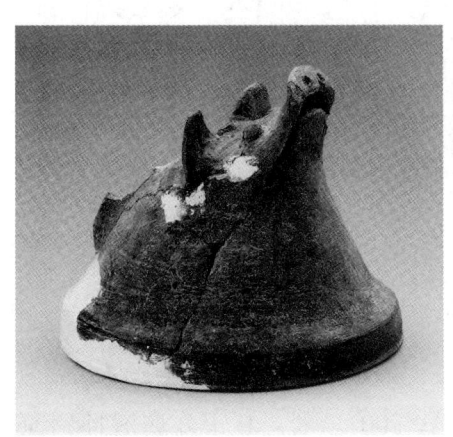

图 11 – 3 新砦遗址出土猪首形陶器盖
（北京大学震旦古代文明研究中心等，2008）

和东北部的中壕内侧发现了类似于护坡的夯土堆积，"从其远远低于当时的地面，夯层多向外倾斜的情况看，这应是为防止壕沟壁坍塌所实施的加固工程。就现有的材料看，当时的新砦遗址或为一处'台城'式的环壕聚落"①。新砦遗址一改龙山时代的宽大城墙及城壕，以多重环壕区分聚落内部结构的聚落设防设施，开启了"二里头文化设防聚落的环濠传统"②。

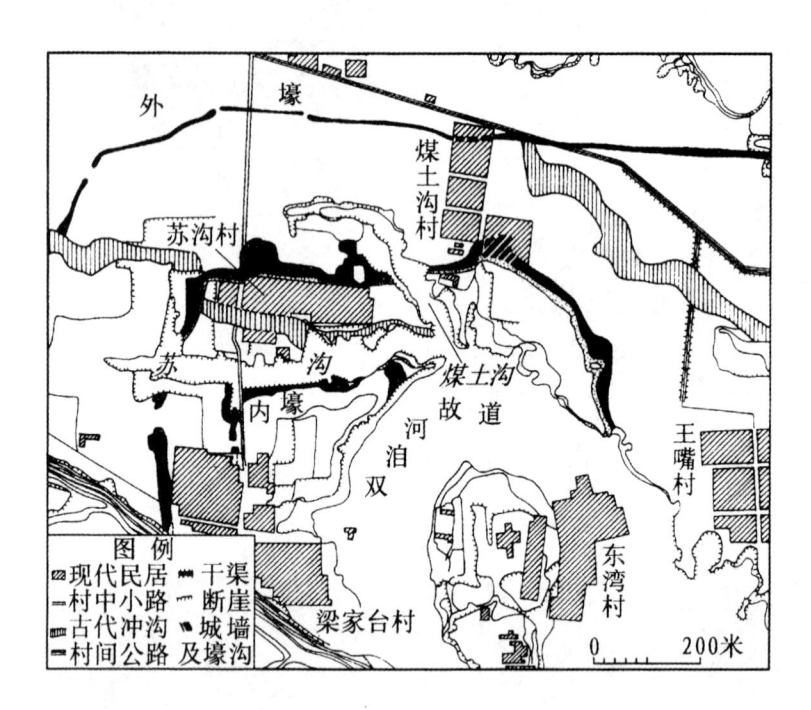

图 11-4　新砦聚落平面图
（赵春青，2009）

结合《穆天子传》中"天子南游于黄□室之丘，以观夏后启之所居"和郦道元《水经注》的相关记载，发掘者指出："西北距新砦城址约3千米的力牧台，这里海拔200多米，高出新砦城址约50米，系武定水与赤涧水之间的制高点。该台据《密县志》记载又名

---

① 许宏：《21世纪初中国考古学的新发现及其学术意义》，《燕京学报》新十八期，2005年。
② 李宏飞：《二里头文化设防聚落的环濠传统》，《中国国家博物馆馆刊》2011年第6期。

黄台冈……《水经注》提及的黄台冈的确有可能就是指力牧台。该岗地为黄土丘，地面上保留有夯土台，其上为周代夯土建筑。地下未发掘。力牧台四周散布着周代和汉代的陶片。站在这里面朝东南方向，可以清楚地看到新砦遗址。"① 发掘者认为，新砦遗址与传世文献记载的地望相合，很有可能就是夏启之居。

王城岗大城的发现

坦率地说，1977年召开的登封会议并没有取得发掘者所预期的效果。诸多学者对于王城岗上发现的"小城堡"多多少少持有一定的保留态度。会议现场悬挂的会标是"夏代遗址现场会"②，但会后发表的发言摘要③、闭幕式讲话④和会议纪要⑤皆以"河南登封告成遗址发掘现场会"或"登封告成遗址发掘现场会"来称呼。

夏鼐先生在登封会议的闭幕式发言中指出："会上提出的问题比解决的问题要多。……如果夏到不了河南龙山文化晚期，那么告成王城岗的城墙为夏都城之说便难以成立了。……如果这遗址属于夏文化，也仍有这是否是都城的问题。如果某一遗址由各方

---

① 赵春青：《新密新砦城址与夏启之居》，《中原文物》2004年第3期。
② 张立东、任飞编著：《手铲释天书：与夏文化探索者的对话》（殷玮璋先生访谈），大象出版社2001年版，第211页。
③ 邹衡：《关于探索夏文化的途径——1977年11月在"河南登封告成遗址发掘现场会"上的发言摘要》，《河南文博通讯》1978年第1期；赵芝荃：《二里头考古队探索夏文化的回顾与展望——在〈登封告成遗址发掘现场会〉上的发言》，《河南文博通讯》1978年第3期。
④ 夏鼐：《谈谈探讨夏文化的几个问题——在〈登封告成遗址发掘现场会〉闭幕式上的讲话》，《河南文博通讯》1978年第1期。
⑤ 余波（杨育彬）：《国家文物局在登封召开告成遗址发掘现场会》，《河南文博通讯》1978年第1期。

面的强有力的证据可以确定是夏都,那也可以由此找到一个标准,根据它去搞清楚夏文化的面貌。……关于禹都阳城说的时代还是比较晚。……这个王城岗遗址有城,但是不是京都?……这次发现的东周阳城则没有问题。"①

许顺湛先生直言:"从现在王城岗小城堡的实际情况看,它虽然在阳城附近,但并不具备禹都阳城的基本条件。第一,超出夏纪年约三个世纪的小城堡,怎么能与禹都阳城联系在一起呢?第二,'三没有'的小城堡作为禹都阳城,怎么能使人敢于相信呢?第三,不到百米见方的小城堡,城外又没有发现大面积居住遗址,把它看成是禹都阳城,实在是不敢盲从。"② 更何况,王城岗上发现的两座东西相连的小城堡并非共时,东城大部分被五渡河冲毁,规模已不可知,西城的规模仅与二里头遗址一号基址大体相当,实在是太小了,很难令人相信这就是禹都阳城。

但实际上,20世纪70年代发现的龙山晚期小城堡仅仅位于王城岗遗址的东北部。借助中华文明探源工程的契机,在王城岗遗址的新一轮考古发掘工作中,发现了一座大型城址,北墙残长350米,复原长度600米,西墙残长130米,复原长度600米,城墙外侧有宽阔的壕沟,分别向东和向南与五渡河、颍河相通,城址复原面积34.8万平方米,"这是目前在河南境内发现的龙山文化最大的城址"③(图11-5)。由于王城岗大型城址的北城壕打破了早年小城西北角的夯土墙,可知小城的年代早于大城的年代。结合传世文献的记载,发掘者进一步指出:"联系到历史上夏的鲧、禹、启的传说多集中在这一带,由此我们认为:王城岗龙山文化

---

① 夏鼐:《谈谈探讨夏文化的几个问题——在〈登封告成遗址发掘现场会〉闭幕式上的讲话》,《河南文博通讯》1978年第1期。
② 许顺湛:《登封王城岗小城堡质疑》,《中州学刊》1984年第4期。
③ 北京大学考古文博学院、河南省文物考古研究所:《登封王城岗考古发现与研究(2002—2005)》,大象出版社2007年版,第64页。

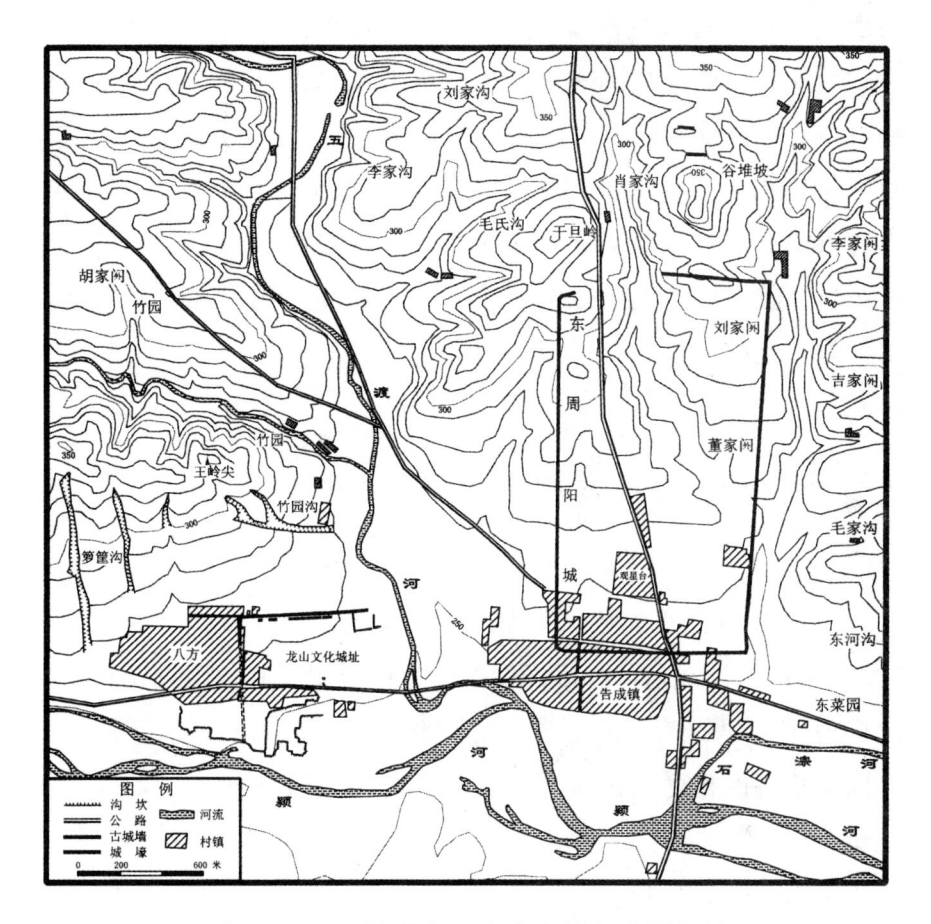

图 11-5　王城岗龙山文化大城与东周阳城

(北京大学考古文博学院等，2007)

晚期小城有可能为'鲧作城'，而王城岗龙山文化晚期大城有可能是'禹都阳城'。"①

根据《史记·夏本纪》的记载，大禹的权力源自禅让制，最终还"以天下授益"。大禹尽管在实际上奠定了夏王朝的基业，却没有直接传位给自己的儿子启。开启了中国历代王朝世袭制的夏

---

① 北京大学考古文博学院、河南省文物考古研究所：《登封王城岗考古发现与研究（2002—2005）》，大象出版社 2007 年版，第 788 页。

后启才是夏王朝的第一位君主。这就像曹操奠定了曹魏政权的基业,但他终生处在东汉末年,其子曹丕在曹操过世后才建立了曹魏政权。根据夏鼐先生对"夏文化"是"夏王朝时期夏民族的文化"的定义,结合王湾三期文化与二里头文化在面貌上的差异,在尊重历史事实的前提下,夏文化的上限仅能追溯至夏后启。至于传世文献记载的大禹时期,或可用"先夏文化"称呼,但已超出了夏文化的上限。

豫北调查与豫东发掘

1980年出版的《夏商周考古学论文集》"所用材料基本上是'文化大革命'以前的,因而受到一定的局限,有的结论还有明显的推理性质"①,为了进一步充实和验证已经得出的认识,邹衡先生围绕郑亳说和夏文化问题在黄河和长江流域开展了一系列考古工作。

在20世纪80年代初,为了充分探讨"河济之间的夏商文化",邹衡先生组织了豫北濮阳、修武、武陟和温县的考古调查。在濮阳县马庄遗址发掘到了先商文化地层,"可辨的陶器器形有绳切纹罐、折沿罐、鬲和甗等,与邯郸涧沟、磁县界段营的先商文化作风比较接近"②。

通过山东菏泽安邱堌堆遗址的考古发掘,证实岳石文化"往西确实越过了京沪铁路,而且到达了山东省的西南边缘地区。这

---

① 张立东、任飞编著:《手铲释天书:与夏文化探索者的对话》(邹衡先生访谈),大象出版社2001年版,第56页。
② 北京大学考古专业商周组、山西省考古研究所、河南省安阳新乡地区文化局、湖北省孝感地区博物馆:《晋豫鄂三省考古调查简报》,《文物》1982年第7期。

样,就把岳石文化在山东省的分布从东向西连成了一整片。……在二里头文化或先商文化时期的山东省境内占统治地位的考古学文化是岳石文化,而不是其他"①。

20世纪80年代末,为了重点寻找二里头文化和岳石文化的分界,郑州大学文博学院在豫东地区展开考古调查,通过调查认为"在杞县进行发掘,有利于探讨夷夏分界等重大学术问题"②。豫东杞县的考古发掘在鹿台岗、段岗③、牛角岗④、朱岗⑤等遗址进行,考古工作持续到20世纪90年代初。杞县偏西的段岗、牛角岗和朱岗遗址发现了丰富的二里头文化遗存,但在该县偏东的鹿台岗遗址却出人意料地发现了先商文化漳河型遗存,出土了典型特征的薄胎细绳纹鬲和橄榄形深腹罐(图11-6)。

问题接踵而至,远在冀西南地区的先商文化漳河型是如何出现在豫东杞县的呢?1990年冬,宋豫秦先生等在杞县以北黄河对岸的长垣县进行考古调查,"在濒临黄河北岸的长垣县苏坟、大冈、益丘(即后来发掘的宜丘遗址——引者注)等遗址,也曾发现不少具有先商文化特点的细绳纹陶片"⑥。1998年春,郑州大学历史与考古系等对长垣县宜丘遗址进行了考古发掘,灰坑H1所出"陶罐、大口尊、小口高领瓮等器物与鹿台岗遗址先商文化遗存出

---

① 北京大学考古系商周组、山东省菏泽地区文展馆、山东省菏泽市文化馆:《菏泽安邱堌堆遗址发掘简报》,《文物》1987年第11期。
② 郑州大学文博学院、开封市文物工作队:《豫东杞县发掘报告》,科学出版社2000年版,第9页。
③ 郑州大学文博学院、开封市文物工作队:《豫东杞县发掘报告》,科学出版社2000年版,第9页。
④ 郑州大学历史系考古专业、开封市博物馆考古部、杞县文物保管所:《河南杞县牛角岗遗址试掘报告》,《华夏考古》1994年第2期。
⑤ 郑州大学考古专业、开封市博物馆、杞县文物保管所:《河南杞县朱岗遗址试掘报告》,《华夏考古》1992年第1期。
⑥ 郑州大学文博学院、开封市文物工作队:《豫东杞县发掘报告》,科学出版社2000年版,第255页。

图 11-6　鹿台岗遗址出土薄胎细绳纹鬲和橄榄形深腹罐
（郑州大学文博学院等，2000）

土的同类器物相同"①。宜丘遗址发现的先商文化漳河型遗存具有重要的学术意义，"架起了鹿台岗遗址先商文化遗存与豫北冀南漳河型先商文化之间联系的桥梁"②。

在濮阳马庄、长垣宜丘和杞县鹿台岗考古新材料的基础上，宋豫秦先生提出："杞县境内的先商文化，应是沿着地介鲁西南岳石文化和豫北淇河—黄河之间的辉卫型文化交界地带的濮阳—浚县—滑县—长垣—杞县这一'通道'南下而来。……漳河型先商文化主要分布在淇河以北，与郑州之间尚有辉卫型先商文化阻隔。"③ 漳河型先商文化"先入豫东，继入郑州，直抵夏王朝统治

---

① 郑州大学历史与考古系、新乡市文化局、长垣县文物管理所：《河南长垣宜丘遗址发掘简报》，《中原文物》2005 年第 2 期。
② 郑州大学历史与考古系、新乡市文化局、长垣县文物管理所：《河南长垣宜丘遗址发掘简报》，《中原文物》2005 年第 2 期。
③ 郑州大学文博学院、开封市文物工作队：《豫东杞县发掘报告》，科学出版社 2000 年版，第 255 页。

区之东陲,并最终取代了二里头文化"①。

辉卫文化的提出

在邹衡先生撰写《试论夏文化》时,关于先商文化辉卫型的材料非常缺乏,经过正式发掘的典型单位仅有新乡潞王坟遗址商文化下层和辉县琉璃阁H1。② 尽管1981年又在修武县李固遗址有所发现,但仍显"资料过于贫乏"③。

因此,北京大学考古系商周组实习队于1988年春秋两季在河南淇县宋窑遗址先后进行了两次发掘,获得了丰富的辉卫型遗存。④ 通过对宋窑遗址考古材料的全面整理和对同时期遗存的系统分析,张立东先生认为"辉卫文化与周邻各文化均有一定的差别"⑤。关于辉卫文化与二里头文化二里头类型、东下冯类型和先商文化漳河型之间的关系,"辉卫文化与其他三个文化陶器群的共同点都不多,不但有不少器类不互见,而且共有器类的数量和具体形制也多有不同。……现在资料较为充实了,各文化的面貌比较清楚了,自然应当依据惯例将辉卫文化独立出来,立为一支独立的考古学文化"⑥。

先商文化漳河型南下路线的确立和辉卫文化的提出,廓清了中原地区二里头时代晚期诸文化的分布格局(图11-7)。

---

① 郑州大学文博学院、开封市文物工作队:《豫东杞县发掘报告》,科学出版社2000年版,第256页。
② 邹衡:《试论夏文化》,《夏商周考古学论文集》,文物出版社1980年版,第119页。
③ 张立东:《论辉卫文化》,《考古学集刊》第10集,地质出版社1996年版。
④ 北京大学考古系商周组:《河南淇县宋窑遗址发掘报告》,《考古学集刊》第10集,地质出版社1996年版。
⑤ 张立东:《论辉卫文化》,《考古学集刊》第10集,地质出版社1996年版。
⑥ 张立东:《论辉卫文化》,《考古学集刊》第10集,地质出版社1996年版。

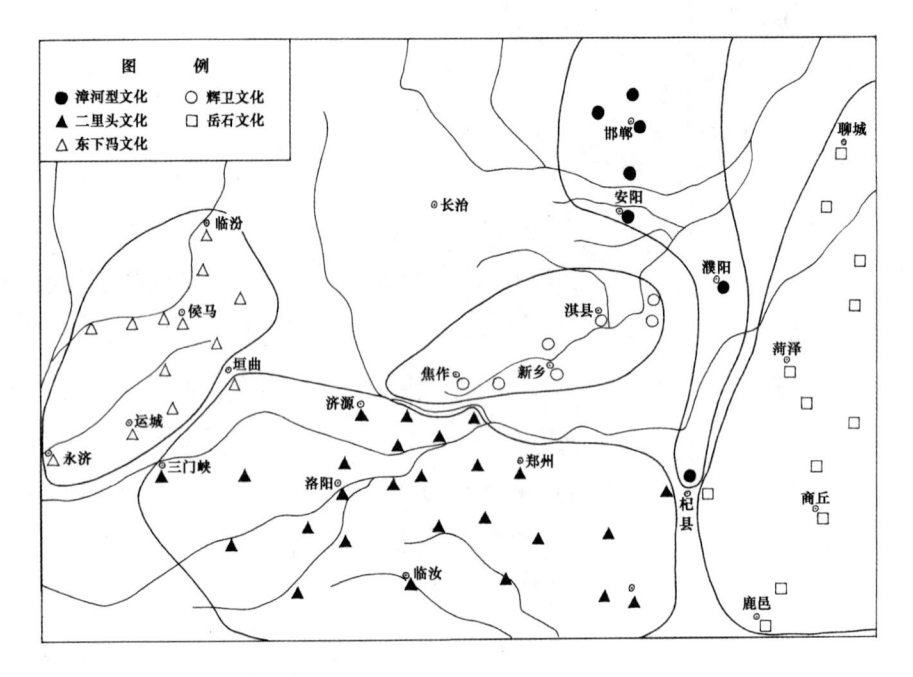

图 11-7　辉卫文化与同时期其他文化分布示意图

（张立东，1996）

二里头遗址聚落考古的重大突破

1999 年，许宏先生被任命为中国社会科学院考古研究所二里头工作队的第三任队长。许宏先生师从徐苹芳先生，专攻城市考古学，所著《先秦城市考古学研究》是在博士论文的基础上充实修改而成，① 后又增益为《先秦城邑考古》。② 自 1999 年秋季开始，二里头工作队开始将城市考古的理念贯穿于考古工作中，"将解决遗址的聚落形态问题作为其后一段时期里二里头遗址田野工

---

① 许宏：《先秦城市考古学研究》，北京燕山出版社 2000 年版。
② 许宏：《先秦城邑考古》，金城出版社、西苑出版社 2017 年版。

作的重点"①。

二里头遗址的聚落考古工作首先确定了遗址的范围，通过系统勘探和测绘，遗址东西最长约2400米，南北最宽1900米，现存面积约300万平方米（图11-8；图版贰）。

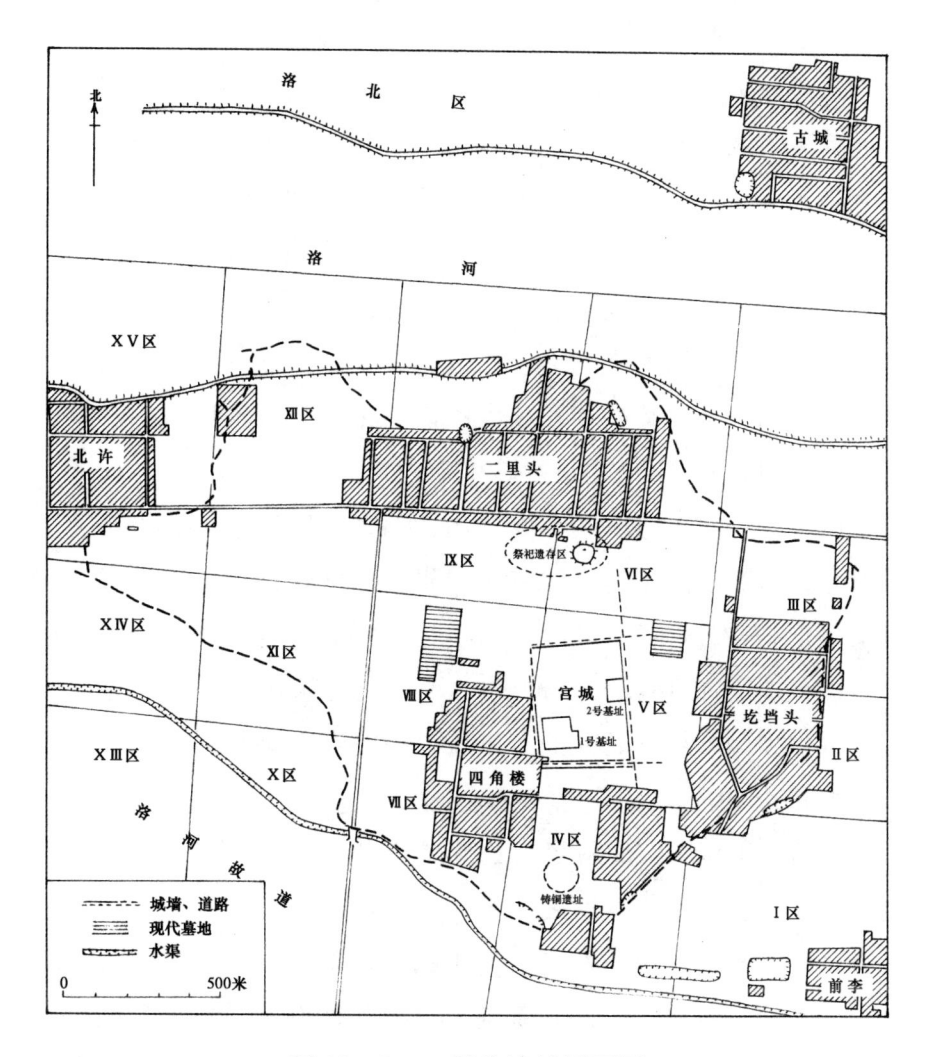

图11-8 二里头遗址平面图

（许宏等，2004）

---

① 许宏、陈国梁、赵海涛：《二里头遗址聚落形态的初步考察》，《考古》2004年第11期。

二里头遗址聚落考古的重大突破是遗址中心区井字形道路网和宫城城墙的发现。通过翻阅以往的考古勘察记录，"20世纪70年代勘探发掘2号宫殿基址的同时，就在其东侧探明了一条南北向大路，当时已追探出200余米，因麦田浇水而中止"①。根据早年的记录和当地村民提供的线索，考古队沿着已探明的大路向北追索，找到了其与宫殿区北侧东西向大路交汇的"十字路口"，也就是后来宫城东北角外的道路交汇处。随后，在一号宫殿以南同样发现了一条东西向的大路，向东延伸与二号宫殿东侧的南北向大路交汇为另一个"十字路口"，也就是后来宫城东南角的道路交汇处。最后，在一号宫殿西侧确定了宫殿区西部边界的南北向大路，从而确定了二里头遗址中心区的井字形道路网。以往发现的一号宫殿和二号宫殿处在四条大路围起来的长方形区域内，这就是二里头遗址的核心区。

由于二号宫殿向东紧邻南北向大路，道路以东仅有中小型建筑基址，道路以西则是大型夯土建筑分布区。许宏先生敏锐意识到："如果宫殿区围以垣墙，那么早已发现的2号宫殿基址的东墙有可能就是宫城城墙。"② 顺着二号宫殿的东墙向南、北方向寻找，果然发现了继续延伸的夯土墙，最终在井字形道路网内侧发现了面积达10.8万平方米的宫城（图11-9）。

二里头工作队随后将考古工作重点放在了宫城以内夯土基址的考古发掘。在二号基址之下，进一步确认了二里头二期的三号基址，三号基址以西还发现了二里头二期的五号基址。在二号基址以南发现了同时期的四号基址，二号基址以北发现了二里头四期晚段的六号基址。在一号宫殿门塾以南的南宫墙和一号宫殿西南角的西宫墙发现了与宫墙配套的七号基址和八号基址。通过数

---

① 许宏：《最早的中国》，科学出版社2009年版，第76页。
② 许宏：《最早的中国》，科学出版社2009年版，第85页。

年的考古发掘，初步绘制出了二里头遗址中心区的聚落布局演变过程（图 11-10）。

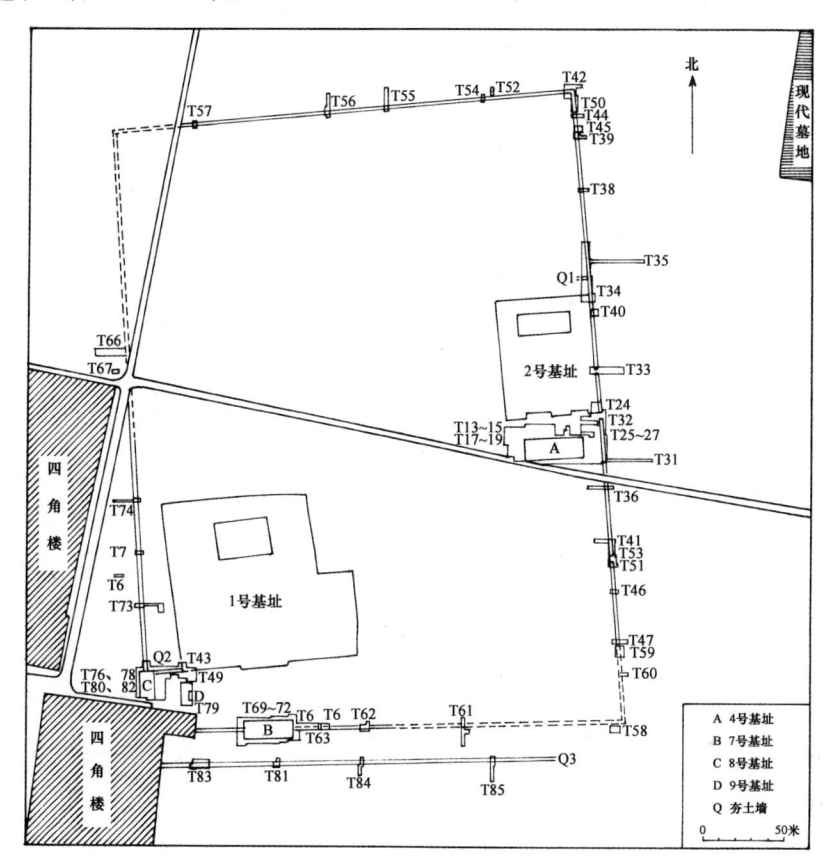

图 11-9 二里头遗址宫城城墙及相关遗迹
（中国社会科学院考古研究所二里头工作队，2004）

二里头遗址三号基址被压在二号、四号和六号基址之下，仅能"见缝插针"地进行勘探发掘。这是一处南、中、北三重院落构成的大型建筑基址，中院和南院内发现了同时期的墓葬，著名的"中国龙"[①]——绿松石龙形器（图 11-11；图版伍）就出土

[①] 杜金鹏：《中国龙，华夏魂——试论偃师二里头遗址"龙文物"》，《二里头遗址与二里头文化研究：中国·二里头遗址与二里头文化国际学术研讨会论文集》，科学出版社 2006 年版。

于三号基址南院的墓葬 M3。①

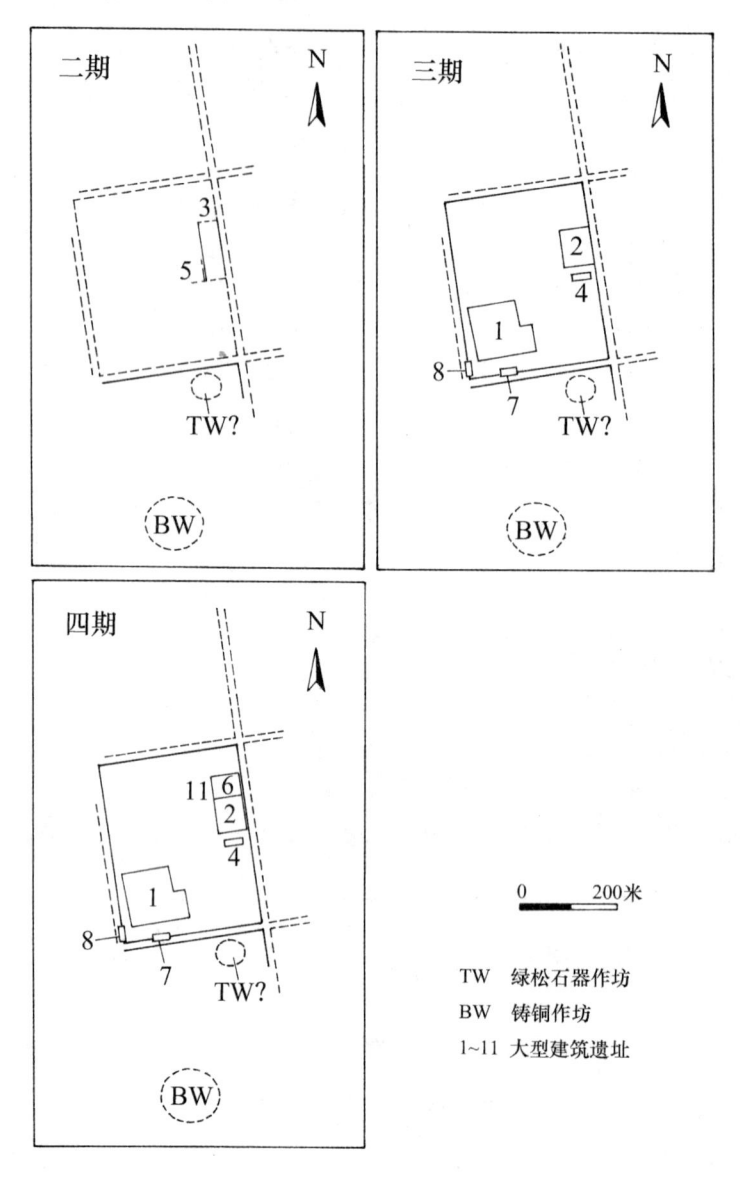

图 11-10　二里头遗址中心区布局演变过程

(许宏，2009)

---

① 中国社会科学院考古研究所：《二里头：1999—2006》，文物出版社 2014 年版。

图 11-11　绿松石龙形器
（中国社会科学院考古研究所，2014）

图 11-12　二里头遗址六号宫殿
（中国社会科学院考古研究所，2014）

更为引人注目的是二里头遗址六号基址①（图11-12）。这座基址东面以宫城城墙为东墙，主殿位于北侧，向东与宫墙相接，另有西庑、南庑和南墙，构成一处庭院式建筑。根据层位关系可知，六号基址的建造、使用和废弃年代均为二里头四期晚段。

刘绪先生结合二里头遗址聚落考古的新发现指出："二里头遗址第四期时，遗址的规模并未缩小，仍然不少于300万平方米。宫殿区外围道路与宫城以及该遗址规模最大的建筑——一号和二号建筑等在第四期时仍在使用；绿松石制作作坊和铸铜作坊仍然生产。而且中心区还在兴建新的大型建筑。遗址内的贵族墓进一步增加，出土的铜礼器不论数量、种类，还是精美程度都超过了以往。此时的景况并非如以往所认识的那样，几乎沦为一派荒草遍野的败相，而是呈现出生机勃勃、欣欣向荣的态势。"②

中国·二里头遗址与二里头文化国际学术研讨会

二里头遗址聚落考古在21世纪初取得了重大突破。为了"把二里头遗址和二里头文化研究推进到一个崭新层面"③，2005年10月18日至20日，中国社会科学院考古研究所和河南省偃师市人民政府联合主办了"中国·二里头遗址与二里头文化国际学术研

---

① 中国社会科学院考古研究所：《二里头：1999—2006》，文物出版社2014年版。
② 刘绪：《夏末商初都邑分析之一——二里头遗址与偃师商城遗存比较》，《中国国家博物馆馆刊》2013年第9期。
③ 杜金鹏、许宏、王学荣：《群贤雅集，百花齐放——"中国·二里头遗址与二里头文化国际学术研讨会"综述（代前言）》，《二里头遗址与二里头文化研究：中国·二里头遗址与二里头文化国际学术研讨会论文集》，科学出版社2006年版。

讨会",会议期间参观了二里头遗址考古发掘现场和二里头工作队,来自多个国家和地区的70余位学者就"二里头遗址与二里头文化"这一主题展开了热烈的学术讨论。

78岁高龄的邹衡先生莅临了此次盛会(图11-13;图版叁),并向会议提交了学术论文《二里头文化的首和尾》。此时距离邹衡先生逝世仅有两个多月时间,"先生的河南之行,不顾年迈体弱,不辞劳苦,他把对考古事业的关心和挚爱融化在自己的血液里,做到生命不息,工作不止"[1]。

图11-13 邹衡先生在二里头工作队
(许宏先生供图,2005)

在会议论文《二里头文化的首和尾》中,针对"新砦期文化"的概念,邹衡先生重申:"在豫西,河南龙山文化与二里头文

---

[1] 陈旭:《邹衡先生最后的学术活动》,《中原文物》2006年第2期。

化之间，并不存在什么新的文化"①，自洛阳王湾遗址发掘建立考古学分期标尺，经过近半个世纪考古新材料的检验，这一分期标尺是可靠的。早在1980年，邹衡先生已指出河南龙山文化和二里头文化"在年代上大体是相互衔接的，它们之间已经不存在中间类型文化。证据之一，两者的文化层，灰土的颜色大都呈烟黑色，几乎无法区别。证据之二，据^{14}C测定年代（均为树轮校正年代）：洛阳王湾龙山文化晚期为公元前2390±145年；偃师二里头夏文化早期第一段或为公元前2395±160年。证据之三，两者陶器形制、花纹的演变，有的已能相互衔接"②，表明洛阳盆地的河南龙山文化和二里头文化之间确实并不存在"新砦期文化"。

关于"新砦期"概念，邹衡先生与赵芝荃先生的看法相似，均认为其属于二里头文化系统，"应该归于二里头文化第一期中的一个组。至于它同河南龙山文化的关系，则其区别较大，绝不可能归属为龙山文化的一个期"③。既然"新砦期"属于二里头文化第一期的一个组，当然也就包含在邹衡先生所说的夏文化之中，成为"二里头文化之首"，也就是夏文化之首。

作为二里头文化第一期的一个组，"新砦期"遗存主要分布在嵩山附近，特别是嵩山东南麓地区。早在1980年，邹衡先生已对二里头文化的发展进程进行了概括："夏文化早期，其分布面仅局限于比较小的范围之内；尤其是第一段的遗址，目前还只在嵩山周围半径大约百里左右的地区内发现。只有到了第二段偏晚，才开始向更远的地区扩展，直到黄河以北的晋西南地区。"④ 后来的考古发现证实了这样的文化发展历程。

---

① 邹衡：《二里头文化的首和尾》，《中国历史文物》2006年第2期。
② 邹衡：《试论夏文化》，《夏商周考古学论文集》，文物出版社1980年版，第161页。
③ 邹衡：《二里头文化的首和尾》，《中国历史文物》2006年第2期。
④ 邹衡：《试论夏文化》，《夏商周考古学论文集》，文物出版社1980年版，第166页。

关于二里头文化之尾,邹衡先生指出:"二里头文化第四期中夹杂的商文化因素,都是属于先商文化(C1H9)……我以往曾论证二里头文化第四期的年代大体相当于郑州的先商文化就是本此。……近些年来,有些学者把二里头文化第四期又细分为早、晚两段,不过其界限并不清楚。在这种情况下,我认为暂且不急于细分,待明确其界限后,再细分不迟。……第四期也就是二里头文化的尾。"[1]

夏商周断代工程与夏商始年

1996—2000年,夏商周断代工程通过历史学、考古学、天文学和科技测年等多学科攻关,得出了夏商周三代年表。关于商代的始年,以郑州商城C1H9和偃师商城大灰沟最底层为典型单位,"郑州商城和偃师商城是已知最早的商代都邑规模的遗址,其始建年代应最接近夏商更替之年。根据 ^{14}C 测年数据,推断郑州商城和偃师商城始建年代在公元前1610—前1560年之间"[2]。结合传世文献的记载,夏商周断代工程专家组选取整数年份,估定商代始年为公元前1600年。

关于夏代始年的估定,主要依据古本《竹书纪年》中"自禹至桀十七世,有王与无王,用岁四百七十一年"(北宋《太平御览》卷八二引)的记载,在取整估定的商代始年之上,以公元前1600年再向前加上471年,推至公元前2071年,又取整数年份,得公元前2070年为夏代始年。参考碳十四测年数据,相当于河南龙山文化晚期第二段,与王城岗遗址的"禹都阳城"年代大体相当。

---

[1] 邹衡:《二里头文化的首和尾》,《中国历史文物》2006年第2期。
[2] 夏商周断代工程专家组:《夏商周断代工程1996—2000年阶段成果报告:简本》,世界图书出版公司2000年版,第73页。

夏商周断代工程的夏代年代学研究分别对河南龙山文化晚期和二里头文化的样品进行了碳十四测年。从数据上看，"在河南龙山文化晚期和二里头遗址一期之间，从文化传承关系和^{14}C测年结果分析，仍存在缺环"①。专家组尽管提及新砦遗址第二期遗存可以填补上述缺环，但并未公布相关的测年数据。

夏商周断代工程之后的碳十四系列样品测年加入了"新砦期"（细分为"新砦早期"和"新砦晚期"）的测年样品。由于在系列中新加入"新砦早期"和"新砦晚期"两个阶段，加之将前提定为"新砦晚期"早于二里头一期，二里头文化的碳十四数据相比此前的测试结果整体后移变晚："二里头第一期的年代约为公元前1735—前1705年，二里头第四期的年代约为公元前1565—前1530年。……新砦早期的年代上限应不早于公元前1870年前后，二里头第一期的年代上限应不早于公元前1750年。"②

早在1999年，关于夏文化的年代上限问题，特别是碳十四测年带来的一系列影响，邹衡先生就已指出："时至今日，我们只有用碳十四测定二里头文化一期的年代，测出来多少年，就是多少年，这也就是夏文化的上限。以往我虽没有明确提出夏文化的上限，实际上早就暗示夏文化的上限就是二里头文化一期。至于古代文献记载，本来很难确定，彼此相差几百年，都没有可靠的精确数据，谁也没有绝对把握举出夏始年是多少，以往碳十四测定可达到公元前20世纪，这倒是比较可靠的参考数据，谁也不能确指夏朝的起始年一定是至少公元前21世纪。碳十四测定，误差几十年是常事，我们也无须责难碳十四的测量者。"③

---

① 夏商周断代工程专家组：《夏商周断代工程1996—2000年阶段成果报告：简本》，世界图书出版公司2000年版，第80页。
② 张雪莲、仇士华、蔡莲珍、薄官成、王金霞、钟健：《新砦—二里头—二里冈文化考古年代序列的建立与完善》，《考古》2007年第8期。
③ 邹衡：《关于夏文化的上限问题——与李伯谦先生商讨》，《考古与文物》1999年第5期。

既然"新砦期"是二里头文化第一期的一个组,那么整个二里头文化的年代上限可至公元前 1870 年前后,这与夏鼐先生以往估计二里头文化的年代上限约在公元前 1900 年并无太大差别。更何况发掘者将新砦遗址认定为夏启之居,这处遗址很有可能就是夏王朝最早的都邑,"新砦早期"的测年数据应该就是夏文化的年代上限。

夏文化的首尾跨度

早在 1977 年,夏鼐先生针对"夏文化"的年代问题指出:"这个问题很麻烦,因为商代的总共年数是四百九十余年还是六百多年,不得确知。夏的年代更没法说清。或以为四百余年,或以为比殷代还长。……汉代学者所描写的夏文化的面貌,有许多是根据三统说加以引申而推上去的。"[①]

以往将夏代的始年推测至公元前 21 世纪,主要是依靠古本《竹书纪年》记载的夏代积年。需要特别指出,古本《竹书纪年》所言的夏代 471 年,是包含大禹在内的。夏鼐先生将"夏文化"定义为"夏王朝时期夏民族的文化"[②],因此夏文化的年代上限应当是夏王朝建立之时。所以从严格意义上说,大禹不应包含在夏代积年之内,夏代积年也并没有四百七十余年那么长。

刘绪先生近年提出了关于夏年的另一种看法:"'夏商周断代工程'于商、周二代不采古本《竹书纪年》之说,唯夏代积年用之,可见对此说的重视。若夏代积年果真是 471 年,则依此推算,夏代 14 世 17 王,每世平均近 34 年。这是什么概念?这意味着各

---

① 夏鼐:《谈谈探讨夏文化的几个问题——在〈登封告城遗址发掘现场会〉闭幕式上的讲话》,《河南文博通讯》1978 年第 1 期。
② 夏鼐:《谈谈探讨夏文化的几个问题——在〈登封告成遗址发掘现场会〉闭幕式上的讲话》,《河南文博通讯》1978 年第 1 期。

位夏王要到30多岁才可成婚生子。……虽然我们不能用今人的婚姻观去衡量夏人，但夏王如此提倡晚婚晚育，实情理难通。……基此，应当认真思考这样一个问题：夏代起始之年很可能没有那么早，如前所述，若每世平均按20或23年计算，夏代始于前18或19世纪是很有可能的。"①

如果我们认真阅读《尚书·召诰》，就会发现周人在西周初年已经清楚地告诉了大家："我不可不监于有夏，亦不可不监于有殷。我不敢知曰：有夏服天命，惟有历年；我不敢知曰：不其延。惟不敬厥德，乃早坠厥命。我不敢知曰：有殷受天命，惟有历年；我不敢知曰：不其延。惟不敬厥德，乃早坠厥命。"（图11-14）这段话的意思是，我们必须从夏、商王朝的灭亡中吸取教训，我不敢说夏、商王朝到底有多长，但我不敢说它们不长久，它们皆

图11-14 《尚书·召诰》书影
（阮元，2009）

---

① 刘绪：《对探讨早期夏文化的几点看法》，《早期夏文化与先商文化研究论文集》，科学出版社2012年版。

是因为失德而导致了灭亡。《尚书》是公认的信史，如果西周初年的人都已经不知道夏、商王朝的积年到底有多长，成书于战国时期的古本《竹书纪年》所载夏代积年又怎能保证是完全准确呢？

关于夏文化的首和尾，首先还是要以考古学研究为主导，首先在考古学上确定何者为夏文化，再以碳十四测年数据估计夏王朝起始年代和终结年代。

邹衡先生提出的二里头文化第一期至第四期是夏文化的学术观点经得起历史检验，得到了考古学界的广泛赞同。我们对于夏文化的考古研究，仍然要从《试论夏文化》这篇经典论著读起。

夏文化考古研究的展望

《我和夏商周考古学》是邹衡先生对从事夏商周考古学研究的回顾。关于夏商周考古学今后的工作任务，邹衡先生指出："夏商周考古学的研究，现在仅仅开了个头，更艰巨更繁重的任务还在后面。就我接触到的问题不妨谈点想法：夏代考古，我认为今后的重点应该是结合文献记载全面开展夏代社会性质的探究。……夏商边境地区诸小国的情况还需深入研究。所有这些问题，当然只有依赖今后的考古工作者去继续开拓与钻研了。"[①]

[①] 邹衡：《我和夏商周考古学》，《学林春秋》二编下册，朝华出版社1999年版。

后跋：从商周考古到夏商周考古

《试论夏文化》是夏文化考古研究最重要的里程碑，具有划时代意义。甚至可以说，学科名称从"商周考古"更替为"夏商周考古"，最主要的推动力就是来自邹衡先生的这篇经典论著。这还不是第一次，从"殷周考古"到"商周考古"的变更，不也是邹衡先生的第一篇长文《试论郑州新发现的殷商文化遗址》所奠定的吗？从20世纪50年代至70年代，邹衡先生对中国上古史不懈求索，从"殷周考古"到"商周考古"，再到"夏商周考古"，有力推动了夏商周考古学的学科体系、学术体系、话语体系建设，是当之无愧的"夏商周考古第一人"。

这本书想做的是把《试论夏文化》这篇经典论著从考古学史的视角介绍给大家。如何写史，智者见智，这本书采用时间顺序作为主轴，以1980年作为分界点，首先对1980年之前夏文化考古研究的学术史进行回顾，接着对《试论夏文化》的全文展开全面、深入、细致的解读，最后论述其对夏文化探索的历史贡献和深远影响。写史当然要还原至当时的情境，尽可能避免提前剧透和"事后诸葛"，但为了能够全面系统地叙述，也在必要之处补充了相关资料。事实证明，邹衡先生的学术体系不但富有预见性，而且经得起历史检验。

在《夏商周考古学论文集》第一版序言中，邹衡先生谦虚地说："限于现有考古材料和作者的水平，不可能把这些问题都圆满地解决；以上观点有些甚至可能还是错误的。作者衷心希望读者提出批评意见。"但凡写史，均持史观。对于历史的解读，也许存在不同的观点。这本书对于《试论夏文化》的解读，也不过是一家之言，理解不到位及谬误之处，诚望广大读者指正。

本书入选中国社会科学院2021年第二批创新工程学术出版资助重点项目，特此向中国社会科学院和考古研究所的各级领导、专家致以诚挚的谢意。